破产法常识

Common Sense of Bankruptcy Law

陈夏红 著

法律出版社
LAW PRESS·CHINA
北京

图书在版编目（CIP）数据

破产法常识 / 陈夏红著. -- 北京：法律出版社，2024. -- ISBN 978 - 7 - 5197 - 9325 - 8

Ⅰ. D922.291.924

中国国家版本馆 CIP 数据核字第 20245QH677 号

破产法常识
POCHANFA CHANGSHI

陈夏红　著

策划编辑 田　浩
责任编辑 田　浩
装帧设计 贾丹丹

出版发行 法律出版社
编辑统筹 法商出版分社
责任校对 王　丰　郭艳萍
责任印制 刘晓伟
经　　销 新华书店

开本 710 毫米 × 1000 毫米　1/16
印张 22　　**字数** 358 千
版本 2024 年 8 月第 1 版
印次 2024 年 8 月第 1 次印刷
印刷 保定市中画美凯印刷有限公司

地址：北京市丰台区莲花池西里 7 号(100073)
网址：www.lawpress.com.cn
投稿邮箱：info@lawpress.com.cn
举报盗版邮箱：jbwq@lawpress.com.cn

销售电话：010 - 83938349
客服电话：010 - 83938350
咨询电话：010 - 63939796

书号：ISBN 978 - 7 - 5197 - 9325 - 8　　**定价**：88.00 元

凡购买本社图书，如有印装错误，我社负责退换。电话：010 - 83938349

访埃及随想（代序）

李曙光
中国政法大学钱端升讲座教授
中国政法大学破产法与企业重组研究中心主任

2023 年 10 月 7 日上午，旅行途中的我，正在开罗国际机场办理飞往埃及南部城市卢克索的安检手续，接到了来自北京的一监管部门朋友的电话，问我对国内正传得沸沸扬扬的恒大在美申请破产保护程序的看法，说恒大在美国申请破产是想跑路。我说，恒大在美发行过债券，其在注册地或利益中心地中国香港启动重组程序，希望在美国同时启动第 15 章的破产辅助程序，以使美国债券持有人配合中国香港的重组程序，这是跨境破产的常识，哪是什么中国房企在美国破产跑路呀。但许多人并不懂得跨境破产这个专业性很强的制度，别说跨境破产，即便一般的破产制度常识，国人也知之甚少。社会大众只有“破产是不怎么吉利的事”的印象，对破产的实质意义、制度内涵与司法程序了解的人并不多。

坐在埃及亚历山大城海边的 LUNA PARK 餐厅，眺望对过的克里特岛，再过去是雅典，我曾坐在雅典海滩的 mythos beach bar，喝着咖啡，遥望埃及这边。雅典往西即是伯罗奔尼撒半岛，当年斯巴达人的光芒之地。

这就是东地中海，当年世界贸易最发达的地方，也是西方商业文明的起源地。我坐在餐厅里发呆，静静思考破产法常识的起源，也是生与死、负债与还贷观念的古代故事。

卢克索，百门之城，3500年前曾是世界最大城市，尼罗河穿城而过，河的东岸，为生命之城，大量神殿兴起，今天的居民多住东岸；而河的西岸，则为死亡之城，多为陵墓之地，在西岸的帝王谷共发现63座帝王的坟墓。

我们从东岸出发，去了西岸看四世陵墓，又从西岸到东岸看卡纳布到卢克索神庙，生死与涅槃。不仅看到生死两重天的人间生活常态，也看到了埃及教、阿拉伯教到基督教三教并存的奇观。

生与死是人类永恒的正常现象。市场经济中，商事主体有生有死不也是正常现象吗?!

欠债还钱，是商业交易最早的习俗，也是地中海贸易得以繁盛的商业基本法则。这一习俗与法则有一个演进的过程，后来这些习俗与规则慢慢成为一套严谨完备的制度规范，又渐渐成为经济活动与日常生活的常识。

有关债权债务的古代故事从哪里讲起呢？最早的苏美尔王表不可考了，还是从古巴比伦文明开始吧。与古代埃及贸易频繁的古巴比伦，其文明曾深深影响了古埃及文明。古巴比伦大约在公元前1776年颁布过一部法律汇编——《汉谟拉比法典》，这是最具代表性的楔形文字法典，也是世界上现存的第一部比较完备的成文法典，该法典涉及借款与债权债务关系处理的规定竟有十几条，如其第117条规定，倘自由民因负有债务将其妻、其子或其女出卖，或交出以为债权，则他们在其买者或债权者之家服役应为三年；至第四年应恢复其自由。值得注意的是，《汉谟拉比法典》这些法条的思想对后世的古代埃及法律等是有直接影响的。

学界普遍认同希腊古代法律曾受到埃及古代法与腓尼基法律的影响。至公元前5～前4世纪，雅典的私有制已相当发达，公元前594年雅典的“梭伦立法”，是用诗句表述的，刻在16块白色旋转的木板上，公布于市场，在希腊法律史上具有重要地位。当时的雅典城邦内许多土地上立着石碑，这些石碑表明，借债的农民如果无法按期还债，就要把土地抵押给贵族，农民继续在这块土地上耕种，把收成的5/6交给贵族，自己只能保有1/6的收成，这就是雅典的“六一汉”。若收成不足以清偿债务，债主有权将“六一汉”及其妻子儿女变卖为奴。而梭伦立法是一次历史性进步，其主要内容是：废除所有平民债务，取消一切债务奴役制度；禁止借贷以人身做抵押；因债卖身的农民，一律释放；因债务而被抵押的土地一律归还原主。即根据财产多寡将公民划分为4个等级并以等级高低确定相应的政治权利。古希腊有关债务、奴隶与物权的法律概念与观念，进一步影响了后世罗马法的起源与发展。

债权债务关系与欠债还钱的观念演进同样在古代中国发生。在官方历史中，《史记·高祖功臣者年表》记载，汉代即有功臣列侯负债违期不还，被夺侯除国之事，如河阳侯陈信“坐不偿人责（通‘债’）过六月，夺侯，国除”。而到了唐朝，官方的法律对欠债不还的处罚极其严厉，《唐律疏议》第26卷杂律中规定：“诸负债违契不偿一疋以上，违二十日笞二十、二十日加一等、罪止杖六十、三十疋加二等。百疋又加三等、各令备偿。”“疋”是“匹”的意思，这条法律规定，欠债达到1匹布的价值，违约20日不还就要被处以“笞刑”20下，每过20日再加一等，直至从笞刑20下升级为杖刑60下。而在民间社会，南宋永嘉人李之彦撰《东谷所见》，说“谚有之：杀人偿命，欠债还钱。理也。”逐渐使欠债还钱，天经地义成为一民间俗语。

古代早期对债权债务纠纷与欠钱不还债的行为是采取暴力惩戒主义态度的，随着人类文明的进化，出现了破产与破产法的概念，英国1542年颁布了世界上第一部正式的破产法，英国工业革命之后，对欠债还不了钱的行为，各发达国家普遍建立了破产制度，通过制度文明来解决债权债务纠纷与市场退出问题。特别是对诚实而不幸的商事个人以及有限责任公司，集体有序与宽容恩惠的破产观念渐渐兴起，破产是司法框架下债权人集体协商的商业安排与债务人争取拯救机会的程序机制。这是一套详细辨识债务人财产与责任以及追求债权人回收率的复杂制度与司法程序，但随着破产行为与案例的日益增多，破产现象与破产法正逐渐成为现代市场经济中所有商事与非商事主体认知与接受的常识。

托马斯·潘恩的《常识》是一本在北美独立战争期间具有重要影响力的政治著作，它不仅鼓励美洲殖民地居民支持独立运动，摆脱英国的统治。《常识》的独特之处在于，潘恩将复杂的政治理念用通俗易懂的语言传达给了广大的民众。

今天，破产法的常识是否为大众所接受呢？虽然破产现象正在变成我们经济生活与社会发展中的常态现象，但是，由于文化观念偏见与传统执念，现实生活中，许多人仍然忽视破产法常识，绕过破产法常识，鄙视破产法常识，歪曲破产法常识。这正是夏红教授写作《破产法常识》一书的价值所在。

我期望《破产法常识》一书能让读者朋友们更好地去发现常识，认知常识，尊重常识，按常识办事。也希望破产法的常识在完善社会主义市场经济体制与优化营商环境的背景下，能得到更加广泛的传播。是为序。

2023 年 10 月 7 日初稿，2024 年 7 月 23 日终稿

目　录 CONTENTS

第一辑

眼中事

第二辑

战疫录

第三辑 世界观

第四辑 人物志

第五辑 枕边书

第一辑

眼　中　事

畜牧场破产难题

假设在中国，有个畜牧场要破产。

按照2006年《企业破产法》，这个畜牧场里的所有牛羊，都将是债务人财产的组成部分。如果选择破产清算程序，管理人需要把这些牛羊变现。变现当然可以有多种选项，比如管理人可以把这些牛羊杀死，把它们肉、皮分别卖掉；管理人也可以把这些牛羊直接卖给动物园或者另一个畜牧场。如果选择重整程序，投资方或许看上的是牧场而不是这些动物，管理人同样需要处置这些动物；甚至投资方就看中这些牛羊本身，正寻思着杀杀卖卖……无论如何，管理人对这些牛羊的处置都在《企业破产法》的框架内；只要管理人及时并以合理价格变现，然后让债权人得其所应得，那么这个管理人就是称职的管理人。把破产法的正义送给每个债权人，管理人也会根据其工作质量，获得相应的报酬。

貌似很完美。但是仔细想想，好像又有什么事情不对劲了。

我想起了海斯尔案。2007年3月，维也纳近郊的一个法院，迎来一位奇特的“当事人”。这个当事人，应该叫“当事猩”，是一只名叫海斯尔的黑猩猩，它在律师的协助下走向法庭，等待法庭就其是否可以有法定监护人做出判决。

这是一起动物园破产引发的衍生诉讼。早在1982年，塞拉利昂的非法捕猎者枪杀掉海斯尔的妈妈，然后把海斯尔卖给动物贩子。在这些动物贩子的鼓捣下，海斯尔背井离乡，从非洲的塞拉利昂森林，辗转来到欧洲的奥地利。

按照预定的目标，海斯尔将会进入活体动物实验室，成为实验工具，或许会活着，可能会死去，也可能会陷入不死不活、生不如死的境地。也是海斯尔命不该绝，1982 年《濒危野生动植物种国际贸易公约》生效，黑猩猩被列入禁止进口清单，奥地利海关没收海斯尔和它的同伴，将他们送到一个动物园，那个本来想拿它们做实验的活体动物实验室也被罚得倾家荡产。后来实验室还曾状告动物园，试图要回黑猩猩，甚至还获得胜诉；若非动物保护人士的努力，海斯尔仍旧难免成为活体动物实验室针下之鬼。但无论如何，海斯尔吉“猩”自有天相，它一直在动物保护园安逸地生活。

转眼间很多年就过去了。

2007 年年初，海斯尔几乎度尽一生的动物园陷入破产境地。为确保海斯尔不会被卖到普通的动物园，有位奥地利商人以海斯尔及其监护人合理使用为前提，捐款 5000 欧元给海斯尔；如果不合理使用，这笔捐款将成为动物园的债务人财产，归破产管理人支配。

问题是：海斯尔究竟是否有权利拥有监护人？对于维也纳近郊法院来说，他们需要做出确认：海斯尔不仅仅是一只暮年的黑猩猩，而且还是一个“法人”，有权利获得法定监护人。

社会各界围绕海斯尔监护难题，也做出各种各样的善举：英国女性波拉·斯波蒂申请成为海斯尔的监护人；动物学家们也倾尽毕生所学，愿意提供专家证词，支持海斯尔获得法定监护人；海斯尔的律师也为这个案子，做出艰苦卓绝的努力……

我不知道海斯尔案最后的判决结果。但这段“离奇”的诉讼本身，已经足以让我们把目光，投向破产案件中的动物。这些动物，是不是百分之百确定属于债务人财产？管理人是否可以如同其他物品一样，按照法律规定的程序和目标追求来处置变现？这种对动物的变现，是否包含着管理人可以对这些动物园随意生杀予夺？如果这些问题的回答都是肯定的，那么这些动物的买受人是否又必然有权利对其予以随意的生杀予夺？……这些问题很烧脑，似乎可以，但似乎又有问题。

烦恼的产生，是因为动物保护主义的蓬勃发展。

站在动物保护的角度，世界范围内的动物保护理念可以分为两派：一派是动物福利派，重点关注动物福利的改善和生活质量的提高，不反对人类在合理的程序下利用动物；另一派则是动物权利派，主张逐渐停止甚至绝对、最终取缔人类对动物的利用，消除人类对动物的残害、剥削和压迫。而这两派共同的出发点，则是动物非物。甚至英国 1967 年形成的“布兰贝尔报告”中提及，动物也应该享有五大自由：不受饥渴和营养不良困扰的自由；不在恶劣的环境中生活的自由；不受痛苦、伤害和疾病的自由；享有表达正常天性的自由；不受恐惧和忧虑紧张的自由……这不是一个动物庄园，这是一个动物天堂。

显然，这与传统的物权法体系大相径庭。我们的物权法体系肇端于古罗马。按照罗马法的规定，动物是“物”，是私人财产，只有通过转让才能实现物权移转；而其所有权人，则可以针对动物行使包括占有、使用、处分、收益在内的所有物权。罗马法千秋万代，一统江湖，动物乃财产的观念也便在四海五洲深入人心。

但实际上，将动物非物化的法律传统，同样源远流长，甚至还早于动物物化的罗马法。柏拉图在其《理想国》中提及，如果动物杀了人，除国家授权的执行者外，被杀者的家族成员和亲戚应起诉凶手，凶杀案发生地的土地监管人则应做出判决，并将凶手送往海外。素食主义者的鼻祖毕达哥拉斯亦提出，谋杀动物与谋杀人类本质上并无二致，都属于谋杀犯罪。

在中世纪的欧洲，关于动物走向法庭的记录就更不胜枚举：

比如 1408 年，一头猪被控杀人；在受审前，这头猪同样被收监，和其他犯罪嫌疑人关在一起。

再比如 1386 年的法国小镇法莱斯，另一头猪因为杀死一名婴儿而被公开处决。比这更轰动的，则是代表老鼠出庭的法国律师夏尼森：在十五六世纪的法国，老鼠因为吞噬庄稼被告上教会法庭，夏尼森被指定为老鼠辩护。夏尼森不得不绞尽脑汁，为他的“当事鼠”在法律范围内寻找宽大的罅隙：第一步，他向法庭陈明，因为被告分散在大片土地上，仅用一份传票来通告“犯罪嫌疑鼠”显然不够，法官不得不再次在可能有老鼠的各村镇都发出通告；第二步，夏尼森开庭前向法庭陈明，他的“当事鼠”无法出庭，因为老鼠出庭需要长途跋涉，老鼠的天敌猫遍地都是，除非法庭有保护措施，否则出庭之旅凶险万分、有去无回，夏尼森由此引用古老的规则：如果一人被控犯罪但无法安全到庭，那么他就可以上诉并拒绝服从传票，老鼠同样如此。

既然动物可以成为被告，需要承担法律责任，那么为什么就不应该享有相应权利呢？可以看到，且不说更为灵活的英美法系国家，即便在大陆法系国家，坚持认定动物是“物”的观念不仅已然松动，甚至迈出了历史性的步伐。德国1990年修订《民法典》，其中在第90（a）条“物和动物”规定，“动物不是物。动物得到特别法律的保护。有关物的现行法律，只有在没有特别有关动物法律的情形下，才适用于动物。”2004年修订的《奥地利民法典》，也有类似的条文。另外，2002年德国修订《基本法》，更是在第20（a）条规定，“国家鉴于对子孙后代的责任，在宪法框架内，通过立法以及依照法规通过司法决定，保护生命的自然基础和动物”。既然宪法如此、民法典如此，那么大量动物保护法律的滥觞就更自然而然了。

法律的进化，如同击入湖心的石头，涟漪会慢慢泛开。在我看来，迟早，动物权利保护的“涟漪”，会波及破产法。在这种情形下，假如畜牧场破产，制度又该如何设计？债权人的权益又该如何维护？管理人又该当如何作为呢？

（本文首发于《法治周末》2018年9月17日。）

破产法是一座最好的“消债寺”

京西有座山，曰鹫峰。鹫峰有座寺，叫消债寺。

看到“消债寺”这个名称，几乎每天都在破产法学世界中浸泡的我，不禁眼前一亮，好奇心爆表。破产法学因债而生，为债而生，客观上也能实现消债的结果。由此，我也特别想知道，消债寺是否有破产法上不为人知的隐喻或关联。

但遗憾的是，关于消债寺，有据可考的文献十分有限。跟它十分吸睛的名字相比，消债寺显然不属于千年古刹，鲜为人知久矣。

有位署名“户力平”的作者，曾在《北京日报》撰文介绍消债寺的传说：该寺初建于明代，原来只是一座无名的普通寺庙。明朝天启年间，有个因做生意失败而陷入财务困境的年轻商人，债务如山，痛不欲生，他来到鹫峰，想在这里了结人生。时任主持慧远法师了解情况后，善言开导，终于使这个郁郁寡欢的年轻商人解开心结，重新鼓足生活的勇气；慧远法师甚至将部分香火钱给这个年轻人，帮他消除部分债务。这个年轻商人三跪许愿之后，回去善加经营，不仅还清债务，而且很快东山再起，最终成为大栅栏一带富甲一方的商家。五年后，年轻商人来还愿，并捐巨资重建寺庙，形成一座包含山门、四柱屏风、正殿三间及配殿两间的寺庙院落。这位年轻商人睹物思人，往事历历在心头，干脆结合自身经历，将这座寺庙命名为“消债寺”。

我们常说，山不在高，有仙则名。但消债寺的声名远扬，不是因为鹫峰之仙，也不是因为消债寺里有世外高僧，只是因为“消债寺”之名。据说消债寺重建之后，数百年来，来此烧香许愿的善男信女络绎不绝，消债寺成为深陷枷锁的债务人们最后的精神家园。

可惜的是，民国时期战乱频仍，消债寺香火不继；1930 年祸不单行，连遭暴雨侵蚀，斑驳倒塌，重修后规模小了很多。“文化大革命”期间，鹫峰一带损毁严重，消债寺亦无法幸免，仅存断壁残垣，凭后人空吊往日时光。

访消债寺归来，我思索良多。消债寺三个字，不同的访客可能有不同的解读。但站在破产法的角度，尽管缺乏典籍史料的支撑，但消债寺的历史和光影，足以留给我们无尽的断想。

我们可以把故事中无名无姓的年轻商人，看成现代社会千千万万债务人的化身。

按照施特尔特在《21 世纪债务论》一书中提出的观点，2008 年全球性金融危机背后，是这之前一场史无前例的负债热潮，20 世纪 80 年代以来全世界都逐步进入高负债时代，无论是政府、家庭还是企业，负债都成倍增加，过度负债成为现代社会的通病。在这一点上，我国概莫能外。故事中这个无名无姓的年轻商人，今天可能是你，明天可能是我，后天可能是他，谁也无法对债务绝对免疫。今天，我们都是债务人，都要寻找“消债寺”。

我们可以把年轻商人债务如山、求死心切的经历，当作一道证成个人破产法必要性的论述题。

人类社会进入文明时代的标志之一，就是不再让任何人成为债务的奴隶；债务需要偿还，但这本质上是财务问题，不应该成为限制人身自由的借口，更不应该让债务人为此付出生命的代价。而个人破产法，则是经营失败债务人的“金钟罩”。债务人在个人破产程序中固然需要承担一定的义务，但却能够合法免责，实现消债的效果。这恰恰说明，一部行之有效的个人破产法，对于保障企业家精神、对于有序清理企业家个人负债，具有多么重大的意义！

我们可以把传统的消债寺，理解成为现代的破产法。

破产法是现代市场经济的标配，但其发轫却伴随人类历史始终。作为一种集体的债权债务清理程序，破产法不见得最有效率，但相对来说却最为公平、最为人道。按照破产法的基本理念，在集体债权债务清理程序中，债权人们的顺位有先后之分，顺位在先的债权人获得优先清偿，但同一顺位的债权人都会受到同比例的清偿。当年失败的年轻商人前往消债寺，寻求精神上的解脱；而现代社会的债务人，则需要活学活用破产法，前往法院寻求集体债务清理程序中的拯救。从这个意义上来说，破产法就是现代社会的“消债寺”。

我们可以把慧远法师给年轻商人的开导，想象成现代社会不可或缺的债务顾问。

在故事中，陷入财务困境的年轻人不堪重负，求死心切，而慧远法师的耐心开导，最终从心灵上解开年轻人心目中的枷锁，重拾卷土重来的信心。而在现代社会中，破产法作为一项高精尖的法律服务种类，一定需要专业人士站在不同参与方的角度，提供最优方案。这里面最前沿的业务领域之一，就是债务顾问提供的破产咨询服务。当然，这也要求破产咨询服务一定需要客观、独立，服务提供者也不能从中谋取咨询收费之外的其他利益。比如前段时间《华尔街日报》报道美国某著名咨询公司在破产咨询服务中，为旗下投资实体谋取不正当利益，引起有关部门的调查，可以将之视为破产咨询服务中的反例。其实，不仅企业破产如此，个人破产更是如此。美国 2005 年通过的《破产滥用防止及消费者保护法》中，就将财务教育作为债务人申请个人破产的先决条件。如果时光能够穿梭，慧远法师一定会被现代化的破产咨询服务团队取代。

我们可以把故事中慧远法师视为重整投资方，把慧远法师给这个年轻人的香火钱理解成现代破产法中的重整融资。

重整融资是一个影响破产法效率与效益的重大问题，世界银行营商环境评估“办理破产”指标中，重整融资问题占据重要比重。这也是为什么我国最高人民法院在 2019 年 3 月发布《关于适用〈中华人民共和国企业破产法〉若干问题的规定（三）》，尤其是在第 2 条特别规定重整融资优先于普通债权的清偿顺位。故事中慧远法师给年轻人的香火钱，或许是无偿赠予，但我们在破产法的语境下，可以将慧远法师视为重整投资方。

我们可以把年轻人东山再起的经历，看成破产法重整理念的最好弘扬。

现代破产法较之传统破产法，最大的差别之一即在高扬破产清算旗帜的同时，更加强调破产法的拯救功能。无论是和解还是重整，甚至比如预重整、转机管理等破产行业从业者的种种“发明”，都特别强调对债务人的拯救。拯救债务人可以实现多赢：第一，能够实现债权人清偿利益最大化；第二，债务人脱离债务苦海，得到拯救，从微观经济角度修复资产负债表；第三，债务人的拯救对于保障就业、税收等社会公共利益影响甚大，能够实现社会利益的最大化。故事中年轻人的东山再起，还愿并捐巨资扩建寺庙的故事，为我们讲述了一个有关破产拯救理念的美丽童话。

事实上，消债寺的遗迹风物究竟如何，已不重要。重要的是“消债寺”这三个字，已然给了我们太多的想象空间。在我看来，千言万语一句话：在市场经济社会，破产法就是一座最好的“消债寺”。

（本文首发于2019年12月8日澎湃新闻财经频道“澎湃商学院”栏目。）

从“金指南”看我国跨境破产法的升级与改造

2016年10月10日、11日两天，“JIN”破产法会议在新加坡隆重开幕。JIN是“司法破产网络”（Judicial Insolvency Network）英文首字母的缩写，一个全球性、多级别的破产法官交流平台。JIN与“金”谐音，所以我将之翻译成“金网络”。

在首次会议上，来自美国特拉华区破产法院、美国纽约南区破产法院、美国佛罗里达南区破产法院、新加坡最高法院、百慕大最高法院、英格兰和威尔士高等法院、澳大利亚新南威尔士最高法院、韩国首尔破产法院、开曼群岛大法院、加拿大安大略高等法院及荷兰中区法院的代表们齐聚一堂，通过《法院间跨境破产事务沟通与合作指南》（Guidelines for Communication and Cooperation between Courts in Cross – Border Insolvency Matters）。我将这份文件，称为跨境破产法领域的“金指南”。

“金指南”正文共有14条，除导语外，共分为采纳及解释（第1–6条）、法院间合作（第7–9条）、出庭（第10–11条）、相应条款（第12–14条）及联合审理（附件A）等部分。

“金指南”的核心目标，是在跨境破产的平行程序中，从个案层面加强法院间的协调和合作。参与“金指南”的法院承诺，在跨境破产案件中，该指南将作为最佳实践的范本，给予最优先的考量和适用。正文尤其是第7–9条法院间合作部分，详细规定协调和沟通的技术性细节。归根结底，“金指南”将通过促进协调和合作，尽最大限度提高跨境破产程序的效率，降低经济和时间成本，避免不必要的诉讼程序，实现债务人财产价值最大化。

为了保持适当的灵活性，“金指南”允许缔约的法院按照自己认为合适的方式，将“金指南”适用到个案中。而且“金指南”也特别强调，相关法院的裁令，只会处理跨境破产协作中的程序性事宜，实体问题还是会交由该法院所在地的破产法处理。

这份“金指南”的发布，引起破产界内外高度重视。2017 年 6 月，美国众达律师事务所（Jones Day）旗下的《全球重组评论》（Global Restructuring Review）编辑部，将该年度的“最重要总体进步奖”（“Most Important Overall Development” award）颁发给“金指南”。2019 年 1 月 22 日，世界执行大会在我国上海召开，新加坡最高法院法官庄泓翔（Steven Chong）在发言中也特别介绍“金网络”和“金指南”，认为它们是国际破产界对不完美世界作出的完美回应。

事实上，“金指南”发布后，“金网络”未止步不前。2018 年 9 月、2019 年 4 月，第二届、第三届“金网络”先后举行。这两次会议的重要共识和成果之一，就是 2019 年 7 月 25 日正式发布的《法院对法院沟通方案》（Modalities of Court – to – Court Communication）。我们姑且将该方案称为“金方案”。

“金方案”在“金指南”的基础上，进一步细化参与法院间在平行破产程序中协调和沟通细节。“金方案”正文共分为范围和定义（第 1 – 4 条）、协调人的指派（第 5 – 7 条）、沟通的启动（第 8 – 9 条）、沟通的安排（第 10 – 13 条）、请求法官和被请求法官的沟通（第 14 – 16 条）。

按照其框架设计，“金方案”的核心是协调人（facilitator）的指派，即每个法院都应指派一个或多个法官，担任协调人；协调人的身份信息和联系方式应该通过网站等途径公开发布。在平行程序启动后，请求法官即可启动沟通程序，与被请求法院的协调人取得联系；接下来，两边法院的协调人则可以直接针对个案协调沟通，时间、方式、语言等均以双方接受为前提。如果请求法官和被请求法官均愿意直接沟通，他们也可以绕开双方法官的协调人。

在我看来，无论是“金网络”“金指南”还是“金方案”，对于我国升级和改造跨境破产法律体系，都有极其重要的启迪。

我国 2006 年《企业破产法》第 5 条实现了跨境破产法的“破冰”。按照该条规定，我国的破产程序对债务人在境外的财产自动生效，而境外法院的破产裁定，则要由相关法院按照条约或者互惠原则严格审查，只有不违反中华人民共和国法律的基本原则，不损害国家主权、安全和社会公共利益，不损害中华人民共和国领域内债权人的合法权益，才有可能得到承认和执行。

目前，我国尚未与外国缔结任何涉及破产的双边或多边条约。即便审查外国法院的破产裁定，只能按照互惠原则来审查。事实上，按照上述审查标准，我国法院尚未有依据《企业破产法》第5条承认和执行域外法院破产裁定的案例。武汉中院承认和执行德国蒙塔鲍尔的裁定，本来可以成为我国跨境破产承认和执行第一案，但武汉中院并未援引《企业破产法》第5条，而是径直援引《民事诉讼法》关于涉外判决的规定。在此前后，我国法院还多次收到承认和执行域外法院破产裁定的请求，但均未作出承认和执行的裁定。

显而易见，该规定在实际操作中，会面临多种多样的约束和限制。我国《企业破产法》于2007年实施后，跨境破产案例寥若晨星，跨境破产制度几乎成为“睡美人”条款。这里面的原因，既在于对己宽、对人严的制度建构本身的困境，也在于我国司法系统在跨境破产领域对外交往积极性、主动性的不足。

跨境破产法律实施的不彰，涉及很多因素，但立法是主因。这也是为什么学界内外通常都将采纳联合国国际贸易法委员会的《跨境破产法示范法》，作为我国升级和改造跨境破产法律体系的不二法门。这个思路大体不差。从国际化的角度，在未来的《企业破产法》修订中，采纳示范法，从国内立法的角度大幅度升级和改造我国的跨境破产法律体系，对于提高境外债权人和投资人的信心，具有十分正面的意义。

只是，联合国贸易法委员会的《跨境破产示范法》，毕竟是立法本位的方案。这一方案的落实和实施，取决于立法机关的议事日程、各方博弈和共识。在立法机关采纳并将其转化成国内法之前，示范法只具有参考性意义。立法修法，兹事体大，影响性因素众多，很难在短时间有实质性进展。

因此，看到“金网络”、“金指南”及“金方案”越来越丰富，或许我国法院系统在跨境破产法领域可以更为积极主动。最高人民法院可以考虑参与“金网络”，推动各级法院对“金指南”“金方案”的理解和运用，同时也积极参与“金网络”后续规范的形成。如果担心最高人民法院参与和其他各国部分专门法院参与不对等，或有其他不便明说的顾虑，也可以授权低级别法院，以更为灵活的方式参与这一历史性进程中。

跨境破产法最大的特征，既在于其核心目标的确定性，比如加强跨境破产程序沟通和协调、降低跨境破产程序的成本，也在于其实现方式的灵活性、多样性，可以由当事人和当事人之间谈判，也可以由破产执业者和破产执业者之间沟通，更可以由审理案件的法院和法院间沟通。当然，这些选项中，法院之间的沟通和协调，肯定是效率最高的解决方案。

上述特征，给予我们很大的选择余地。甚至再退一步，即便我们对“金网络”、“金指南”及“金方案”不感兴趣，我国法院系统依旧可以参与、发起甚至主导其他更为适宜的跨境破产法网络。这种积极主动的参与，既能够对外展示我国改革开放的国际形象，提升我国跨境破产法的知识储备和见闻，也能够促使我国司法系统在跨境破产法领域“开眼看世界”，更好地为将来制度升级做好知识储备和心理准备。

总之，在未来跨境破产案件中，无论是输入还是输出，司法机构依旧扮演着枢纽性角色，我国的破产法官迟早要和国际同行面对面打交道。与其个案层面被动应对，不如规则层面早做预备，在司法系统积极主动参与国际规范形成的同时，也让法官们学会并善于与外国同行沟通和协调。

（本文首发于2019年12月24日澎湃新闻财经频道“澎湃商学院”栏目。）

衔接庭外重组和庭内重整的制度之“桥”在哪?

2019年11月14日，最高人民法院正式发布《全国法院民商事审判工作会议纪要》(以下简称《九民纪要》)。

4个月前，第九次全国法院民事商事审判工作会议在黑龙江召开，法律界内外对其纪要可谓望穿秋水。

《九民纪要》分别从民法总则、公司、合同、担保、金融消费者权益保护、证券、营业信托、财产保险合同、票据、破产、案外人救济案件审理及民刑交叉案件的程序处理等12个方面，对民商事审判中各界十分关注的部分焦点问题，提出倾向性的意见。作为民商事司法中一份重要的“参考文献”，这份纪要的影响力，将逐步地在个案中凸显出来。

从破产的角度，《九民纪要》分别从12个角度，对破产案件审理中的部分问题作了回应。其中第115条聚焦于“庭外重组协议效力在重整程序中的延伸”，作出如下规定：“继续完善庭外重组与庭内重整的衔接机制，降低制度性成本，提高破产制度效率。人民法院受理重整申请前，债务人和部分债权人已经达成的有关协议与重整程序中制作的重整计划草案内容一致的，有关债权人对该协议的同意视为对该重整计划草案表决的同意。但重整计划草案对协议内容进行了修改并对有关债权人有不利影响，或者与有关债权人重大利益相关的，受到影响的债权人有权按照企业破产法的规定对重整计划草案重新进行表决。”

重整制度是我国《企业破产法》的创新制度之一。追本溯源，重整制度以美国1978年《破产法》为起点，是20世纪80年代以来世界范围破产法构造的必选项，甚至可以说过去40年，就是重整制度的40年。作为破产文明进化到3.0阶段后的核心制度构造，是否具有高效的重整制度，已经成为衡量一个国家或地区破产法发达程度的核心指标。这也是为什么世界银行营商环境评估“办理破产”的指标体系，也都是围绕重整制度来设计。

显而易见，重整制度之所以能够风行寰球，当然是基于该制度本身自身蕴含的诸多优点。比如，重整制度旨在保持债务人企业的营运价值（going concern value），发现营运溢价，避免债务人企业被分割出售，这当然有利于获得债务人经营管理层的支持和配合，也有利于最大限度地保障社会财富不因分割出售而耗散。再比如，重整制度以拯救陷入财务困境的债务人为核心，能够在保就业、保税收等社会公共利益方面，做出突出性的贡献。另外，重整制度能够有限度地约束担保债权人，确保破产程序中不因为缺乏主要“玩家”而剧终……坊间对重整制度优点的论述车载斗量，毋庸赘言。

但重整制度的缺点也很明显。比如重整制度涉及债务人企业继续经营管理问题，如果让债务人自行经营管理，究竟如何判断经营管理层的不当经营与企业财务困境的因果关系，必然涉及极高的信任成本，甚至会诱导经营管理层在破产前就有非理性的经营行为；而如果指定管理人经营管理，管理人接管企业、摸清行业和市场，进而制订出合理的重整计划，需要极高的时间和经济成本，这些成本的高企必然会影响债权人们的清偿利益。

当然，重整制度的缺陷远不止上述两点。作为破产法的核心制度构造，重整制度最明显的特色之一，就是极强的时间窗口。比如《企业破产法》规定，在破产程序启动后，负责经营管理人主体，必须在最长9个月的时间内完成重整计划的制定，否则法院就要裁定终止重整程序，宣告债务人破产。

这种特色，是一把双刃剑。从积极的角度来说，时间窗口的存在，可以诱导甚至逼迫参与破产程序的各方积极投身于谈判和共识形成。时间窗口作为一种约束机制，确保破产程序可以在相对经济的时间周期内结束，避免破产程序无休止地持续。但从消极的角度说，时间窗口的存在极大地压制参与程序各方对自身利益的考量、对市场周期的把握。非此即彼的思维方式，并不符合重整制度鼓励当事人意思自治的制度底色。

国内外学界、实务界都在绞尽脑汁，寻求扬重整之长、避重整之短的出路。这几年市场上频频出现的“预重整”制度，正是弥补重整制度缺点的一剂良方。

“预重整”制度同样发轫于美国。在实践中，大体有两种模式：一种是在破产程序启动前，由参与各方展开谈判并达成协议；破产程序启动后，不再召开债权人会议表决该协议，而是将之作为重整计划，直接交由法院批准，待法院批准后执行。另一种是在破产程序启动前，由参与各方展开谈判并达成协议，协议中会约定主要债权人不得在债权人会议上投反对票；破产程序启动后，需要继续召开债权人会议表决该协议，主要债权人只能投赞成票；主要债权人的赞成票加上其他债权人的投票，如果符合法定票数要求，则将该重整计划交由法院批准后执行。

连续两年，最高人民法院先后在《全国法院破产审判工作会议纪要》（以下简称《破审纪要》）和《九民纪要》中特别强调的庭外重组，正是对上述预重整模式在我国实践的承认、回应。作为一种市场经验，“庭外重组”最为明显的优点，就是没有严苛的时间周期限制，参与谈判的债权人、债务人可以结合自身需求和市场因素，围绕各方的核心关切展开充分谈判，在谈判基础上寻求共识，并将该共识反映在重整计划中，确保破产程序启动后，重整计划能够在债权人会议分组表决中高票通过、法院迅速批准并进入执行阶段。

由此，最高人民法院对实践中方兴未艾的庭外重组的高度肯定，是值得破产界击节而叹的；在《企业破产法》修订短时间难以取得突破性进展的前提下，上述《破审纪要》和《九民纪要》，尽管不具备法律效力，但足以鼓励实务一线的法官积极行使司法权，提高破产重整的效率和效益。当然，《破审纪要》和《九民纪要》对庭外重组的强调和肯定，也会进一步激发破产实务界奋发有为，结合专业素养和市场状况，为债权人、债务人们提供更精准的破产服务。

当然，徒有庭外重组不足以自行，尚需要庭外重组和庭内重整程序的衔接机制。甚至可以说，衔接机制能否高效运行，基本上决定庭外重组的成败，当然也会影响重整程序的效率和效益。而这一点，恰恰也是上述《破审纪要》和《九民纪要》的关切所在，在实务中尤其需要结合《企业破产法》有关重整制度的构造，通过合理论证，对庭外重组的成果在重整程序中的承认和尊重，建立恰当的路径。

而这一点，上述《破审纪要》和《九民纪要》所论有限，尚需要更为清晰的设计理念和操作规则。

走笔至此，我想起了欧盟最近方兴未艾的“预防性重组”（preventive restructuring）。2019 年 6 月 30 日，欧盟立法机构通过《第 2019/1023 号指令》，指导欧盟各成员国尽快将之转化成国内法，在欧盟范围内建立预防性重组框架。按照该制度设计的初衷，鉴于破产程序的启动会对债务人带来诸多消极影响，而欧盟各成员国破产实体法又千差万别，由此需要设定预防性重组框架。

预防性重组框架本质上是一种庭内程序，但更好地结合庭外重组和庭内重整的优势：预防性重组可以由债务人自身申请启动，也可以由债权人申请启动；预防性重组以债务人自行经管（DIP）为本位，尽最大限度避免企业经营管理权的移转；预防性重组程序启动之后，能够产生阻却债权人执行程序的法律效果，也能够豁免债务人申请启动破产程序的义务；预防性重组的核心是重组计划的制定，该计划类似于重整计划，也需要债权人会议分组审议和表决，必要时法院可以强制批准；预防性重组计划会限制股东权益，但不会减损职工权益，持异议的债权人可以向上一级法院提出上诉……《第 2019/1023 号指令》内容卷帙浩繁，仅序言就有百余条，详细评述显然是另一篇文章的任务。

需要指出的是，《第 2019/1023 号指令》通过后，西班牙已成为第一个转化该指令的欧盟成员国。在未来两年内，欧盟其他各成员国将完成转化重任。可以预见的是，在未来一段时间内，“预防性重组”必然会成为一种制度选项，吸引各界的注意力。

或许，我们在思考和构建庭外重组与庭内重整衔接的制度构造时，可以大力参酌美国式“预重整”的理念，并适当借鉴和参考欧洲式的“预防性重组”理念，集思广益，设计出能够在中国大地上生根发芽并茁壮成长的衔接机制，并在实践中不断检验、试错和修正后，内化在未来的新破产法中。

（本文首发于 2020 年 1 月 1 日澎湃财经频道“澎湃商学院”栏目。）

从行会史谈管理人行业自治

2020年8月28日，福建省莆田市管理人协会成立。据不完全统计，全国现在已经有七十多家破产管理人协会，实现地方破产管理人协会的“破百”指日可待。

从行业自治的角度看，2018年最高人民法院《全国法院破产审判工作会议纪要》（以下简称《破审纪要》）最重要的贡献之一，就是管理人行业自治的破题。《破审纪要》第13条表示“支持和引导成立管理人协会”，规定“人民法院应当支持、引导、推动本辖区范围内管理人名册中的社会中介机构、个人成立管理人协会，加强对管理人的管理和约束，维护管理人的合法权益，逐步形成规范、稳定和自律的行业组织，确保管理人队伍既充满活力又规范有序发展”。这个表述，既是对部分地方在管理人行业自治方面先行先试的承认，更是对管理人行业自治遍地开花并持续深化的鼓励。事实上，也正是在“破审纪要”发布之后，地方管理人协会如雨后春笋般在全国出现。

那么，管理人行业为什么要通过行业协会来自治呢？或者说，我们成立管理人协会，到底要做什么？在我看来，行会史不仅能够解释我们为什么需要成立管理人协会，也为管理人协会成立后所要做的工作提供了想象空间。

英国行会史的三个时代

按照金志霖著《英国行会史》，在英国，行会史可分为三个时代：

第一个时代是商人行会时代。

随着中世纪城市崛起、农业生产力提高、农业和手工业逐步分离，11 世纪后在封建主城堡体系之外，逐渐出现市民、城市和市场，商品经济获得大幅度发展。根据国王颁发的特许令状，富有的商人以拥有地产的市民为主，组成商人行会。每个城市，只有一个商人行会；只有商人行会成员，才能在当地展开商业活动，外地商人在付费加入商人行会前禁止在本地经营。

商人行会的特权之一，是向外地的非行会成员征收特定税收，后者完税后才能享有与市民一样的商业特权。这也就是说，最初的市民地位与商人行会成员地位高度重合，商人行会的上层人物也成为市政治理机构的主力军，成为商人行会成员与获得市民权几乎是同义词，商人行会通过约束成员顺便就实现市政管理。

商人行会有自身的治理体系和工作程序，既有发展新成员的任务，也需要维持商人行会的垄断地位，甚至需要通过价格管理、营业方式限制、质量管控等手段，确保商人行会成员的机会均等，严禁以次充好、缺斤短两和哄抬价格等行为，禁止行会成员间互相辱骂、斗殴和诽谤，严重违规会被开除商人行会的会籍。对外，商人行会还会以城市的名义游说国王，寻求对市民（行会成员）各种税费的豁免。

第二个时代是手工业行会时代。

手工业行会在 13 世纪后逐渐崛起并获得国家的承认。随着商品经济的发展，没有房产的手工业阶层崛起，逐渐成为城市经济活动的主要力量之一。在各个手工业行业内部，不同行业在生产过程、质量标准、价格体系等的特殊要求，越来越凸显，传统的商人行会整齐划一的自治模式无法满足时代需求。

跟商人公会相比，手工业行会的行业划分更细，行业特色更为鲜明，因为特定工序或产品而成立的专门行会屡见不鲜。商人公会更多聚焦于市场交易环节，而手工业行会则更多聚焦于生产环节。手工业行会崛起之后，其拥有特权承包行业内部的税收并在成员间均摊，非行会成员禁止在该行业从业，对外建立阻止竞争的保护性屏障，对内则通过行业规范来限制行业内部的竞争。

通过均摊税收，手工业行会成员共同分享行业内部的特权、秩序和服务。通过垄断就业机会、管制价格、统一加工费和工资标准、检查度量衡、统一控制质量、控制生产规模、统一工作时间、限制生产者数量、限制学徒数量、限制恶性竞争和两极分化等措施，以及十分严厉的配套惩罚措施，手工业行会成为行业秩序的维护者、规则的制定者，在行业内部居于说一不二的垄断地位。与商人公会不同的是，手工业行会成立系基于王室特许状，较之于地方市政机构，手工业行会与王室的联系更为密切，手工业行会的创收大多也直接成为王室的财源，这让手工业行会在地方会高人一等，甚至颇受嫉妒，与市政当局不无龃龉。

第三个时代是公会时代。

随着资本主义在14世纪之后的萌芽及生产力发展，大量劳动力涌入城市，风力、水力等新能源得到广泛应用，手工制造业发展迅速，商业规模和体量再度突飞猛进，长期酝酿之后的工业革命，更是启动了贯穿至今的全球化浪潮。在这种背景下，工人出走、工匠流失，传统的手工业行会的凋零不可避免。由此，以伦敦等大城市为中心，不同行业内部重新洗牌。以往因产品设行会、因工序设行会的情形不复存在，相近行业整合成为新趋势，公会崛起自然而然。

与商人行会、手工业行会相比，公会对行业内部的控制未变，但在兼并方面却开天辟地，在经历一轮又一轮同行业合并甚至跨行业合并后，整个伦敦最终只剩下十二大公会。公会在手工业行会基础上，有继承，有扬弃。具体而言，在行业垄断、平均主义、内部管理、整合市场、师傅－帮工－学徒模式等方面一如既往，但跨行业或者行业内部跨部门就业情况逐渐放开；随着行业公会实力的增强，公会甚至开始为成员提供融资，公会资深成员在市政治理机构中也发挥着越来越活跃的角色。另外，公会内部兼并潮此起彼伏，主体之间层次和差异程度越来越大……这种革新的浪潮迅速席卷英国，在一定程度上，纵向延续至今，横向蔓延全球。

今天方兴未艾的管理人协会，基本可以视为手工业行会和公会的集合体。历史上不同阶段的行会和我国管理人行业协会比较，有一些共同点。比如两者都需要行政审批，前者由国王特许，后者也需要政府主管机构批准。再比如两者都高度行业化，前者聚焦于特定工序、特定产品或特定行业，而后者也聚焦于破产程序中的专业服务。还比如，前者承担着行业秩序维持的重任，而后者也通过破产保障基金、破产互助基金等方式实现行业互助……类似的共同点，可以列举出很多。

我国管理人行业自治的新方向

但是，现代化的管理人协会，毕竟不是传统的行会。我们爬梳行会史，更多是从历史经验中汲取智慧，发现管理人行业自治的新方向：

第一，主体问题。

不管哪个时期，行会成员都是个人，并无太多机构。按照我国《企业破产法》相关制度设计，管理人以机构为主、个人为辅，而在实务中机构垄断态势明显。机构化的管理人有其优点，但也存在各种问题，也不符合全球破产执业者发展大势。各地管理人协会应该尽可能广泛吸引个人会员，打造当地个人化的破产管理明星团队，逐步推动管理人制度从机构为主到个人为主的过渡。

第二，准入问题。

放眼行会史，行业准入问题基本都是行会说了算，而不是其他权力机构说了算；不同行会有不同的纳新方式，基本以缴纳税费和遵守规则为前提。即便在今天的英国，想要从事破产服务行业，在完成相关学业和实习之后，也需要加入特定行业公会，才能获得破产执业资格。

我国破产行业准入问题由《企业破产法》明文规定，由最高人民法院的名册编订办法和各级法院的具体规则落实。在我看来，管理人协会可以在行业准入方面，发挥更大作用，比如推进管理人准入考试，甚至可以考虑由管理人协会来编订当地的管理人名册。另外，对于管理人跨区执业问题，也可以通过管理人缴纳一定费用并跨区加入当地管理人协会来实现。即便维持现有地方法院编订管理人名册的现状，也需要法院在编订名册时，审慎行使公权，充分听取当地管理人协会的意见。

第三，指定问题。

上述任何时段的行会，在维持行业就业特权、商业机会和内部秩序等方面，基本都一脉贯之。而在我国破产实务中，管理人的指定是法院的职责，债权人会议和债权人委员会（《最高人民法院关于适用〈中华人民共和国企业破产法〉若干问题的规定（三)》之后）只有建议法院更换管理人的权利。通过抽签、摇号、轮候等方式指定名册内的管理人，再加上各地差异较大的分级管理，可能能够实现形式上的公平，但无法根除资源错配问题，更无法彻底消除管理人选任和指定过程中可能存在的利益输送。

这种现状也导致在当前各地破产管理人市场普遍出现“马太效应”，本地、外地差异巨大，强者恒强、弱者越弱十分明显。愚见以为，可以考虑在个案中，赋予当地管理人协会向法院推荐管理人的职责。此举既可以将法院从选择管理人的巨量行政事务工作中解放出来，又可以确保协会成员担任管理人的机会大体均等，进而促进当地破产管理人队伍的集体成长。

第四，报酬问题。

纵观整个行会史，行会在内部市场维持方面，都通过统一定价方式，严禁恶性竞争。但在我国破产实务中，以管理人报酬折扣为代表的恶性竞争，却是常态。这里面既有法院的因素，也有行业自身的因素。法院通常会在投标邀请中诱导管理人就报酬打折，甚至把管理人报酬预期作为遴选与否的核心因素，在个案中确定管理人报酬时给管理人报酬打折的现象更是习以为常；而从行业自身角度，随着破产服务市场的火爆和竞争的加剧，同行求案心切，围绕管理人报酬展开的价格战几乎成为竞标的标配。

长此以往，劣币驱逐良币，肯定不利于管理人行业的健康发展。各地管理人协会应该积极行动，禁止竞标中竞相降低报酬预期的恶意竞争行为，并代表行业要求法院在管理人报酬确定中，减少打折的频度，降低打折的幅度。

第五，服务质量问题。

从行会史来看，对于产品质量的看重、对于健康市场的维持，是行会核心目标之一；害群之马会被清除在行业之外。而我国当前对于管理人服务质量的考核，不同法院各有“神通”，差异明显；而且在管理人与法院的沟通中，法院一言九鼎，管理人既不敢怒，也不敢言。

在我看来，管理人协会应该在管理人服务质量控制上下大功夫。比如可以通过随机抽查、年度审核、法院反馈、当事人回访等机制，尽可能获得评价管理人的“大数据”，并建立公开透明的评审标准，确保管理人服务质量的稳定。根据评审结果，设定不同的惩戒标准，确保当地管理人服务质量大体统一。这样既确保当事人能够获得破产法层面的正义，也能够极大地降低法院在破产案件审判中的工作量。

第六，行业集体权利问题。

纵观行会史，不同阶段行会在解决行业内外冲突、争取集体权益方面，发挥了重要作用。而我国破产服务行业中，管理人履职保障严重不足，不仅公权力机关配合支持不够，在管理人与债权人、债务人争议处理方面，也没有保护机制和缓冲空间，管理人站在冲突最前线。

这两年关于破产管理人的负面新闻越来越多，债务人、债权人略有不满，轻则谩骂、诋毁，重则人身攻击，甚至动不动就在法院提起天价索赔，刷足存在感。各地管理人协会应该设立专门机构，投入必要人力物力资源，以当事人和法院对管理人的投诉为突破口，建立合理的调查、辩解、裁判、惩罚、反馈程序，在行业问题发酵成舆情危机前，及时处理。

世易时移。管理人协会跟传统行会相比，有了更多时代性、现代化的特征。但正本清源，行会史依旧可以为我们推进管理人行业自治提供启迪。各地在大力推进成立管理人协会的同时，更应该在管理人协会做什么、如何做层面上，多下功夫，真正将管理人协会建成管理人之家、管理人之友。

（本文首发于 2020 年 9 月 3 日澎湃财经频道“澎湃商学院”栏目。）

个人破产案如山，破产法官何处来

2020 年 6 月 2 日，深圳市人大常委会公布《深圳经济特区个人破产条例（征求意见稿）》，将深圳构建地方版个人破产制度的努力，又往前推动一大步。

在这篇文章里，我打算以深圳作为标本，完成深圳个人破产法制化之前的模拟测试。

具体来说，我打算通过人口、个人破产案件数量、法官工作量等因素之间的关联性，用近似实验的方法，模拟测算下深圳个人破产法落地后案件数量可能的增加幅度以及破产法官的工作量。

我从小数学就不好，通过数学工具来做破产法研究，更有点强我所难。沙盘推演，半真半假，游戏成分居多。若有错谬之处，提前致歉。

第一步：如果深圳个人破产条例落地，破产案件数量会如何增长？

在合理的情形下，人口与个人破产数量之间有无必然的比例关系？或者说，我们能否借助统计学数据和方法，通过人口统计获得的人口数量，对特定区域内的个人破产的数量做出测算？

最近重读深圳大学齐砺杰老师的专著《债务危机、信用体系和中国的个人破产问题》。在这本书中，他提到一个比例，或许可以参考并成为我们推演的起点。这本书里提到，在将近两个世纪的时间里，美国的个人破产数量与人口之间的比例，保持着出奇地稳定，基本都是 1∶200。也就是说，在每 200 个美国人中，就会有 1 件个人破产案件。这个比例测算的依据包括：1833 年，美国人口为 1400 万人，每年因为债务问题入狱的债务人维持在 7.5 万人左右；而 2002 年，美国人口为 2.8 亿人，个人破产的数量为 150 万件。

这个比例在个别年份或者特定时间段，肯定有可以商榷的地方。比如 2005 年后美国人口未实质性下降，但个人破产数量十几年来，除金融危机后连续三年的飙升外，大都维持在不到 80 万件，而且比较稳定。但考虑到 1∶200 这个比例在接近两百年时间里呈现出的超稳定状态，科学准确与否暂且搁置，姑且作为推演的参照物。

根据深圳市统计局和国家统计局深圳调查队编辑并由中国统计出版社在 2019 年 12 月出版的《深圳统计年鉴 2019》，2018 年末深圳常住人口为 1302.66 万人，其中有深圳户籍的人口为 454.7 万人。

那么，按照 1∶200 的比例测算，会有如下结果：

1. 按照常住人口数量测算，深圳每年的个人破产案件数量应当为 65133 件；

2. 按照具有深圳户籍的人口测算，深圳每年的个人破产案件数量应该为 22735 件。

按照前述《深圳经济特区个人破产条例（征求意见稿）》第 2 条，该条例适用的债务人范围为“在深圳经济特区居住，且参加深圳社会保险连续满 3 年的自然人”。据此，我们可以判断，深圳目前的立法思路，并未以是否具有深圳户籍作为适用该条例的前置条件。

那么我们可以得出第一步结论：深圳个人破产条例落地后，深圳每年的个人破产案件数量可能会在 65133 件左右。

第二步：深圳中院的现有审判力量，如何应对个人破产案件的增长？

前述《深圳经济特区个人破产条例（征求意见稿）》第 4 条规定，深圳市中级人民法院管辖适用该条例的个人破产案件审理工作。

按照上述推论，假设深圳每年的个人破产案件数量为 65133 件，那么我们需要多少审判力量呢？

这个测算，需要结合深圳中院的法官数量、结案率等因素综合考虑。

深圳中院官网在 2019 年 2 月 26 日发布题为《深圳中院工作报告高票通过赞成率达 97.47%》的消息，报道了《深圳市中级人民法院工作报告》中 2018 年度的统计数据。按照该报道中提及的统计数据显示：在 2018 年度，深圳全市法官人均结案 452 件；深圳中院办结 49207 件。

而同样来自深圳中院官网的数据，深圳中院现有员额法官 235 名。按照上述工作报告中深圳中院 2018 年度办结案件 49207 件，深圳中院员额法官的人均每年结案数量，应该在人均 209 件左右。

下面我们继续推算：假设深圳每年的个人破产案件数量为 65133 件，那么：

1. 按照全市法院每人每年 452 件案件的结案率，按期全部办结这些案件，需要 144 位法官。

2. 如果按照前述推算中深圳中院员额法官每人每年 209 件的结案量，按期全部办结这些案件，则需要 312 位法官。或者说，据此标准，深圳法院全员调剂到个人破产审判中，每年能够审结的个人破产案件为 49115 件，前述可能的个人破产案件中，将会有 16018 件案件成为积案，不得不延缓到下一年。

这也就是说，如果想要按时办结所有可能发生的个人破产案件，即便深圳中院所有法官，不考虑审判庭和专业差异，全部放下手中案件来办理个人破产案件，仍然会有大量的案件无法及时办结。

当然，实际情况肯定不会有这么夸张，毕竟个人破产案件相对比较简单，《深圳经济特区个人破产条例（征求意见稿）》也专门设置简易程序。

而且，如果继续用美国个人破产案件与法官数量的比例测算，结果会更乐观。按照美国法院网（USCOURTS）官方统计，2018 年度美国实际办案破产法官总数为 379 位，个人破产案件实际审结 816006 件，每个破产法官每年审结的案件数量应当是 2153 件。

按照这个比例，深圳中院每年有 30 位法官，即可以全部办结这些个人破产案件。果真如此，那就真是太皆大欢喜了。这也就是说，深圳中院几乎不需要做任何调剂，依靠现有审判力量，就能够轻轻松松处理完每年可能发生的个人破产案件。

那么，这个美国破产法官的案件负担数据，对我们测算深圳个人破产条例落地后法官的工作量，有没有参考价值呢？我认为需要十分小心，尤其不应该形成错觉。一方面，美国司法体系的模式一直是法官少、法官助理数量多的模式，团队化的运作模式让法官真正需要应对的案件少之又少，考虑到中美两国司法领域法官助理体系的巨大差异，我们需要报以审慎的乐观。另一方面，在新冠疫情引发失业潮，进而也可能引发破产潮的背景下，美国有识之士已指出，美国可能会严重面临破产法官不足的局面。

2020 年 5 月 7 日，美国破产界一众大咖，联署给美国国会一封公开信。这些联署人中，有哈佛大学法学院教授马克·罗伊（Mark Roe）、耶鲁大学法学院教授阿兰·施瓦茨（Alan Schwartz）、纽约大学商学院教授爱德华·奥特曼（Edward Altman）、加利福尼亚大学法学院教授罗伯特·拉斯穆森（Robert K. Rasmussen）、加州大学伯克利分校法学院教授肯·阿约特（Ken Ayotte）、得克萨斯大学法学院教授杰伊·韦斯特布鲁克（Jay Westbrook）、宾夕法尼亚大学法学院教授戴维·斯基尔（David Skeel）等等。这封信的发起人是加州大学黑斯廷法学院破产法教授雅礼德·伊利亚斯（Jared A. Ellias）。他同时也是“破产与新冠疫情工作小组大公司委员会”（Large Corporation Committee of the Bankruptcy & COVID – 19 Working Group）的组长。上述签署者都是这个“破产与新冠疫情工作小组”的成员。

这封信的核心目标只有一个：要人——要求国会大幅度增加破产法官数量，召回已退休破产法官，共同应对“破产大流行”（bankruptcy epidemic）。这些学者的共识是，失业潮一般都会引发破产潮。随着新冠疫情的冲击，仅仅 4 月份美国失业登记人口就达到 2050 万人。在这些失业人口中，即便有 10% 的失业者提起个人破产，那么美国破产案件数量将会增加 200 万以上。考虑到以往失业率对个人破产案件数量的巨大贡献，这个估算明显保守。因此，除非有更具有针对性的失业救济途径，否则疫情平复后美国破产法院将挤满形形色色的破产失业者。

通过上述推演，我们可以得出肯定性结论：在个人破产条例落地后，如果深圳中院维持现有编制，很可能会出现案多人少的局面。这需要决策层现在就未雨绸缪，考虑对策。方方面面的对策肯定不少，比如从严审查破产申请、提高破产申请门槛，比如加强庭外重组对个人破产案件的分流，比如大幅度扩充编制并增强破产审判力量，比如强化破产执业者的咨询、服务和引导，比如由破产行政机构做必要的前置审查等等。当然，这些对策究竟是否有针对性、能否奏效，还需要结合最终出台的深圳个人破产条例，展开详细分析。

（本文首发于 2020 年 6 月 18 日澎湃财经频道“澎湃商学院”栏目。）

深圳的破产事务管理部门设在哪里？

2020年8月26日，深圳市第六届人民代表大会常务委员会第四十四次会议正式通过《深圳经济特区个人破产条例》。该条例于2021年3月1日实施。这部地方立法，不仅是深圳市立法机构为特区成立40周年献上的一份厚礼，也在我国率先实现个人破产制度“零的突破”。对其开创性意义，坊间论述已车载斗量，毋庸赘言。

不过我始终认为，这部地方立法更重要的意义，在于为实现破产行政机构设置蹚出一条新路。早在该条例征求意见时，我即表达过这种观点，即推出破产行政机构，是这部立法的最大亮点：“个人破产制度和程度设计，不同国家不同地区不同时间可能都会有差别，细节问题可以边实施边完善。但破产行政机构的设立，不仅对于个人破产制度的实施十分重要，对于解决企业破产制度中的部分顽疾也十分重要。深圳在构建个人破产制度过程中推出破产行政机构，无论在地方层面还是中央层面，我认为都具有十分重要的象征意义，这也可能是真正的‘深圳贡献’。”

由此，较之期待这部地方立法的实施，我更期待深圳市破产事务管理部门的尽早成立。2020年11月，《深圳经济特区个人破产条例》颁布已有3个月，距离《深圳经济特区个人破产条例》实施还有3个月。但迄今为止，未见官方层面对于破产事务管理部门设置的进度有任何披露。

按照《深圳经济特区个人破产条例》第6条的规定，“个人破产事务的行政管理职能由市人民政府确定的工作部门或者机构（以下简称破产事务管理部门）行使。”这一立法表述，对深圳的破产事务管理事宜留下灵活性，既可以是“工作部门”，也可以是“机构”，具体由深圳市人民政府确定。

那么，深圳的破产事务管理部门会设在哪里呢？结合上述立法措辞，在我看来，深圳破产事务管理部门的选项，不外乎如下几个：

方案一，设置独立的破产事务管理局。即在深圳市政府的架构下，独立设置专门的破产事务管理机构，该机构作为正局级机构，与其他局、委平级。这样的话，破产事务管理局可以根据破产行政工作的特点，结合《深圳经济特区个人破产条例》对破产事务管理部门的职权配备，设置相应的专门处室，配备具有破产教育背景或专业背景的干部和公务员，从一开始就实现高度专业化运作。

方案二，是设置附属的破产事务管理机构。即在深圳市政府现有局、委机构内部，设立低一级的破产事务管理机构。这种设置，可能是局级降半格，即作为副局级机构；也可能是在局级降一格，作为处级机构。这种方案，既可能从法律性出发，把附属破产事务管理机构设在司法局内部；也可能从市场经济性角度，把破产事务管理部门设在发改委、市场监管局等机构内部。

方案三，是沿袭既往破产司法和破产行政二合一的模式，由深圳破产法庭继续履行破产行政管理职责。事实上，由于我国《企业破产法》的制度设计和破产行政机构的付之阙如，司法机构一直在履行破产行政相关的大部分职责。也就是说，作为过渡，先由深圳破产法庭“司法行政双肩挑”，确保《深圳经济特区个人破产条例》能够在3月1日实施，破产事务管理部门或机构待各方面达成共识、条件完全成熟再设置。

学力有限，我不确定是不是还有其他未考虑到的选项。单纯从上述三个方案而言，不同方案各有千秋，但高下明显。

先说方案三。

方案三“司法行政双肩挑”的优点在于，不会对现行破产司法和破产行政二合一的格局，造成巨大的冲击，不会影响深圳破产法庭持续、稳定地履行其破产司法审判的职责。

而方案三的缺点在于，不仅会让个人破产的“深圳贡献”延缓实现，也涉及对《深圳经济特区个人破产条例》的打折实施。这不仅涉及法律实施的公信力，也很可能会错过先行先试授权广泛、继续改革意愿强烈、设置破产行政机构共识明显这一经济特区成立40周年带来的黄金时机。错过这个时间节点，这个问题有可能会迎来更好的解决时机，但更有可能在未来完全拖黄。

次说方案二。

方案二“机构内部下设部门”的优点在于，能够避免因为新设局、委而对政府机构设置大动干戈，也能够在现有局、委中找到依托机构，夯实筹备的责任，确保在《深圳经济特区个人破产条例》2021年3月1日实施前成立机构。方案二还有一个优点，就是在确保破产事务管理机构提前成立的同时，促进破产事务管理部门在实践中不断完善，甚至在该条例实施后视必要，提升或降低级别，拓宽或限缩职权。

但方案二的缺点也十分明显。无论是从法律性出发设在司法局下面，还是从市场性出发设在发改委或市场监管局下面，都面临着级别、职责、工作重心等方方面面的互相交织、吸收和吞并问题。既有的局、委，已有其一以贯之的日常工作，甚至也有其始终如一的行政风格。新设的破产事务管理部门，不管是放在哪个局、委下面，都需要削足适履，都需要先积极适应既有局、委的行政文化，再强调自身特殊职责。另外，囿于级别问题，新设的破产事务管理部门，不管是作为副局级机构，还是作为处级部门，先天性低人一等，最终的结果可能都会是处级化。除此之外，还有个现实问题：新设机构的行政级别也与领导干部的安排和公务员编制挂钩，如果设在既有机构内部，很容易成为既有干部和公务员流动的新去处，稍有不慎很可能会使得该机构一成立就弱势、边缘且无声无息。尤其是既有机构领导比较强势的话，新设机构负责领导作为副职，很难有太大的话语空间。按说，新设机构应该朝气蓬勃，大刀阔斧推动破产行政管理和服务，但很可能会在既有局、委传统的氛围中难以突围，由此也难以彰显其重要性。

再说方案一。

方案一“新设破产管理局”的优点当然十分明显。设置独立的破产管理事务局，可以以令人耳目一新的方式推进破产行政管理工作。而且作为新设机构，无论是配备干部、设置内设机构和确定人员编制方面，都比较容易获得上级尤其是编制机构的支持，也容易获得既有局、委难以获得的政策优势。无论是干部遴选还是公务员招募，都可以是否具有破产事务相关的教育背景或执业经验作为第一标准，可以有效避免既有局、委已有人事状况对破产管理局的影响。

方案一的缺点则在于，难以根据预判来恰当地配备干部、确定内设机构和人员编制。《深圳经济特区个人破产条例》实施之后，个人破产案件数量究竟是会飙升，还是会如同2007年《企业破产法》实施后破产案件数量出乎意料地不升反降，都还不好说，各方面非正式的预测也众说纷纭。这样的话，恰当地确定配备干部、确定内设机构和人员编制，会比较困难。如果配备干部、设置内设机构和确定人员编制过多过杂，可能会导致人浮于事；如果配备干部、设置内设机构和确定人员编制过少过精，也可能在《深圳经济特区个人破产条例》实施后被巨量的事务湮没。

综上所述，在缺乏完美方案的前提下，我首选方案三，次选方案二，最后选方案一。

进一步讲，如果万不得已，需要在次选方案二中再做抉择，我认为把破产管理事务部门设在发改委、市场监管局内部，可能要比在司法局好一点。破产事务究其本质，在强调其法律性的同时，应该更强调其市场性。按照最相关原理，尽管无法避免行政管制对市场经济的限制，但无论是发改委还是市场监管局，显然更天然地亲近市场经济、熟悉市场经济，理论上可能比司法局更能够做好破产事务管理和服务工作。

当然，说一千道一万，改革开放本身永远是进行时。我们对于《深圳经济特区个人破产条例》实施前后破产行政管理部门的设置，万万不可有毕其功于一役的想法。破产行政管理部门无论如何设置，都得和个人破产制度一道完善，都得和市场经济一道成长，都得在改革开放的大局下稳步推进，都得在先行先试的利好空间里逐步完善。

（本文首发于2020年11月23日澎湃新闻财经频道“澎湃商学院”栏目。）

个人破产制度在深圳的实施，不是终点而是起点

2021 年 3 月 1 日，《深圳经济特区个人破产条例》开始实施。套用诗人的话说，个人破产的时间开始了！

毋庸置疑，这是一个充满历史感的时刻。个人破产制度在深圳的实施，于深圳是里程碑，在这片改革的热土上，诚实但不幸的债务人终于可以通过合法程序和途径寻求债务豁免。个人破产制度在深圳的实施，于全国也是里程碑，深圳经验势必会对全国性个人破产制度构建产生启迪。个人破产制度在深圳的实施，在人类破产制度进化史上也可能是一个里程碑，尤其考虑到我国人口、经济在世界版图中的地位，深圳经验如果能够真为合法解决 14 亿人的个人负债问题“试”出一条路，这绝对是世界性的贡献。显而易见，这是一个众望所归的时刻，理当馨香而祷祝之。

《深圳经济特区个人破产条例》作为深圳地方公共制度供给的一部分，本质上属于公共产品。既然是公共产品，那么其好坏，终究要靠市场表现说了算，用户体验将成为这个公共产品市场占有率、好评度的重要指针，这也是未来评判深圳个人破产制度的核心标准。

需要注意的是，个人破产制度的“用户”并不单一，呈现出明显的层次感。除居于头部用户位置的债务人、债权人外，个人破产制度的“用户”还有法院、管理人、政府机构等。甚至更退一步说，学者、媒体和社会公众，也属于个人破产制度的“用户”范畴。在多元化的需求面前，个人破产制度不大可能面面俱到，需要突出核心，兼

顾其他。

在《深圳经济特区个人破产条例》实施之际，如下几件事，可能需要读者诸君特别留意：

第一，在强化个人破产免责理念的同时，也需要兼顾对债权人利益的维护。坊间对于个人破产免责功能的特别强调已经车载斗量，毋庸赘言。强化对诚实但不幸的债务人的免责救济，当然十分重要，但债权人的利益也绝对不可偏废。否则在信息传导到最后，很可能出现的情况，就是债权人未来的放贷意愿降低、市场融资供给不足、债务人融资成本会大幅度提高。真正精良的个人破产制度，需要在适当有所侧重的同时，在债务人的免责利益和债权人的放贷利益之间，获得大体平衡。

第二，深圳试点结果值得期待，但无论结果如何，都应不吝惜掌声和宽容。《深圳经济特区个人破产条例》的颁布和实施，是我国构建全国性个人破产制度进程的一个社会实验。在这个实验的过程中，是非注定纷纭，成败在所难免。社会各界在尽可能乐观期待这个试点硕果累累的同时，对各种可能出现的结果，应该给予必要的耐心和充分的宽容。在改革开放已经“奔五”之际，改革难度会越来越大，取得成绩越来越不易，我们对于改革者的努力以及改革可能会面临的曲折，应该给予更多正面鼓励。

第三，深圳个人破产制度实施，应向外界充分开放。《深圳经济特区个人破产条例》的实施功在深圳，利在全国，对未来影响深远。换句话说，深圳个人破产试点不仅是深圳地方的大事，也是全国个人破产制度构建进程中的大事。因此，这个社会实验进行的过程，应该做到实验过程的充分开放，为社会各界观察这个实验的进程提供观察孔。这对法院、管理人和政府，提出法律规范之外更高的要求，即需要保证实验过程的开放和透明。深圳各界在个人破产制度实施过程中的低调务实，保证实验过程客观真实，深圳实验对于后续全国性个人破产制度落地进程中的思考和讨论，才具有重要价值。

第四，《深圳经济特区个人破产条例》实施过程中，后续及时评估和修订比立法本身更重要。对既有法律实施效果及时评估和修订完善，是构建现代化法律体系的重要举措。随着科学技术的发展和社会节奏的加快，法律的频繁修订改进越来越成为法治生活的常态，过去一部法律数十年甚至数百年一成不变的时光，一去不复返了。在《深圳经济特区个人破产条例》实施过程中，各层次的用户都应通过各种方式和途径，定期或者不定期对《深圳经济特区个人破产条例》的实施状况展开评估，并在实践和充分平衡各方诉求基础上，及时改善。在这个问题上，深圳破产法庭、深圳破产行政管理机构、深圳市破产管理人协会和深圳市地方立法机构完全可以主动作为、有所作为。

第五，地方化的个人破产制度只是权宜之计，全国性个人破产制度势在必行。从我国改革开放的经验来说，地方试点、全国推行是一条事半功倍的改革路径之一。在这种经验主义的驱动下，个人破产在深圳的先行先试值得拥抱。《深圳经济特区个人破产条例》只是“摸着石头过河”的重要一步。这里的“石头”，就是深圳市的个人破产制度，而这里的“河”，则是全国性的个人破产制度。但是应清醒认识到，无论是考虑我国政经传统，还是考虑市场经济和营商环境对内部市场统一性的内在要求，包括个人破产在内，破产制度的地方化、碎片化不应该是常态。从降低改革成本的角度，我们可以在有明确立法授权的前提下允许地方试点，但不应鼓励甚至放任各个地方开展制度竞赛。深圳先行先试，所图不仅是深圳的当前，而是中国的未来。我们可以“摸着石头过河”，但不能沉迷于摸石头而忘记过河，更不能因为摸石头上瘾而拒绝过河、不想过河。

第六，个人破产制度的深圳试点需要有跨境思维。深圳作为我国改革开放的桥头堡，与国内外联系广泛，交流频密，这也使得债务人跨境转移财产，较之其他地方更为便捷。因此，这里的跨境思维，既包括深圳同国内其他城市尤其是广东省外城市的跨境，也包括深圳与其他国家和地区之间的跨境。《深圳经济特区个人破产条例》终究只是地方法，在处理债务人财产跨境转移问题时，如何取得国内外其他地方司法机构、行政机构和个人的配合，就显得十分关键。这需要我们在其实施过程中，充分具备跨境思维，未雨绸缪，通过多层次的联系和渠道，为解决好个人破产的跨境承认和执行做好铺垫。最高人民法院在推动深圳个人破产裁定在全国范围内的承认和执行方面已做出努力，但未来可能还需要更精细的规则出台，在涉外跨境时更需要仰赖于跨境破产制度架构和司法机构、破产执业者之间的沟通和协调。

第七，通过全国性立法加强刑事惩罚体系构建，尽可能限缩个人破产滥用空间是必由之路。我国现行《刑法》中，直接涉及破产的罪名只有虚假破产罪，但其只能适用于企业主体。受制于此，我国涉及个人破产的涉嫌犯罪行为，面临着无法可依的局面。由于缺乏上位法的依据，在未来可能出现的情况之一，就是公安和检察机关在启动调查个人破产相关欺诈和相关违法行为方面，既会因为缺乏上位法依据而畏首畏尾，也会因为缺乏相关职责要求而动力不足。但刑事法律又属于全国性立法，《深圳经济特区个人破产条例》中的诸多追究刑事责任的条款，在未来真正落实还是需要全国刑事立法的跟进。也唯有如此，才会提高滥用个人破产制度的成本，让那些试图通过个人破产制度逃废债的债务人，不能滥用、不敢滥用、不想滥用。

长风“破”浪会有时，直挂云帆济沧海！总而言之，《深圳经济特区个人破产条例》的实施，不是终点而是起点。在全力点赞的同时，寥寥数语，权作期待，让这部充满历史感的地方立法，在实施中获得应有的历史地位。

（本文首发于 2021 年 3 月 1 日澎湃财经频道“澎湃商学院”栏目。）

个人破产司法：克制比能动更重要

2021 年 5 月 14 日，深圳中级人民法院针对一起个人破产清算申请，作出不予受理裁定。

按照深圳破产法庭微信公众号 6 月 11 日公布的裁定书，深圳中院认定如下事实：一方面，债务人所负债务与其所述经营损失、实际支出状况之间不能互相对应，数额差别较大；另一方面，债务人还存在以个人名义举债偿还夫妻共同债务，并针对新发生债务申请个人破产清算的行为等。这些情况，导致法院无法认定债务人是否存在破产原因，因此做出不予受理的裁定。鉴于上诉期内债务人并未上诉，本裁定作为深圳第一起裁定不予受理的个人破产案件已正式生效。

坦率说，深圳中院的裁定让人略感意外。2021 年 3 月 1 日《深圳经济特区个人破产条例》实施后，全国都在看深圳，都对深圳个人破产制度的实施满怀期待。通常情况下，深圳中院也有足够的动力来满足外界的期待：一方面敞开个人破产案件受理是本职工作，另一方面也可以趁着个人破产的热度轻而易举刷出存在感。即便不考虑兄弟法院的艳羡，哪怕是出于宣传效果考虑，深圳中院也应该在个人破产领域大干快上，掀起一波又一波小高潮。

然而，事实与此恰恰相反。包括前述裁定在内，深圳中院在个人破产案件受理方面，始终十分审慎。4 月 12 日《深圳经济特区个人破产条例》实施一月多之际，深圳中院召开个人破产条例专题新闻发布会，一个多月来深圳中院共收到 260 件个人破产申请，决定优先受理

8名个人债务人的破产申请，正式启动破产申请审查程序。而《深圳经济特区个人破产条例》近4个月后，在个人破产领域深圳中院才作出5起受理、1起不受理的裁定。

显而易见，深圳中院在个人破产制度的实施中，表现出极大的理性和克制。这与外界的期待大相径庭。但笔者认为，这恰恰是当前个人破产热潮背后足够冷静的表现，这种态度十分值得肯定和鼓励。在个人破产司法中，克制比能动更重要，个人破产司法就应该高举司法克制的大旗！

司法哲学的学理来看，司法理念可以简单分为两种，即司法能动和司法克制。简述如下：

司法能动理念植根于美国司法界自20世纪50年代以来兴盛的司法能动主义（judicial activism）。该理念的原初含义，是指司法机构在审理案件中，可以不遵循先例或者成文法的字面含义，而通过司法权的积极行使，使得司法解释能够回应当下的社会现实和社会演变，而不是墨守成规。

作为基本宗旨，司法能动主义认为法官应该审判案件而不是回避案件，并且要利用司法权来扩大平等和个人自由，促进社会层面的公平，保障人的尊严。从这个原点出发，司法能动更加鼓励在司法过程中“法官造法”，尤其在宪法解释问题上，应该超越立法者意志，追求实质正义，有所作为。在美国最高法院的力推下，司法能动理念在1950年代以来大行其道，通过一个又一个判例促进美国社会的大转型，成为社会进步的重要力量。

当然，对于司法能动主义，在美国本身也面临着诸多争议。学者克里斯托弗·沃尔夫的《司法能动主义——自由的保障还是安全的威胁?》一书，便是试图在各种两极化争议中找到共识。不过遗憾的是，作者整体上对司法能动主义持否定性态度，“我坚信司法能动主义是一个不幸的现象，如果没有它美国将会变得更美好。”

但在太平洋彼岸，司法能动主义受到另一种形式的支持和褒扬。十多年前，在最高人民法院的推动下，“能动司法”理念在我国不乏支持者，服务型司法、主动型司法、高效型司法广受推动，曾经引发法学界广泛讨论。即便今天“能动司法”概念已鲜见于报端，但这种理念本身并未改弦更张。

而司法克制（judicial restraint），也称司法谦抑，特别强调司法机构应该冷静、克制，恪守本分。这种理念既是源于司法机构本身相对于立法和行政机构的先天性弱势地位，也是因为相对于立法和行政机构对社会生活的主动干预，司法机构则坚持不告不理、坐堂问案，更多是结合既有规则和当事人的诉求在个案中结合既有规则做出解释。司法工作的被动和消极，决定了其谦抑和克制的品格。司法的谦抑和克制，不是无所作为，不是乱作为，而是恪守本分。也恰恰是对其本职工作坚守，成为奠定司法权威的源泉。司法权威可能来源于多方面，但其核心来源只能有一个，那就是来自公平的裁判。

从学理角度，这两种理念本无高下之分，甚至也不是泾渭分明。但考虑到我国特殊的国情，过于鼓吹司法能动，可能会给司法权的过度扩张提供理论依据，法院也更可能容易违背司法中立和克制的原则。在一定程度上，中立和克制恰恰是法院和法官最好的庇护所；如果走出这个庇护所，法院既可能成为地方利益的附庸，更可能主动或被动地站在突破法律、违反法律的第一线。因此，在方兴未艾的个人破产司法中，司法机构更应该秉持司法克制的理念。

过去两三年间，从最高人民法院到部分地方法院，对于个人破产制度都表现出浓厚的兴趣，倾注极大的心血，做出很多努力，也为推动全社会层面的个人破产理念普及，立下汗马功劳。

但我们也应该看到，在个人破产试点热潮背后，各地法院不仅冒着于法无据、师出无名的尴尬和困境，也呈现出明显的扩权越权的倾向。我国《立法法》第 8 条规定，民事基本制度、基本经济制度、诉讼和仲裁制度以及犯罪和刑罚，只能由全国人人及其常务委员制定法律。而在实践中，高级人民法院、中级人民法院甚至基层人民法院，都可以由院内审判委员会来制定个人破产规则。这些做法不仅可能突破《立法法》前述规定，能否经得住合法性审查、是否给权益受损的当事人充分的救济途径也都还是未知数，更遑论其实际效果。

不管是企业破产还是个人破产，作为一种集体性债权债务清理机制，破产程序从启动到终结，每一个环节都会牵涉到当事各方实体和程序性权益的调整。个人破产案件尤其需要慎重，每一个细节都会对当事各方产生重大影响。因此，在个人破产司法中，法院应该在深入理解个人破产法基本精神的基础上，怀着敬畏和审慎之心，有所为有所不为，将破产法的正义送给每一个当事人。

可能在很多人看来，深圳中院就是“端着金碗讨饭吃”的典型，在个人破产司法中简直就是逆行者。但是，考虑到个人破产司法本身对当事人权益的影响、对社会生活的引导和冲击，我认为这种冷静、审慎和克制，恰恰是十分可贵的品质。基于此，我想有必要为深圳中院手动点赞！

（本文首发于2021年6月29日澎湃财经频道“澎湃商学院”栏目。）

破产信息披露，一代新规要渐磨

2022年3月31日，深圳证券交易所、上海证券交易所先后对外发布《深圳证券交易所上市公司自律监管指引第14号——破产重整等事项》和《上海证券交易所上市公司自律监管指引第13号——破产重整等事项》。这两份“自律监管指引”各用54条的篇幅，对上市公司重整信息披露事项作了详尽规定。

上市公司重整常因为其牵涉广、体量大，分外吸引眼球，也会对资本市场产生重大影响。破产法学者李曙光就提出，重整制度常被视为困境企业的皇冠级选项，而上市公司重整则被视为“这顶皇冠上的一颗明珠，稀少而又夺人眼目”。自我国现行《企业破产法》实施以来，已有近百家上市公司通过重整制度获得新生。

信息披露机制是现代证券法反欺诈规则的核心。信息披露机制的主要目标，是为投资人参与证券市场交易提供充分、可靠的信息，维持资本市场交易秩序的稳健，保护投资者的合法权益。在相关信息披露之前，为避免对市场交易产生影响，相关主体还需要履行保密义务。

我国2019年新修订的《证券法》大幅度强化了信息披露机制：在体例上，把信息披露从原来的一节，升格为一章；在内容上，扩展信息披露义务人的范围，把公司申请破产决定、依法进入破产程序等作为临时信息披露中应当报告及公告的“重大事件”；把可能影响债券价格的公司申请破产决定、依法进入破产程序等事项，作为债券领域应当临时报告并公告的“重大事件”。新《证券法》大刀阔斧升级信息披露机制，向市场主体发出明确信号，体现出国家对维护资本市场繁荣稳定、促进社会主义市场经济健康发展的坚定意志。

当前，我国直接规范上市公司破产事项的顶层规则比较有限。《企业破产法》《证券法》《公司法》都未为上市公司破产设定特殊规则。上市公司破产事宜常陷于“谁都可以管，谁都管一点，谁都不太管”的境地。就此来说，这两份“自律监管指引”聚焦于上市公司破产重整中的信息披露，属于“啃硬骨头”的壮举，整体十分值得肯定。

在我看来，这两份“自律监管指引”的意义，至少体现在如下几方面：

首先，有助于指导上市公司破产中的信息披露实践。以往上市公司破产实务中，要不要披露、如何披露、披露哪些信息等等，缺乏清晰规则，实务操作中因案而异，实务界也饱受困扰。这两份“自律监管指引”的发布，对于当前我国上市公司破产中的信息披露实务界定了主体范围、时间节点和应披露内容，设定了明确的规则，具有较强的可操作性。

其次，有助于为破产法修订提供支撑性规范。我国立法机关正在稳步推进破产法修订。当前，学界实务界普遍关心的问题之一，即如何根据上市公司破产的特殊性，针对性升级重整制度，让重整机制在拯救困境上市公司中发挥更为关键的作用，让上市公司退出和拯救机制更有效率。这两份“自律监管指引”可以强化证券法和破产法的联系，为相关规则的构思提供启发。

再次，有助于改善市场经济法律体系的顶层设计。公司法、破产法与证券法都是市场经济准入、运行和退出相关的基本法律。这些法律之间的协调，对于提高市场经济质量和促进经济发展，有十分重要的意义。当前《证券法》已修订，《公司法》《企业破产法》修订方兴未艾。这两份“自律监管指引”有助于增加市场经济基础法律制度的连接点，助力资本市场的稳健运行，推动市场经济法律体系完善。

最后，有助于我国营商环境的提升和改善。世界银行原来的营商环境评估，涉及投资者保护、办理破产等 10 个指标。按照其方法论，每个指标得分与否，都需要具体规则的支撑。尽管世界银行评估目前暂停，但按照未来的改革思路，方法论和指标体系不会大幅度改弦更张，只会日臻完善。这两份“自律监管指引”，既可以从具体规则的层面支撑我国营商环境评估中的相关指标，也可以实质性地促进和改善我国整体营商环境。

这两份“自律监管指引”的正面价值，远非上述四点能够穷尽。这一改革努力，代表着市场经济法律体系完善、细化和科学化的新方向，完全可能开启未来改革的新潮流，具有划时代的意义。因此，我不吝用“一代新规”这样的表述，来为这两份“自律监管指引”手动点赞。

当然，这两份“自律监管指引”还需要在理论、制度和实践层面接受检验，也需要逐步完善。如下几个问题有必要适当关注：

第一，信息披露主体范围扩充，需要兼顾相关主体的责任承担问题。两份“监管指引”中，涉及破产重整事项中的信息披露主体包括：上市公司及其控股股东、实际控制人、董事、监事、高级管理人员，破产管理人及其成员，债权人，重整投资人等破产事项相关方；另外，如上市公司控股股东、第一大股东、对上市公司经营具有重要影响的子公司和参股公司发生破产事项，可能对上市公司股票及其衍生品种交易价格产生较大影响的，也要参照该指引履行信息披露义务。上述信息披露主体，基本囊括上市公司破产中可能涉及的所有主体。

按照新《证券法》，信息披露主体是“发行人及法律、行政法规和国务院证券监督管理机构规定的其他信息披露义务人”。较之旧《证券法》下的“发行人、上市公司”，这一主体范围已大幅度扩充。但因为信息披露义务人不履行信息披露义务，以及违反保密义务时，可能面临民事、行政乃至刑事责任，新《证券法》尽管在信息披露主体范围扩充方面依然十分审慎。

按照这两份“自律监管指引”，在上市公司破产情形下，破产管理人及其成员、债权人、重整投资人等破产事项相关方，都可能成为信息披露主体。在上市公司进入破产程序后，管理人、债权人、投资人确实会成为重要信息的掌控者，这些信息对于交易秩序可能确实利害攸关，强化破产事件相关方的信息披露义务，没有大问题。但需要注意的是，管理人成员、债权人、重整投资人具有不特定性，在上市公司破产时如何确定信息披露义务和保密义务的履行，明确界定责任及承担主体，会面临一定程度的不确定性。这两份“自律监管指引”有必要按照新《证券法》的精神，使之更为明晰。

第二，债权人和重整投资人既需要履行信息披露义务，也需要成为信息披露制度保护的对象。较之证券法关注交易秩序和投资者保护，破产法更关注债权人权益维护。在上市公司破产程序中，债权人和重整投资人在履行信息披露义务的同时，也需要强调其本身就是信息披露制度应该服务和保护的对象。

现代破产法越来越追求对多种价值的平衡，既要强调对债务人的拯救，也要强化对债权人权益的保护，还要兼顾公共利益。但无论如何平衡，破产程序核心追求目标应该为债权人权益维护。这也是为什么世界银行在营商环境评估“办理破产”指标中，专门设有“债权人参与系数”指标。在上市公司破产实务中，债权人对上市公司重整的不满也主要是因为信息披露不充分、信息不透明，强化其他主体的信息披露，有助于消解债权人的不满；重整融资也面临着投资人难找、投资意愿不强等问题。站在信息披露角度，在制度设计中有必要侧重于通过充分的信息披露，保障债权人和重整投资人的利益，防止债务人通过滥用破产程序损害债权人和重整投资人的利益，提高相关主体参与重整积极性。

第三，信息披露新规需要在依据现行法和接纳地方试点之间取得平衡。近年来，随着供给侧结构性改革的推进，破产实务越来越呈现出异彩纷呈的局面，各地法院也在不遗余力地推进预重整等更加具有灵活性的重整配套机制。最高人民法院于2018年发布的《全国法院破产审判工作会议纪要》和于2019年发布的《全国法院民商事审判工作会议纪要》，也通过“庭外重组协议”或者类似的表述，明确表达了对预重整的支持和鼓励。但是，在现行法律框架内预重整还不是法定程序，各界对于预重整究竟应不应法定化、如何法定化尚面临争议。

两份“自律监管指引”中，特别强调“管理人及其成员”“临时管理人”的信息披露义务。两份“自律监管指引”也都提到预重整，有意无意地把预重整作为一种程序，与重整、和解和破产清算并列。这种规定，客观地回应了破产实务前沿的动态和变化，也从正面肯定了这些改革机制。但我国目前的《企业破产法》中，并无管理人成员、临时管理人、预重整等概念和制度，下位规则不容易找到上位法依据，实践中也不好把信息披露义务具体到人。因此，在上市公司破产中体现和回应“预重整”、“临时管理人”等改革方向，更需要有智慧。

第四，上市公司破产中持续披露义务的履行具有成本，需要一定灵活性。从这两份“自律监管指引”规则来看，起草者特别关注上市公司破产事项的持续披露义务，让信息披露贯穿覆盖破产全流程，应该说体现出“全方位、无死角”的态度。但信息披露也有成本，需要考虑成本承担问题。困境公司本来就财源枯竭，举步维艰，频密的持续披露义务将大幅度增加信息披露成本。在破产程序中，这些成本归根结底还是要由债权人来分担。因此，基于债权人清偿率的考虑，在上市公司破产中持续履行披露义务时，需要综合平衡必要性和成本问题，予以适度简化和降低标准，从而更加务实和灵活。

总之，上市公司破产事项涉及方方面面。两份“自律监管指引”在强化证券法和破产法的联系方面迈出了可喜的一步，重要意义已如上述，两个交易所敢于“啃硬骨头”的努力值得肯定。但上文中提及的几个问题，也需要两份“自律监管指引”实施中，结合既有法律体系和市场实践逐步完善。

（本文首发于 2022 年 4 月 14 日澎湃新闻财经频道“澎湃商学院”栏目。）

破产法如何进化？

2022年5月6日，全国人大常委会发布《2022年度立法工作计划》。其中计划初次审议的法律案中，就包括企业破产法的修改。这一立法工作计划为方兴未艾的破产法修订工作，设定了明确的时间表。

我国现行企业破产法自2006年颁布，已实施15年。而这15年，恰好是改革开放进程中的一段黄金时期，经济发展迅速，综合国力不断提升，市场经济日臻完善。在经济社会迅速转型的背景下，企业破产法作为市场经济的基本法律制度，在逐渐成为市场退出核心机制的同时，也面临着越来越多的挑战。在社会各界多年来的共同呼吁下，国家立法机关将企业破产法修改纳入工作计划，有条不紊推进相关工作，可谓正当其时。

法律修改是制度变革的重要契机。按照进化论的观点，“物竞天择，适者生存”在制度变革中同样适用。如何利用这次破产法修改的契机，推动我国破产法的进化，需要在理念层面达成共识的基础上，共同做好顶层设计，并将相关理念内化到具体制度中，共同完成这一历史性课题。

破产法进化需要坚持“三个面向”

1983年10月，改革开放总设计师邓小平为北京景山学校题词“教育要面向现代化，面向世界，面向未来”。当年，邓小平同志深刻认识到科学技术的重要性，全面振兴教育，让科技和教育在改革开放推进中发挥基础性作用。对市场经济来说，破产法作为市场退出机制的核心，同样发挥着基础性作用。破产法之于市场经济的重要性，正如科技和教育之于改革开放的重要性。这启迪我们，推动破产法进化也应该坚持“三个面向”：

第一，破产法要面向现代化。破产法的现代化，意味着我们需要在洞察人类破产文明进化大势的基础上，顺应并拥抱世界潮流。就整体趋势而言，破产法史就是一部对债务人从惩戒到救济的历史，也是一部对债务人越来越宽容的历史。现代破产法不排除对破产欺诈的刑事惩戒，但现代破产法的底色，在强调债权人权益的同时，更加强调对债务人的救济和保护。在个人破产领域，这一点体现得更为明显。无论是强调个人破产制度对企业家精神的保护，还是强调个人破产制度对诚实但不幸债务人的救济，本质上都是更强调对债务人的救济与保护。破产法的进化是大势所趋，我们应该顺应历史潮流。

第二，破产法要面向世界。破产法是人类社会针对集体债权债务清理而形成的文明规则。随着破产法作用的日渐重要，破产法在国家治理“百宝箱”中的重要性越来越高。尤其是在新冠疫情应对过程中，各国无不把破产法调整作为疫情应对选项的首选。破产法要面向世界，意味着：其一，破产规则是国家治理的常用工具，应该让其持续、稳定发挥作用，破产法实施应该始终如一，慎终如始。其二，世界各国破产法律和政策的及时微调日渐成为常态，应该告别一部破产法“数十年如一日”的历史，让破产法律规则更有回应性。其三，破产法的竞争，将会成为国家与国家之间竞争的重要领域之一，小到营商环境评估，大到为境外投资者提供稳定预期，破产法都面临激烈竞争，对于提高国家吸引力至关重要。其四，国家与国家、法院与法院、破产执业者与破产执业者之间的联系与协调，对于提升破产程序的效率与效益十分关键。能否推动破产领域国际规范的形成，既体现出国家在国际破产领域的话语权，也是国家外交实力和能力的体现之一。

第三，破产法要面向未来。当代科学技术的日新月异，对破产法的设计和实施带来极大便利的同时，也带来诸多挑战。打造线上法院和在线纠纷解决机制，是各国司法改革的共同方向，破产法需要拥抱这种新趋势。尤其是新冠疫情发生后，破产全流程的线上化确实带来了极大便利，但是，新技术对破产的渗透也带来诸多挑战。如何防止破产法的信息化阻止技术“遗民”享受破产制度提供的救济、如何消除线上会议和表决对债权人沟通和联合带来的壁垒、如何在破产程序中认定和处理加密资产、如何在加密货币交易平台破产时保障投资者利益等，这些问题都需要得到重视。在未来社会，资讯传播的加快、财产形态的多元、人工智能的普及等，都可能会给破产法带来颠覆性的影响。我们可能不再需要那么多的法官和管理人，破产流程的计算完全可以精确到时、分、秒，计算机算法对重整计划可行性的判断可能比债权人和法官要更准确……这些可能的变革，都需要我们未雨绸缪，在坚守破产法底层逻辑的同时，为新技术与破产程序的兼容预留接口。

当然，上述“三个面向”并不是说破产法的改革要忽略国情、忽略破产法自身演进的逻辑和传统、忽略当下，恰恰相反，破产法的“三个面向”正是鼓励我们在重视国情、坚守当下并脚踏实地的基础上，以更高的视野、眼光和胸怀，把握破产法进化的大方向。

破产法进化需要平衡感

按照制度经济学派的理论，良好的制度加上有效率的实施，将产出最大的效益。这一理论体系实际上也是世界银行推出营商环境评估的理论基础。我国破产法的进化，需要一点平衡感，尤其需要妥善处理好以下几组基础性的关系：

第一，公平与效率。破产程序持续时间越短越好，理论上相关各方的成本会大幅度压缩，反过来程序参与者的效益将会最大化。无论是营商环境评估“办理破产”的指标设计，还是基于常识推断，都支持这个命题。这种认识也成为各地推动预重整、简易程序的逻辑出发点。预重整操作确实能够大幅度地增强当事人的自主性，能够压缩正式司法程序的时间，但是，破产法在追求效率效益的同时，还有规范程序、维护债权债务清理的公平等宗旨，公正价值与效率效益都不可偏废。当前我国破产实务中，对破产程序的短平快强调较多，对破产法的公平公正价值强调不够。过分强调破产程序的短平快，或者过分强调债权人清偿率，有可能也会消解破产程序的基本价值和目标。

第二，国内与国际。近年来，国际形势面临剧变，全球化浪潮有放缓趋势，但这并不能根本性地改变经济全球化的趋势。综观新加坡、阿联酋、印度、尼日利亚等国最近的破产法改革，无不以打造国际化的破产法作为突破口。尤其是新加坡，近年来致力于推动其成为全球商事纠纷解决中心，破产成为其中关键一环，千方百计推动其破产法的国际化，吸引全球各类主体选择来新加坡破产。除了频繁修订破产法，新加坡在推动国际范围内破产法官、破产执业者的非正式沟通和协同方面也动作频频。这提醒我们，在推动破产法进化的过程中，跨境破产法律机制的力度和质量，将成为衡量改革成效的重要一环。当前，随着国际破产法实务的日渐发展，采纳《联合国国际贸易法委员会跨境破产示范法》的国家和地区越来越多，欧盟跨境破产的制度和实践经验也越来越丰富。就我国国内来说，最高人民法院已经与香港特别行政区就跨境破产框架展开试点。既有规范和实践已为我国破产法的国际化奠定基础，但制度层面的“飞跃”还需要做更多工作。

第三，庭内与庭外。最近几年来，随着我国破产实践的发展和实务界理念的革新，预重整广受欢迎，地方政府和法院推动预重整规则不遗余力，最高人民法院也先后在《全国法院破产审判工作会议纪要》和《全国法院民商事审判工作会议纪要》中明确鼓励庭外重组和庭内重整的衔接。预重整在当事人意思自治和破产法强制约束之间找到了一个契合点：各方既可以避开企业破产法规定的时间窗口自由谈判，又能借助企业破产法赋予的司法强制力约束潜在的异议方和违约方。虽然预重整有各种好处，但也会造成对破产法的滥用和规避。另外，破产程序具有极大的外部性。因此，在强化市场主体意思自治的同时，如何防止破产程序被规避、被滥用需要十分慎重。

第四，封闭与开放。市场经济是“玩家”经济，应该鼓励各种各样的“玩家”都在遵守市场规则的前提下，参与市场“游戏”。市场化破产同样如此，应该鼓励有能力、有实力而且有意愿的“玩家”入场，理论上越专业越有效益。近年来，随着破产案件的增多，破产实务中商机也越来越多，诱使更多的市场主体千方百计挤进破产大市场。有的主体想方设法突破企业破产法规定进入管理人名册，有的主体努力利用科技优势在破产实务领域打造平台，有的主体开始瞄准重整经纪、管理人顾问等各类新型业务，有的主体一边做管理人一边打造资本平台进军破产投资领域……在市场和商机面前，各种主体的想象力、洞察力和欲望都被无限放大。对于发展市场化破产，这当然是好事。但是，我们也应该意识到，破产业务自身具有极强的职业伦理要求，破产管理业务更多是专业的集合而非资本的集合，管理人承担着信义义务，需要谨慎应对利益冲突问题。这些特质，要求我们慎重对待市场主体和资本在破产领域的扩张，也需要在破产管理和投资、经纪、咨询之间划出“楚河汉界”。

第五，破产法与非破产法。破产法本质上是一种程序法，不到万不得已，破产法不会主动更改实体法律关系。换句话说，实体法律关系的变更依然属于实体法的领地。这就意味着，破产法有必要与其他实体法产生良性互动，尽可能消除破产法与非破产法的冲突。在这方面，破产涉税问题尤其明显。我们需要尽可能实现破产法与非破产法的联动修改，破产法和非破产法要尽可能互相关照，相向而行。

第六，一元与多元。现代破产法发展的趋势是，越来越倾向于根据主体细分程序，形成破产程序的“大超市”，最后形成“总有一款适合你”的效果。比如企业破产，可以结合企业上市与否，分为上市企业重整和非上市企业破产；也可以依据债务总额、职工人数等因素，区分为大型企业、中小企业甚至小微企业。在特定行业，还可能根据行业特性设定不同规则，比如金融机构破产、国有企业破产。在个人破产中，也可以根据是否具有商行为，区分为商个人破产与自然人破产，甚至还可以把自然人与金融消费者区分开来并设定不同程序。从比较法的角度看，破产程序的日益丰富多元，也是大势所趋。但每一种细分，都会导致基础性破产规则的例外和消解。在我国推动破产法进化的过程中，需要在一元与多元间保持平衡。

第七，中央和地方。按照我国宪法，破产事务属于中央事权，破产法的立法权也由全国人大常委会享有，司法解释由最高人民法院发布。但是实践中，我国破产事权一直面临着地方化、碎片化的问题。以个人债务集中清理试点为例，从县级人民法院到省级人民法院的审委会，都可以出台各种“地方版”个人破产规则。在推动破产法实施的进程中，各级地方政府和司法机构在企业破产法规范之外，制定了各具特色的地方化规则。地方破产规则的过多，有碍破产法在全国范围内的统一实施。破产规则的地方化、碎片化，对于构建全国范围内统一的市场经济体系，弊大于利。我们在推动破产法进化过程中，需要恰当处理破产法立法、司法和实施中的中央和地方关系问题。

当然，破产法进化中牵涉的问题很多，远非上述诸点所能尽述。但抓住上述几组根本性、基础性的问题，对于我们推动破产法的良性进化，具有明显意义。

个人破产：共识很集中，但细节要慎重

在这一轮企业破产法修改中，备受瞩目的焦点问题之一，是个人破产问题能否入法、如何入法。

当前，在举国上下力推个人破产的叙事中，有这么几个关键理由：（1）司法执行机构希望靠个人破产制度，化解“终结本次不能执行库”里涉及自然人的库存，助力解决“执行难”；（2）法院希望通过个人破产程序，解决在企业破产程序中债务人企业高管为企业债务承担无限连带责任的问题；（3）国家鼓励“大众创业，万众创新”，需要让个人破产程序为诚实但不幸的企业家东山再起提供制度出口，保护企业家精神；（4）国家推动共同富裕，而个人破产制度是实现共同富裕的底层制度之一。在这些需求的合力推动下，个人破产制度化的共识比较明显。

个人破产制度“牵一发而动全身”，无论是对公众信心还是对市场经济，影响甚大。我们需要慎重做好具体制度设计，避免个人破产制度的“破产”。在看我来，如下几点尤为关键：

第一，个人破产与企业破产追求迥异，不应在个人破产制度构建中简单套用企业破产的理念。企业破产以破产清算兜底，更强调以重整为主的拯救机制，债务人企业持续经营是核心追求。但个人破产的核心目标是帮助诚实但不幸的债务人摆脱债务泥淖，尽快实现“新生”，东山再起，破产清算恰恰最能够迅速实现“无债一身轻”的法律效果。这种巨大差别，要求个人破产应以破产清算为主，而不能像企业破产一样强调重整。

第二，个人破产程序设计应科学清晰，并尽可能实现功能界定和制度设计上的泾渭分明。这方面美国个人破产制度值得参考。在《美国破产法》第 7 章破产清算中，债务人留出最低限度的豁免财产后，交出全部财产清偿债务，剩余债务自然免除；而破产程序启动后债务人的收入，除非债务人主动“再认”债务外，不再用于偿债。而第 13 章个人债务重整中，债务人保留名下全部财产，甚至被吊销的驾照都可以恢复、被扣押的财产可以取回；但是债务人要从未来收入中，按期提取重整计划约定比例，在 3 - 5 年期限内持续偿还债务。也就是说，破产清算主要针对程序启动前财产，重整主要针对程序启动后财产，两者之间泾渭分

明。我国部分地方试点中，鼓励债务人在破产清算后还以未来收入继续偿债，甚至以缩短免责监督期为“条件”。这会导致不论什么个人破产程序，最后的结果都是债务人无休止地偿债。此举固然可以回应公众关切，但存在混淆了不同程序的界限的问题。

第三，个人破产要学习国际经验，但不能简单照搬照抄，更不能忽视其他国家和地区的教训。以不可免除债务为例，各国个人破产制度一般都会基于某些考虑，把特定类型的债务纳入不可免除的范畴。比较明显的例子是教育贷款，确实有不少国家把教育贷款排除在个人破产免责范围之外。但在我国制度构造中，就不能简单“抄作业”，因为：一方面，国外高等教育极度市场化，教育贷款是市场行为，把教育贷款排除在个人破产制度之外是利益群体游说和博弈的结果；另一方面，不允许教育贷款通过个人破产程序免除，给债务人带来沉重负担的同时，已带来越来越多的社会问题，比如在厌债情绪的驱使下不上大学，或者因为教育贷款不得不推迟婚育、改变职业规划，并不能达到通过高等教育推动国民素质进步的目标。我国高等教育的发展和国家助学贷款不是这个逻辑，国家助学贷款违约率也极低，根本没必要照搬照抄。在推动破产法进化时，我们应该在移植制度的同时更重视对理念和制度土壤的整体了解。

第四，个人破产的管理服务应主要通过公职管理人提供，不能指望市场机制引导。从各国来看，导致个人破产的原因，多为失业、离婚、疾病等因素，债务人整体处于社会底层，可“破”之“产”十分有限，能够为专业管理人赚取的报酬也会十分有限。这种情况下，专业破产服务机构没有动力为个人破产提供服务，个人破产管理服务具有公益性质。因此，个人破产的管理服务只能由公职管理人担任，在我国推动破产行政机构的设立就成为重要任务。

个人破产犯罪刑事诉讼机制需要重构，破产行政机构应该承担起前期调查的重任。破产犯罪的起诉与惩罚属于企业破产法和刑法、刑事诉讼法的交叉问题。过去十多年间，我国鲜有因为虚假破产而承担刑事责任的案例。这不是因为我国破产领域没有犯罪现象或者线索，而是因为虚假破产罪的侦查、起诉和审判，游离于现行刑事诉讼体系之外。就笔者有限的调研所了解，在警力有限、破产程序又专业复杂的情形下，基层公安机关并没有足够的精力去认真对待法院、管理人移送或者债权人提供的涉嫌破产犯罪的线索。而且，按照刑法规定，虚假破产也不属于自诉罪名，债权人不能请求法院启动刑事司法程序。种种因素交织，导致刑法虚假破产罪几乎成为“睡美人”条款。对个人破产来说，刑事惩戒是最后一环，具有兜底性作用，对于防范和化解滥用个人破产逃废债作用重大。虚假破产刑事司法程序的启动，既需要在刑法中明确虚假破产罪的适用范围，更需要在前端侦查、检控环节未雨绸缪。按照国际经验，设立破产行政机构，参照证券、税务等领域犯罪问题的解决，赋予破产行政机构对犯罪线索的前期调查权可能是解决问题的方案之一。

个人破产制度不应该“层层加码”，让适用主体对个人破产敬而远之。目前，全国各地正在积极推进个人破产制度的落地和试点，基于对滥用个人破产逃废债的担忧，通过申请审查、信息披露、报告义务等各个环节的要求，对债务人是严防死守、有“罪”推定。这种对债务人过于严苛的态度，虽能够尽最大限度避免个人破产制度的滥用，但也可能因此打消债务人通过个人破产制度寻求救济的意愿和动力。

总而言之，破产法进化涉及的问题很多，上述几个方面只是笔者认为最为重要和关键的部分。在有条不紊推进企业破产法修改的同时，我们需要对制度背后理念性问题先尽可能达成共识，并将这种共识体现在具体破产制度设计中。唯其如此，才能真正推动和实现我国破产法的进化，让破产法服务于现代化的市场经济体系。

（本文首发于《民主与法制》周刊 2022 年第 22 期。）

破产法研究的问题意识怎么找？

跟很多同行一样，我有多重身份：既是编辑，又是学者，还是导师。在工作中，我所头疼的事情有很多，但最头疼的莫过于眼前的文章啥都有，就是没有问题意识。无论是自己写论文、审别人来稿还是指导学生、参加论文答辩，莫不如此。有时看别人的文章，一眼就能看出来没有问题意识。有时自己写文章，下笔千言洋洋自得，然后被别人一眼就能看出来没有问题意识。如果要在所有不完美的论文中找出共同的问题，那一定是：没有问题意识。

问题意识是学术研究的起点。学术研究是一种问题驱动型探索。如果没有问题意识，不带着问题出发，所谓的学术研究只能是照猫画虎，形似神不似。小时候，我们村有个邻居，大人都说他是傻子。他看别人写字，捡个铅笔头、烂纸板，也在上面写出一行行的字，有板有眼。他明显很得意，会跟大家炫耀。我没上学前，觉得这个人挺有学问，怎么能是傻子？待我认得几个字之后，才意识到他的笔下都是形似方块字的符号，远看像字，近看是画。离开大沟寨多年，偶尔还会想起他。可能他是掌握一种神秘语言的天才，当然他更可能真是傻子。没有问题意识的学术研究，跟这类似；不管形式上如何天花乱坠，究其实质，只能是各种类字画的堆砌。如果说论文是龙，问题就是“画龙点睛”，否则绝对属于“有眼无珠”。

在论文写作课上，我常常给学生用种子和石子做比喻：问题意识就像种子。不管学力深浅，只要有问题意识，就相当于是一颗有生命力的种子，只要给它适当的土壤、阳光和水分，在恰当的季节种下去，它就会生根、发芽，茁壮成长。如果没有问题意识，就如石子，给它再多的土壤、阳光和水分，它还是一颗顽石。

问题意识和生活中、现实中的问题到底什么关系？对此大家无不扼首蹙眉、叫苦连天。同学们会很委屈：“老师，我就是顺着提出问题、分析问题、解决问题的思路写得啊！”或者会说：“这个问题、那个问题确实很重要，重要到不解决不足以平民愤，我就是针对研究问题提出了建议！”可怜的孩子们！恰恰在学术写作的关键点上，误入了歧途。

学术研究中的问题，与现实问题有关，但又不尽如此。问题意识必须要是学术层面的问题。这就一下子限定讨论的参与度，再也不是靠着朴素的正义感就人尽可说。比如个人破产，现在大家都很关注，街头巷尾、茶余饭后，三教九流谁都能扯两句。但是，人类社会为什么要有个人破产制度、个人破产制度和债务观念之间到底是什么关系、个人破产对信用机制能否形成良性互动……诸如此类的问题，引车卖浆者能插上话的人寥寥无几。这就是现实问题与学术问题的差别。

现实问题和问题意识可能有关，也可能无关。学术研究中的问题意识，可能是现实问题的升华，也可能纯粹基于理论假设和学说推演。学术研究中的问题意识，可以想着如何从明天起做个幸福的人，但也不排斥对粮食和蔬菜的关切。但学术研究更关注的是粮食和蔬菜的物理结构，更关注粮食和蔬菜的化学元素，更关注粮食和蔬菜与人体健康的关联，更关注粮食和蔬菜供给对物价、市场、通货膨胀的影响，更关注粮食和蔬菜供需背后的权力格局。要想熟练地提高问题意识，必须具备这种源于生活、高于生活的抽离能力，必须具备在现实问题之上的拔高能力。

本质上，抽离意识也好，拔高能力也罢，说穿了都是学术洞察力和想象力。学术洞察力和想象力不会凭空而来，而是大量阅读和思考的结果。这种前期积累和思考有几个层次，层层递进，必须要达到第三个层次，才能提出真正值得研究的问题：

第一个层次是学科基础知识。这种学科基础知识通常体现为教科书，会告诉你基本概念、原则和价值。这些信息对于论文的潜在读者来说，这些知识点上通常体现为常识和共识，一般也不会有争议。除了绝对的外行或者学科内顶级高手，论文的潜在读者对这些通常也不会特别感兴趣。

第二个层次是学科学术框架与脉络。这种学术框架与脉络，需要作者在基础知识之上，了解学界在相关知识点上的既有问题、论证过程和结论。衡量一篇论文是否具有学术感觉，关键前提之一就是看作者能否置身“事”内，对学术大超市里上架“产品”都如数家珍。学科学术框架与脉络有两个方向：一个是向内的方向，决定了观察的深度；另一个是向外的方向，决定了思考的广度。对于学术研究来说，这是真正衡量学术基本功和勤奋程度的地方。

第三个层次是在基础知识和学科学术脉络的基础上，保留好奇心，多点质疑和批判，能够发现前人尚未涉猎，或者已经涉猎但深度、广度有限的问题域。然后在相关问题域内，通过更有针对性的阅读和思考，精准地提出自己的问题。只有经过这种思维训练，最后才能在“乱花渐欲迷人眼”的学术迷宫中，找到可能的出口。

就此而言，问题意识并不复杂，完全可以通过训练来培养，而且也必须通过扎实的阅读和思考来千锤百炼。在问题意识上，没有任何捷径可以走。牛顿从苹果掉落意识到万有引力定律的段子流传甚广。在这个段子里，牛顿的聪慧和灵感绝对重要，但更重要的是牛顿此前在物理学领域的大量积累和探索。套用著名战地记者罗伯特·卡帕的一句话：如果你问题意识不够强烈，那一定是因为你读得不够多、想得不够深、积累太有限。

能否培养恰当的问题意识，前期输入、个人悟性都很重要，但好的日常习惯可以事半功倍。不管是阅读文献时激发的奇思妙想，还是像牛顿一样睹物思“问”，一定要立即记录下来。这种灵光乍现的感觉不会常有。如果不记录下来，一别很可能就是永别。现在的技术已经完全具备随时记录的能力，手机上各种笔记应用总有一款适合你，哪怕是发条仅自己可见的朋友圈，或给自己发段语音！

在问题意识上，没有一劳永逸或者“毕其功于一役”这回事。这是一个让人沮丧但快乐的过程。今天的好问题，在明天或许就一文不名。最终定稿中论证的问题，或许与原始问题南辕北辙。这都十分正常。作为学者，不应怕这种不断以今日之我否定昨日之我的常规操作。或者说，这恰恰就是学术研究的常态，学术研究就是一场舒适区外的探险和修行。

总之，问题意识说难也难，说简单也简单。每一篇论文在积累准备、动笔写作和修订定稿过程中，作者都应该反复问自己：这篇文章在学术层面到底提出什么问题？惟其如此，才能在学术研究中登堂入室、一窥堂奥。

（本文发表于《民主与法制时报》2022 年 7 月 15 日第 5 版。）

当加密交易平台破产，投资者权益如何保障?

近来，随着加密货币市场震荡、价格暴跌，加密交易平台进入破产程序的消息似乎越来越多。2022 年 7 月以来，先是加密货币对冲基金“三箭资本”（Three Arrows Capital）大规模违约，接下来主流加密交易平台 Voyager Digital 和 Celsius 先后向法院提出重整申请。

“加密寒冬”（crypto winter）的到来，也给破产法领域的同行带来难题：当加密交易平台进入破产程序，加密交易平台作为保管人所控制账户里的加密资产，究竟是属于投资者还是属于加密交易平台？换句话说，投资者能否在破产程序中取回他们的加密资产？由于既有规则的付之阙如，这个问题目前还没有清晰答案。

但问题已浮现。早在 2022 年 5 月，加密巨头“全球币基”（Coinbase Global）就在提交给美国证券交易委员会的文件中暗示：如果加密交易平台破产，它们可以把客户资产视为平台资产，加密资产投资者只能被视为普通债权人，按照平等债权顺位获得清偿。消息传出，舆论大哗。为了平息投资者的疑虑，“全球币基”首席执行官布莱恩·阿姆斯特朗（Brian Armstrong）立即通过社交平台澄清：“全球币基”没有破产之虞，投资者的资产十分安全。

但是阿姆斯特朗的声明，并没有否认上述暗示。当 Voyager Digital、Celsius 等进入破产程序后，投资者蜂拥前往，试图取出自有资产。但他们接到的第一条消息，是这两个平台的所有加密资产都被冻结，所有账户都禁止取出资产。消息传开后，加密货币的“韭菜”

们怨声载道、鬼哭狼嚎。

在破产法领域，同行们也陷入困惑和激辩。

乍听起来，在加密交易平台破产时，冻结加密货币投资者的账户、禁止投资者取回加密货币，似乎很没道理。按照生活常识，如果把交易平台比作银行，把加密货币投资者比作储户，那在银行破产时，不管是按照一般民事法原理，还是凭借存款保险机制，至少在理论层面，储户是能够取回存在银行里的钱的，银行只是代为保管而已。

如果换个例子，可能更为形象：如果你收藏了一幅名画，所有权没有任何争议，你把这幅画放到画廊去拍卖。当画廊破产时，管理人会接管画廊。你的画究竟是归入债务人财产、变现并向所有债权人清偿，还是你可以通过管理人拿回你的画？答案当然是后者，你当然可以通过管理人行使取回权，取回你拥有所有权的任何东西。取回权制度是破产法的核心机制之一。

取回权制度的目的，就是尊重私有产权，合理界定债务人财产的范围。比如我国《企业破产法》第 38 条规定，人民法院受理破产申请后，债务人占有的不属于债务人的财产，该财产的权利人可以通过管理人取回。但是，本法另有规定的除外。对于所有权人来说，在破产程序中取回权制度既是对冲破产风险的神器，也是权益保障的利器。

正是因为有取回权机制保障，在传统的经纪交易中，比如常见的证券交易、债券交易中，至少在法律层面，不太可能出现破产后冻结投资者账户的情况。在严苛的监管体系下，交易机构把客户资产和自有资产存放在不同账户，是最低限度的监管要求。另外，不同类型的证券投资者保护基金或者保险机制，也能够在意外发生时提供必要保障。

在传统的金融机构，绝大部分情形下银行储户也不用特别担心。对于银行储户来说，存款保险制度是现代金融体系的标配。对于银行储户来说，小额全赔、大额按一定比例赔是存款保险机制的核心。万一金融机构破产，保险机制往往能发挥作用，也不用让储户在旷日持久的破产程序中饱受煎熬。在保险机制之外，现代金融机构往往还面临着来自政府机构的严苛监管，金融机构违规经营的成本和风险都极高。

但在加密货币领域，证券监管、金融监管都不存在，投资者权益保障不能寄望于政府监管和合规经营。加密交易是一种去中心化的交易。加密交易不会像证券交易、债券交易等等，受到中央监管机构的严苛监管。甚至更明确地说，相对于市场经济中常见的交易，加密交易更像是一种远离监管的黑市交易。这种黑市交易有自身的逻辑，也大体能够按照市场经济的规则交易，但因为加密属性和脱离监管，其投机性往往数倍于普通市场，潜在的各种风险亦会被无限放大。

另外，梳理加密交易平台破产时投资者权益保障问题，还涉及加密交易平台自身的交易规则。加密交易主要借助区块链等技术设施，但不同交易平台有不同的交易模式，也带来不同的交易风险。

跟破产程序中处理加密资产问题密切相关的，是交易平台提供给投资者的存储方式。比如有些机构，可能允许投资者自选存储，而有些机构则只允许把加密资产托管给交易平台。

允许投资者自选存储的平台，存储方式还可以有更多选择：一种是“冷”钱包，即离线钱包，在交易时投资者必须要将含有硬件的钱包与互联网连接，或者凭借纸质媒介上打印的信息，才能操作交易；另一种是“热”钱包，则是通过App 的方式在线存储、随时联网。

两种钱包各有利弊，“冷”钱包有可能丢失或者损坏，“热”钱包有可能被黑客攻击，这两种极端情况万一发生，都可能导致投资者的加密资产消失在区块链的茫茫链海中。而且，在实践中投资者丢失或者弄坏“冷”钱包导致血本无归的例子并不鲜见。也正是因为有这种风险，要求投资者把加密资产托管给交易平台，理论上更为安全。

但在破产语境下，自选存储的优点更为明显。不管是“冷”钱包还是“热”钱包，只要能够允许客户自选存储，那么在加密交易平台破产时，终归还是能够有效区分平台资产和客户资产。除非交易平台要流氓，侵吞客户资产，否则在加密交易平台破产时，按照取回权机制取回属于投资者的加密资产，法理层面没有任何问题。

相比之下，在加密交易平台破产时，托管存储方式的缺点就十分明显。当加密交易平台破产时，平台资产和客户资产高度混同，区分难度无限增大，客户想要取回投资款难如登天。尤其是如果交易平台把自有资产和投资者的资产一起打包并多重交易，想要简明清晰地区分平台资产和投资者资产，无异于缘木求鱼。

从破产法的立场看，现在的问题比较棘手：如果允许加密货币投资者“取回”其托管的财产，相当于其实现100%的清偿。但如果不允许加密货币投资者“取回”其加密货币，那么加密货币投资者大概率就只能成为普通债权人；而按照常识，除非破产财产在变现时遇上千载难逢的牛市行情，否则普通债权的清偿率势将会极低。

在世界范围内来看，加密货币交易平台破产是个新事物，几乎没有任何先例可以遵循，几乎没有任何现成的法律可以提前为不幸事件的发生编制好规则。不确定加密货币的冬天何时会过去，但加密交易平台破产或倒闭的风险随时都在。对于未来的加密货币投资者来说，如果考虑到潜在的破产风险，把加密资产托管给交易平台显然是风险更大的选择。选择能够允许自选存储的交易平台，或者说在选择交易平台时合理配置存储组合，可能是对冲加密货币交易平台破产风险最有效的法宝。

（本文首发于2022年8月18日澎湃新闻财经频道“澎湃商学院”栏目。）

破产行业自治的量变与质变

2022年9月23日，首届京津冀破产管理人协同发展论坛召开。论坛主题之一是破产管理人的行业自治。近年来，我国破产法领域的同行对行业自治分外关注，各地都特别热心于破产管理人协会的成立。据不完全统计，截至2022年9月，全国各地先后成立破产管理人协会超过200家。

在实务界对行业自治趋之若鹜的情形下，讨论破产法领域行业自治的质量提升问题具有重要意义。在笔者看来，当前提升行业自治的质量，实现破产行业自治从量变到质变的飞跃，需要处理好如下四组关系：古与今、东与西、强与弱、央与地。

一、古与今

太阳底下无新事。行业自治纵然是我国破产法领域当下热点之一，但其有着深厚的历史渊源。

行业性自律组织现在基本都叫协会，在民国时期则叫公会。不管协会也好，公会也罢，在我国都属于“舶来品”。

再往前追溯，公会兴盛于14世纪中后期到工业革命期间资本主义的发展，很好地解决了行业整合的时代需要。而公会的崛起，则是继承13世纪以来成千上万手工业行会发展的自然结果。而手工业行会亦非平地惊雷，而是11世纪中世纪城市崛起、商人阶层崛起的产物，手工业行会追根溯源则可以追溯到商人行会的早期探索。

能够历千年而不衰，反而在历史的发展中不断进化，这恰恰体现出行业自治顽强的生命力和深厚的社会需求。行业自治千年迭代的背后，是对其核心功能的坚守：

一方面，行业准入。行业准入既涉及本地同行中谁能参与相关业务，也涉及外地同行能否参与本地相关业务。在符合本地行业准入规范的前提下，外地同行当然可以参与当地市场竞争，但需要缴纳费用。这样的话，既确定本地市场的专业门槛，同时也在本地和外地市场间划分清楚界限，进而形成市场准入的“闭环”。这种功能既保障本地优秀同行能够安居乐业，同时又适度对外开放，允许外地从业者进入本地市场，进而为市场补充新鲜血液。

另一方面，统一产品或者服务标准，维持行业交易秩序。比如同样是做生意，或者比如同样是提供某种服务，行业自治机构要确保产品质量的稳定统一，要凝聚行业共识和相对统一的价值观，也要坚决清除囤积居奇、以次充好、低价竞争或者坑蒙拐骗的害群之马。由此，行业自治机构需要在专业的基础上，为产品或者服务设定统一标准，并将不符合相关标准的同行剔除出市场。

世易时移，行业自治的内涵和外延在不断进化。但不管如何进化，行业自治万变不离其宗，市场准入、行业标准、交易秩序、会员服务等要素，在近千年的迭代进化中不仅没有弱化，反而越加清晰了。

二、东与西

按照孟德斯鸠在《论法的精神》中所提出的观点，法律的精神与气候、地理、人口等等都有重大关系。行业自治同样如此，无法脱离特定的地域、时代和文化传统。对地方特色行业自治的索解，离不开我们对东西方社会治理结构的把握：

整体来说，社会契约论是西方社会组织的理论基础。按照社会契约论，每个社会成员生来自由，但为了更高层次的价值，可能考虑每个社会成员让渡出一部分权利和利益形成团体，进而在服务个体的同时，也构成对个体的约束。西方社会大到国家，小到行业协会，大都是按照这种逻辑组织的。这是一种去中心化的社会结构，也是一种自下而上的社会体系。

东方社会的组织结构，与此恰恰相反。中国社会在从封建向帝制、帝制向民治转型的两千多年历史进程中，社会组织结构往往都呈现出高度中心化的特点，往往都是按照自上而下的结构组织。政权有更迭，朝代有变易，但这种基础性架构并未被颠覆。在这种体系下，社会团体往往是行政权力的释放和延伸。在这种历史传统影响下，行业自治往往是国家治理体系的组成单元，也呈现出比较明显的行业管制、行业自律色彩。这也是我国破产界部分同行，对于要不要在全国范围内推行行业自治还略有犹疑的地方。

在这种东与西的碰撞中，我们既应该仰望星空，也应该脚踏实地。我们需要注意尊重行业自治的历史规律，同时也需要充分考虑我国国情，争取让破产法领域的行业自治与我国特定的社会治理结构嵌合尽可能完美融合。惟其如此，破产法领域的行业自治才能行稳致远。

三、强与弱

国内外的行业自治，可以分为强自治和弱自治：

所谓强自治，即行业自治机构掌握比较强的职责，能够对行业实施实质性的管控。比如有的国家和地区，按照法律规定，成员必须要加入行业协会才能执业，比如法院指定管理人也只能从行业协会成员中指定。再比如，行业协会有较强的惩戒权，对于不符合行业规范的害群之马，可以坚定地逐出市场。

所谓弱自治，即行业协会只是一个松散的机构，成员是否加入行业协会对其能否执业没有影响。对于成员在执业过程中有违职业伦理的行为，行业协会基本无计可施。对于当地破产法领域的无序竞争，行业协会同样爱莫能助。在弱自治模式下，行业协会更多是可有可无的“花瓶”。

平心而论，在我国当下各地破产管理人协会更多属于弱自治模式。这种弱自治模式，脱胎于我国现行《企业破产法》的规定，与行业自治起步较晚、共识不强也有很大关系。按照现行法律，管理人名册的编制、管理人的指定、管理人报酬的确定、管理人的更换等实质性权力都由法院行使，新成立的行业协会缺乏实质控制权。

破产法领域的弱自治，导致我国破产管理人行业协会表面上数量多，但自治的质量整体较低。甚至在部分地方，因为协会成员不愿缴纳会费，地方破产管理人协会本身可能就面临着“破产”的风险。长此以往，会员不愿意加入行业协会、不愿意缴纳会费；已经成立的管理人协会，也处于空转状态；原来热心于行业自治的同行，随着各种各样的内耗而逐渐心灰意冷，情怀消退，不愿意浪费时间于行业自治的公益。

要改进这种状况，需要我们从理念到制度，实现弱自治与强自治的平衡，甚至完成从弱自治到强自治的转化。就制度层面来说，需要在正在修订的破产法中，对于行业自治有明确定位和规范。就其破产行业的管制格局来说，需要法院适度简政放权，剥离出部分与破产行业相关的行政性职责，并充实到管理人协会的职责中。

四、央与地

从中央和地方的关系角度考察破产法领域的问题，是强化破产法和宪法对话的关键切入点。而行业自治问题，更是考察破产法领域央地关系的重要切入点。

在破产法领域的行业自治，从央地关系的角度来说，主要涉及全国性破产管理人协会和地方性破产管理人协会的关系问题。这里面涉及的争议问题比较多，比如会员加入地方性协会是否就意味着加入全国性协会？会员是否既需要向地方性协会缴纳会费，同时还需要向全国性协会缴纳会费？全国性协会如何为地方会员提供更为针对性的服务？另外，从地方管理人协会的角度也需要进一步明确：地方协会的设置是否一定要与行政建制挂钩？区县一级是否有必要设立破产管理人协会？……如此等等问题，不一而足。

这些问题，目前都没有清晰的共识和答案。既有的行业自治组织，或许能够提供一定程度的参考，但破产法领域的行业自治毕竟又是新生事物，也有其行业特殊性，似乎也没必要完全"抄作业"。

总之，破产法领域的行业自治牵涉面甚广，既与会员个人权益密切相关，也与破产行业发展密切相关，对我国在专业领域的治理方式现代化改革也有重要影响，说其"四方八面"毫不夸张。在明确其重要性的前提下，从古与今、东与西、强与弱、央与地等四组关系维度探讨行业自治的可能性，既涉及价值判断也涉及理念抉择，既涉及制度构建更涉及自治实践，可以为探索未来的行业自治打开想象力，真正实现行业自治从数量到质量的飞跃。

（本文首发于 2022 年 11 月 11 日澎湃新闻财经频道"澎湃商学院"栏目。）

秃鹫与凤凰：重整投资的道与术

2023年4月22日，重整投资黄河流域峰会暨吕梁市离石区招商引资推介会，在山西吕梁召开。站在破产法专业的角度，这是一次比较特别的会议：在国内其他地方，既少有同行围绕重整投资展开专题探讨，更极少见到地方政府站在招商引资的角度来看待重整投资。

近年来，在重整领域制度供给方面，国内外创新动力都十分强劲。在国内，预重整如火如荼，中小企业重整、关联企业合并破产等在实践层面的经典案例也越来越多。在国际层面，转机管理、预防性重组、中小企业重整、集团公司重整等等，更是在国际法和国内法层面多点开花。展望未来破产法领域可能出现的新的制度增长点、知识增长点、业务增长点，重整依然是绝对主力。

重整制度行稳致远的关键，在于高质量的重整投资。在国内当前重整实践中，重整投资问题既是行业性的痛点，也是困扰破产法官和管理人的大难题。没有好的重整投资，再丰沛的制度供给都无法从根本上发挥重整制度的功效。

就此而言，探索重整投资的道与术，既有理论价值，也有实践意义。我想用足球阵型3-4-1-2来分享管见——

第一个“3”，是重整投资的基础，即投资人在分析研判重整投资对象时应该考量的三个维度：行业、企业和物业。

就行业来说，需要关注行业大势。这既涉及重整投资对象所处的行业自身发展趋势，也涉及国家针对该行业的大政方针，甚至涉及与行业相关的国际、国内环境。行业大势是决定重整投资成败的基础设施。对于投资人来说，想要取得重整投资成功，需要尽可能顺势而为，任何市场主体都不应该对抗大势；逆势操作也有成功可能，但失败风险更大。

就企业来说，需要关注的是投资目标的核心资产和主营业务。核心资产和主营业务，往往是吸引重整投资人的点睛之笔。厘清重整投资目标的核心资产和主营业务，准确分析该部分在导致市场主体陷入财务困境的因素中所占作用和比例，并提前筹划如何在重整投资过程中进一步优化核心资产和主营业务，重整投资方能无往而不胜。

就物业来说，需要关注的是重整投资目标的经营管理状况。大部分陷入财务困境的市场主体，都有决策混乱、盲目扩张、任人唯亲、经营管理不善等共性。对于重整投资人来说，需要未雨绸缪的问题之一，就是在参与重整投资过程中，如何合理改善经营管理层。对既有经营管理团队的清理和留任，既需要关注经营管理团队成员的个人能力，也要看其勤勉程度以及互相之间的化学反应。

正常企业之所以会陷入财务困境，往往是在行业、企业、物业三个层面出了大问题。反过来，重整投资想要成功，也需要针对行业、企业、物业三个层面做全方位研判。进一步而言，对于重整项目管理人而言，如果想要吸引优秀的重整投资，也需要在项目包装和梳理中，从行业、企业、物业三个层面切入精心准备，不掩饰缺陷，但要突出亮点。

第二个“4”，是重整投资应该处理好的四组关系。

第一组关系是支点与杠杆的关系。阿基米德有句名言：“给我一个支点，我能撬动地球”。在重整投资中，找到的支点越精准，重整投资杠杆的能量就会越大，回报和收益倍数就会越大。著名投资人乔治·舒尔茨在其名著《秃鹫投资》中，用了一个概念叫“支点证券”。在秃鹫投资中，这种“支点证券”往往以高收益债券为切入点，在破产程序中退可以获得尽可能高顺位的清偿，进则可以通过债转股获得股票和控制权。目前我国重整投资目前还是以共益债作为核心支点，应该还有不少探索和发掘的空间。

第二组关系是投资与投机的关系。重整投资是一种专业行为，需要用专业态度和操作来支撑重整投资的成功。这种专业态度和操作，包括对投资目标所处行业的分析研判、对投资目标核心资产和主营业务的精准估值等。这些工作，需要利用各种现代化分析工具和模型，以行业和企业为经纬，开展经年累月的信息搜集和分析研判。

舒尔茨有个理念，即判断投资人对投资目标是否了解得足够清楚，就看能不能用三言两语跟小孩子讲清楚；如果讲不清楚，说明要么是了解不到位，要么是理解不到位。做出重整投资的决策可能是瞬间行为，但支撑这瞬间行为的，一定是旷日持久的研究。如果没有这种专业态度和实实在在的努力，重整投资可能就会异化为重整投机，不仅无助于拯救危困企业，也会让投资人本身或者投资基金背后的投资人亏得血本无归。

第三组关系是成功与失败的关系。跟常规投资相比，重整投资是在投资对象陷入财务困境之后才开展，并试图在其中大展宏图的投资模式。重整投资面对的领域，都是在传统交易陷入绝境的情形下，常规投资避之唯恐不及。重整投资反其道而行之，既是市场经济的“逆行者”，也是敢死队和消防员。对于这种火中取栗的工种，投资人心态上需要明确并树立三种信念：完成既定任务、确保自身安全以及面对可能的失败。战场上不会有常胜将军，重整投资更是如此。对于专业的投资人来说，一旦清晰认识到重整投资的失败，承认失败、即刻离场，也是衡量重整投资专业与否的判断指标之一。

第四组关系是长线与短线的关系。公司法假定理性的投资人会“用脚投票”，通过对企业股票的持有或抛售来表明自身对于投资对象的判断。在重整投资中，到底是通过共益债融资等方式快进快出、赚取高额回报，还是通过未来持股成为重整企业的所有权人，长线持有，等待合适时机再卖出，不可一概而论，需要因时制宜。

第三个“1”，是重整投资应该关注的核心点，就是通过合理估值，找出价格的差异性。

寻找价格差异是商业交易的本质。所有商业交易，本质上都是通过对价格差异的追寻，并利用其赚取合理利润。成功的投资，需要低价买进、高价卖出。这种差异性，有时体现在时间层面，此一时彼一时，合适的时间就会有差异性出现；有时体现在空间层面，树挪死人挪活，合适的地点就会有差异性出现。

另外需要明确的是，支撑价格差异的底层逻辑是价值。重整投资艺术的核心宝典，就是合理估值并培养价值，然后耐心等待最佳出手时机，实现价值最大化。

第四个“2”，是重整投资应该秉持的两种理念：秃鹫理念与凤凰理念。

秃鹫是一种以动物腐尸为主要食物的猛禽，外形威猛，凶残成性。在获取食物的过程中，秃鹫并不轻易正面攻击捕猎目标，而是更善于长时间观察和等待。秃鹫出手的时机，往往是捕猎目标已经奄奄一息或者死亡的时刻。为了这一刻的来临，秃鹫可以长途跋涉、忍饥耐渴、耐心等待；而当最佳时机来临时，秃鹫会毫不犹豫地扑向目标。秃鹫的行为方式，将“静若处子，动若脱兔”发挥到极致，降维打击，成本极低，收益超高。从重整投资收益最大化的角度，秃鹫绝对是值得效仿的模板。

秃鹫理念还有一个解释维度：秃鹫通过超高浓度的胃酸，可以完全吸收和化解动物腐尸中的细菌和病毒，既不会让这些细菌和病毒反噬自身，客观上也成为自然环境的“清道夫”。这一定程度上也让秃鹫在自然本性之外，体现出两种气质：一种是“打铁还需自身硬”的自信；另一种是“我不入地狱谁入地狱”的悲悯。在重整投资中，这两种气质绝对不可或缺。

对于破产界的同行来说，凤凰是一个更为熟悉的图腾。全国各地管理人协会的会徽，有不少都以凤凰为核心构成元素，涅槃重生常常成为重整相关新闻的关键词。作为一种古今中外都共同信奉的文化图腾，凤凰除了代表吉利和祥瑞，更代表着涅槃和重生。通过重整投资，在实现投资收益最大化的同时，助力困境企业涅槃重生，这与凤凰理念不谋而合。

对于重整投资人来说，凤凰理念还意味着三种生活的构建：物质生活、社会生活和精神生活。成功的重整投资，可以赚取合理利润，构建投资人或者投资基金背后投资人的物质生活。此外，成功的重整投资拯救困境企业于水火，保障就业、充实税源，客观上为社会做出贡献，构建成功的社会生活。但重整投资还有可能构建一种精神生活。但高质量的投资，无不以某种投资哲学为基础，乔治·索罗斯、沃伦·巴菲特都是其中的典型。这种精神生活以投资哲学为指引，可以通过一个个重整投资项目的成功，践行自身的理念，达到内心和外界的平衡。这种平衡的瞬间，可能是重整投资人内心最为幸福的时刻。

黄河是中华文明的“母亲河”，黄河两岸经济体占了中国经济版图的半壁江山。在我国经济复苏和发展中，破产法领域内外的同行，完全有专业能力依托重整投资，在市场要素盘活、加速经济振兴、保障就业和税源等领域，做出显著贡献。作为黄河儿女，在黄河之滨思考重整投资，于私有乡土情结，于公有专业探索。但无论如何，我希望就重整投资道与术的探索而言，这仅仅是开始。

（本文首发于 2023 年 4 月 27 日澎湃新闻财经频道“澎湃商学院”栏目。）

世行新指标，破产新方向

2023 年 5 月，世界银行（以下简称世行）发布了新营商环境评估（Business Ready，B－READY））的《方法论手册》（B－READY Methodology Handbook）、《说明及指南》（B－READY Manual and Guide）等两份重要文件。加上 2022 年 12 月公布的《概念书》（Concept Note），这三份加起来有近千页的文件体系，预示着世界银行营商环境评估及其体系将迎来革命性的变化。

营商环境评估体系“新”在何处？

在过去两年间，世行在维持评估指标体系可量化、可改进、可比较的基础上，颠覆性地重构了营商环境评估的整个体系：

第一，较之单纯关注市场主体，新体系更侧重对整个私营经济部门的影响；

第二，较之只关注市场主体的规制性负担，新体系更侧重规制的质量和公共服务设施；

第三，较之比较关注规制性规范，新体系更聚焦于规范实施情况；

第四，较之数据的可比较性，新体系更关注数据的代表性。

从方法论的角度，新体系抛弃了原来以模拟案例为基础的指标设计，也不再单纯以单个既有学术研究成果作为指标设计基础。

世行构建了一个三支柱体系：规制性规范、基础设施及公共服务、效率。而且，还特别关注各个指标的数字化程度、环境与可持续发展以及性别平等问题。

新体系将从2023年开始分三个阶段试点和展开。按照规划，新评估体系将以每年五六十个经济体的节奏，在三年内全面铺开，我国则会在2024年迎来新指标体系下的首次评估。

具体指标设计方面，新体系还是维持10个指标的规模，从启动、运营到退出，关注商事主体的全生命周期。但指标有增删，世行对每个指标也有了全面更新。

（一）“商事破产”的新变化

按照世行新体系的方法论，世行重新设计了“商事破产”（Business Insolvency）：

第一，“商事破产”对破产清算和重整更为兼顾。对于市场主体来说，确保无运营前景的企业及时退出，与确保有拯救可能的市场主体得到及时拯救，具有同等重要的价值。

第二，对“商事破产”的考察，以三支柱体系为切入点：

（1）与破产相关的法律框架，重点考察破产相关的制度性规范。

（2）破产程序相关的制度性、操作性基础设施，重点考察相关法律框架在实施层面的配套性保障。

（3）破产程序的效率与效益，重点考察破产清算和重整程序的效率。

第三，“商事破产”指标的具体得分与否，既取决于企业灵活性得分（firm flexibility points，FFP），也取决于公共受益度得分（social benefits points，SBP）。两个得分通常会占同样的比例，各取满分才能确保相关指标获得满分。

第四，在得分计算中，三个支柱内部指标分布有较大差异，但三个支柱在总得分中的比重都是各占三分之一。

（二）“商事破产”的指标体系

“商事破产”的三支柱体系，共分为7个目录、15个二级目录、45个指标。

第一支柱聚焦于“破产程序规制的质量”，共涉及3个目录、7个二级目录、29个指标。

1. “法律和程序性标准”，涉及3个二级目录：

（1）“破产程序启动前和破产程序的启动”共涉及5个指标：破产程序启动前债务人管理层避免破产的努力以及在破产不可避免时降低破产波及面的责任、庭外重组机制重整程序的启动、破产清算程序的启动以及破产程序启动的条件。

这个指标体系部分吸收了原来“办理破产”中的破产程序启动系数，既涉及主体层面债权人和债务人能否都自如地在破产清算和重整程序之间选择，也涉及破产原因设计上选择现金流标准、资产负债表标准还是其他标准。比较明显的是，新评估体系明显侧重对破产程序启动前制度性规范的关注。

（2）“破产清算和重整程序”同样涉及5个指标：债权申报通知、重整计划表决、重整计划表决方式、重整程序中对异议债权人的保护以及重整程序向破产清算程序的转化。改指标体系，部分吸收了原来“办理破产”中的重整系数和债权人参与系数，强调重整分组、远程表决、异议债权人保护，明显更强调当破则破的理念，反对因为无效重整而耗费资源。

（3）“破产管理人的专业化”有3个指标：资格性要求、剥夺资格的条件以及选任和免职机制。这一指标设计，可以视为这是从制度性层面，落实新评估体系更强调的破产基础设施理念的举措。

2. “财产和利益相关者”，涉及2个二级目录：

（1）“债务人财产管理”有6个指标：自动中止程序、自动中止程序的例外与救济、既有合同必要的继续履行、负担性合同和财产的拒绝、偏颇性和欺诈性交易的撤销以及破产程序启动后融资的可用性及优先性。这个指标体系，部分承继了原来“办理破产”指标下债务人财产管理系数的内容，但对自动中止程序、自动中止程序的例外与救济等特别强调，并设定了2个指标。

（2）“债权人参与”有5个指标：债权人代表、债权人知情权、担保债权的优先性、职工债权和环境债权的优先性、职工债权的专门机制。该指标体系，部分承继了原来“办理破产”指标下债权人参与系数，但新增两个关注点：一个明确提到了环境债权的优先性问题，这属于“商事破产”指标中落实环境与可持续发展理念的具体举措；另一个强调了破产程序中职工债权的优先顺位。

3. “特别程序”，涉及2个二级目录：

（1）“小微企业”有3个指标：小微企业重整的可用性及标准、小微企业重整简易程序向破产清算程序的转换以及针对小微企业的最低限度债务免除标准和不予免除条件。这一指标完全新增，与世界范围内近年来普遍关注中小企业破产制度的趋势一脉相承。

（2）“跨境破产”有2个指标：承认外国破产程序的框架以及与外国法院和

外国破产程序代表合作的法律框架。跨境破产指标也是完全新增的内容之一。

第二支柱聚焦于“破产过程中制度性、操作性基础设施的质量”，共有 2 个二级目录、12 个指标：

1. “电子化和线上服务”，涉及 2 个二级目录：

（1）“线上司法”，共有 6 个指标：破产申请线上提交、法院受理费线上支付、法官和律师的线上案件管理系统、破产管理人的线上案件管理系统、线上拍卖、线上开庭。

（2）“破产程序相关电子服务以及公共信息发布”，共有 4 个指标：线上司法与外部系统的互联、破产程序相关裁定的发布、破产程序信息的发布、破产管理人登记信息的发布。

该指标体系从破产法的角度，全面回应了世行新评估体系全面电子化的要求。

2. “公共官员及破产管理人”，涉及 2 个二级目录：

（1）“破产法院或破产法官的专门化”，共有 1 个指标，即所考察最大经济体是否有专门的破产法院，或者在普通法院里是否有专事破产案件审理的法官。

（2）管理人的“资格性要求”，共有 1 个指标，即实践中对于破产管理人特别资格的具体要求以及是否有专门培训。

这两个指标体系，全面体现出对破产司法专门化、破产执业专业化的态度。

第三支柱聚焦于“实践中破产程序的效率”，共有 2 个二级目录、4 个评价指标：

1. “实践中的破产清算程序”，涉及 2 个指标：破产清算程序的时间和破产清算程序的成本。

2. “实践中的重整程序”，也涉及 2 个指标：重整程序的时间、重整程序的成本。

显而易见，世界营商环境新评估体系中的“商事破产”指标设计，势必将成为我国破产法律制度进化以及破产司法改革的指引。

在未来，我国如果想在“商事破产”指标上获得高分，需要多管齐下：一方面，需要精深研习《概念书》、《方法论手册》和《说明及指南》等文件，吃透方法论，根据指标设计和调查问卷拆解得分点，在破产法修订中做出针对性制度回应。这里面尤其比较重要的，如自动中止制度、自动中止例外及救济、跨境破产、小微企业破产制度的明确规定。另一方面，也需要通过破产司法改革和破产管理人职业化建设，进一步提高破产程序运行的质量，提高破产程序给债务人、债权人及社会带来的效益。

（本文首发于 2023 年 5 月 21 日澎湃新闻财经频道“澎湃商学院”栏目。）

政府如何用好破产法？

政府应该如何用好破产法？近年来，随着破产法律和政策在国家治理工具箱中的重要性越来越高，这个问题已经成为现代法治政府的一道必答题。各级政府都得千方百计提高“破产智商”，并将之转化为行政行为和政策组合，实现施政目标的最大化。

市场维持是现代政府的共同职责之一。各国政府都得通过“胡萝卜加大棒”的方式，规制市场主体，维持市场秩序。通常，规范经营的市场主体会得到税收优惠、财政补贴等奖励，而胡作非为的市场主体，则会受到巨额罚款或者吊销证照等处罚。实践中，政府部门的巨额罚单、市场主体的财务困境和破产程序，往往犹如多米诺骨牌一样次第衔接。但当“大棒”传导到破产环节，政府往往很“头痛”。

破产机制为被处罚的企业提供了至少三条通道，可以让市场主体在面对政府的“大棒”时逃之夭夭：

（1）自动中止可以迫使政府在破产程序启动后停止所有不利于债务人的行政行为；

（2）反破产歧视机制，禁止政府因为债务人破产而吊销其营业执照等，反过来债务人也可以借助破产程序保留经营资质；

（3）债务人可以通过重整计划，寻求免除巨额罚单形成的债务。

破产程序既可能为市场主体提供临时避难所，也可能成为市场主体金蝉脱壳的工具。因此，站在政府的角度，破产程序往往会给政府规制带来挑战。

但近年来美国的一些大案要案显示，各级政府在活学活用破产法方面，正越来越有智慧，也越来越主动。学者贾里德·伊里亚斯和乔治·特里安迪斯在《爱莫里破产发展学报》2021 年第 3 期上发表的《破产中的政府能动主义》一文对此做了全面分析和展示。①

两位作者认为，政府之所以对破产程序时“头痛”，归根结底还是政府面对破产程序时过于消极造成的。如果政府只是一味防守和退缩，那施政空间势必会越来越小。政府如果想要面对破产不“头痛”，“止痛药”便是破产中的“政府能动主义”。

破产中的“政府能动主义”，在两个问题上作用尤其明显：一方面，政府可以利用破产程序提供的投融资通道，帮助债务人化解财务困境；另一方面，政府可以利用破产程序赋予债务人的“特权”，展开重整融资、合同选择履行、资产出售等工作，最大化利用债权人会议多数决规则及强裁机制免除债务，引入符合政策方向的投资人等，全方位实现施政目标。

按照两位作者的设想，政府可以在合理使用破产程序方面更加积极主动；如果筹划得当，或许能够通过破产程序推进政策目标的实现。

在两位作者眼中，证明破产中的“政府能动主义”有效的最好例子，莫过于 2009 年美国汽车巨头克莱斯勒（Chrysler）重整案和通用（General Motors）重整案。

在 2008 年席卷全球的金融危机中，克莱斯勒和通用都陷入财务困境。导致困境的原因，既有美国车企自身成本结构的限制，同时也有全球市场竞争加剧的因素。奥巴马上任总统后，面对财务困境日甚一日的两家造车巨头，不得不组建“总统汽车行业工作小组”，研判形势并寻求对策。最终，决定通过重整程序，让克莱斯勒和通用东山再起。

2009 年 4 月 30 日，克莱斯勒进入重整；6 月 1 日，通用亦启动重整程序。

两位作者认为，在车企巨头重整中，政府想要实现的目标有两个：

第一，保护汽车行业工人及工会权益。在进入破产程序时，克莱斯勒拖欠 100 亿美元“职工自愿受益同盟”的费用，以及 35 亿美元退休金。确保职工权益不受损，是政府介入克莱斯勒重整的考虑之一。

---

① Jared A. Ellias & George Triantis, “Government Activism in Bankruptcy”, 37 *EMORY BANKR. DEV. J.* 509（2021）.

第二，推动汽车巨头绿色化转型，生产出更多低耗能汽车，严控温室气体排放，实现控制气候变化的目标。体量更小、功耗更低的小型汽车，是实现这一目标的重要途径。

为实现上述两个目标，美国政府介入并设计了克莱斯勒和通用重整的基本框架。尤其是在利用《美国破产法》第 363 条出售制度方面，美国政府可以说“专业”到了极致。

克莱斯勒重整和通用重整，展现了联邦政府活学活用破产法的典范。而 2019 年发生的太平洋电气公司（PG & E）重整案，则鲜活地证明地方政府如何通过破产程序实现多赢。

太平洋电气公司位于加州，是一家有着 150 年悠久历史的公共服务提供商，承担着为 1600 万居民供电的重任。2017 年 10 月，该公司设施引发森林大火，导致 42 人死亡，多人受伤，居民财产损失难以估量；2018 年，该公司设施引发的另一波山火，导致 84 人死亡，14000 间房屋受损，直接财产损失高达 165 亿美元。随后，汹涌而至的大规模侵权诉讼，提出多达 300 亿美元的赔偿请求，该公司处于危急存亡之秋。

与其他公共服务提供者一样，太平洋电气公司一直面临着政府的严苛监管，包括电价在内的重大事项都是由政府部门直接决定。

站在政府角度，该公司承担着两大重任：

第一，在气候变化问题上，需要实现绿色化转型，更多使用清洁能源。为此，加州政府甚至要求太平洋电气公司降低发电量，转而向其他使用清洁能源的兄弟企业长期购买服务。这一转型使加州成为美国清洁能源普及率最高的州之一，但也为该公司运营带来巨大的成本。

第二，由于气候变化引发森林山火频发，太平洋电气公司要承担为山火受害居民保险补足差额的职能。按照加州宪法的规定，该公司作为公共服务提供商，是当地居民“最后的堡垒”；万一保险无法覆盖山火引发的赔偿责任，该公司要为其兜底。

连续两年的山火事故以及随之而来的巨量赔偿责任，迫使太平洋电气公司在 2019 年 1 月 29 日启动了重整程序。

站在企业角度，破产程序为该公司提供了两个利器：

第一，该公司可以在重整计划中，部分清偿受害者债权，进而通过法院对重整计划的批准来约束异议债权人。

第二，该公司可以借助选择履行合同的机会，解除原有的清洁能源采购合同，此举每年将为该公司降低 10 亿 -25 亿美元的开支。

但州政府对于企业以及其他利益集团的小算盘，洞若观火，怎能坐视？时任加州州长纽瑟姆立即组成由破产法专家和能源专家组成的“战斗小组”，为其提供专业意见。经过两个月的紧张工作，“战斗小组”完成其工作报告，为化解太平洋电气公司提供了一份菜单式的解决方案。

纽瑟姆坚决反对不同利益集团试图通过重整程序控制太平洋电气公司的举动。纽瑟姆不仅向法官明确表达州政府也是利益相关者的立场，甚至聘用专业破产律师代理政府，随时准备提出政府版的“重整计划”。

另外，纽瑟姆直接向破产法院表达了政府的立场：如果太平洋电气公司确实想通过破产程序东山再起，必须要实现绿色化转型，满足该州公共利益。纽瑟姆也告知太平洋电气公司管理层：只有太平洋电气公司切实采取措施降低失火风险，且其利益相关方为受害者赔偿做出切实贡献，加利福尼亚州才会改善其监管措施。

在加州政府的大力推动下，加州议会专门通过一项州法《1054 号法案》(Assembly Bill 1054)，对太平洋电气公司重整中的关键问题提出明确要求：

（1）重整计划必须限制电价快速增长，防止该公司通过提高电价，向消费者转嫁赔偿责任。

（2）明确加州公共设施委员会对重整计划的前置批准权。

（3）要求破产程序启动前所有受害者债权及处于同一顺位的债券持有人，必须全额清偿。

（4）如果太平洋电气公司破产清算，任何购买者必须要承担未来 3 年内该公司职工工资和福利。

另外，《1054 号法案》也强调了太平洋电气公司重整中气候变化的任务：

（1）禁止太平洋电气公司通过破产法提供的合同选择履行权，终止清洁能源合同。

（2）要求太平洋电气公司遵守该州清洁能源转型计划中所做的承诺。

（3）组建山火安全监督委员会，并在加州公共设施委员会设立山火安全监督部门，强化对太平洋电气公司的监督。

显然，太平洋电气公司只有制定切实可行的重整计划、重组董事会，真正获得“造血”能力，才能获得政府部门的首肯。

2020年6月，破产法官最终批准太平洋电气公司重整计划。可以说，这是一个皆大欢喜的结局：加州政府全面实现既定目标，山火受害者获得高达135亿美元的赔偿，太平洋电气公司也实现重生。

显而易见，不管是克莱斯勒、通用还是太平洋电气公司重整案，都为各级政府用好破产法，提供了巨大的启迪。对于各级政府来说，破产法的内在机制犹如一个“百宝箱”，打开就有惊喜。活学活用破产法，政府大有可为！

（本文首发于2023年9月6日澎湃财经频道“澎湃商学院”栏目。）

治国必先治债

随着全球经济增长普遍切换到债务驱动型模式，债务问题成为现代国家治理中特别需要关注的危机之一。古往今来的诸多史实已经告诉我们，治国必先治债。社会的长治久安、经济的稳定发展，都需要把债务危机控制在合理的限度内。如果放任自流或者缺乏有效干预，债务危机往往会成为社会不稳定的诱因。站在国家治理的视角看债务问题，构建现代化的破产法律体系，不仅必要，而且必需。

一、人类史就是债权人与债务人的关系史

正如美国破产法学者伊丽莎白·沃伦所说，“人类的历史就是一部债权人和债务人的关系史”，债务的问题贯穿人类社会的始终。在《债：第一个5000年》中，美国人类学家大卫·格雷伯提出，人类的所有关系都涉及债务，几千年来人类中绝大部分人都被告知自己是债务人，富人和穷人之间的斗争在绝大多数时候也都是以债权人和债务人冲突的方式呈现的。甚至所有的叛乱，核心目标之一都是销毁债务记录。按照格雷伯的描述，货币的产生不是源于“以物易物”，而是源于记账工具。马克思、恩格斯甚至把债务人和债权人的关系上升到阶级斗争的高度：“债权人或债务人的身份在这里是从简单商品流通中产生的。……古代世界的阶级斗争主要是以债权人和债务人之间的斗争的形式进行的；在罗马，这种斗争以负债平民的破产，沦为奴隶而告终。在中世纪，这种斗争以负债封建主的破产，他们的政治权力随着它的经济基础一起丧失而告终。”

在一定程度上，债务是人类社会的连接点之一。为了解开债务的“法锁”，债务人和债权人展开浴血奋战，也构成一部异彩纷呈的人类经济发展史。而债务治理的失败，很容易酿成社会的动乱。历史上这样的例子比比皆是。第一个例子来自古罗马。李维的《罗马建城以来史》中提到，公元前三二六年，佩铁里乌斯·帕披里乌斯颁布了取消债务奴隶法案。该法案正是因为债务危机治理失败后引发民变，当局最后不得不做出的让步。有个叫普布利乌斯的少年，因父亲欠债而沦为帕披里乌斯的债奴。帕披里乌斯着迷于普布利乌斯的年龄和姿色，欲火中烧。他先是语言猥亵，然后威胁恐吓。当普布利乌斯软硬不吃、宁死不从，他便下令剥光衣服，暴打后抛弃。备受摧残的普布利乌斯向人们诉说高利贷者的淫欲和残忍，激起民愤。人们冲进广场、涌向库里亚会场，迫使执政官召开元老院会议。元老院耳闻目睹普布利乌斯的惨状，立即通过废除债务奴隶的法案。第二个例子来自美国。一七八六年发生的谢司起义，也是债务危机失控而酿成社会动荡的体现。独立战争期间，马萨诸塞既是独立革命的发源地，也是重灾区。加起来高达一千五百万美元之巨的公债，最终都转嫁在三十八万人口头上。战后数年间，马萨诸塞民众税负极重，大量居民不得不举债度日，然后因不能清偿债务而被关进债务人监狱。在不到五万人口的伍斯特县，仅一七八四年就有多达2000件债务诉讼。而法院连一半都处理不完，各类律师、讼棍大肆盘剥，反而使得债务人的处境雪上加霜。到一七八六年时，公众不得不公开请愿，呼吁当局采取有效措施延长还债期限、降低税负、发行新币，防止破产潮的蔓延。由于利益集团的阻挠，议会并未回应民众的呼吁。九月二十六日，退伍军人丹尼尔·谢司率领民众发动武装起义，围攻法院并迫使法院停止审理与债务有关的案件，还冲进当地监狱释放大批因负债而遭到监禁的穷人。起义者们高呼：“消灭一切债务的时刻已经到来!”更近的例子来自德国。按照瑞士史学家斯特劳曼的《一九三一：债务、危机与希特勒的崛起》一书，第一次世界大战后，战胜国通过巴黎和会与《凡尔赛和约》，加给德国巨额赔款责任。在长期偿还巨额外债的压力下，德国经济一蹶不振，民众生活举步维艰。一九三一年，经年累月的外债危机终于酿成金融风暴，银行大量倒闭，经济持续衰退，政府风雨飘摇。有观点认为，一九三〇年代世界经济陷入萧条的导火索正是一九三一年德国金融危机，而非一九二九年美国大萧条。在这种背景下，希特勒和纳粹党利用民众的不满，迅速崛起，最终把德国和世界都带入第二次世界大战的深渊。

二、治国必先治债

古往今来的统治者，无不把债务治理问题作为治国理政的核心位置。如果债务人不能清偿债务，又不想经历社会动荡，最好的办法就是由当局出面免除债务。这种债务免除，有深厚的宗教背景。印度圣典《梨俱吠陀》中，人们把阿迭多神组视为救世主，认为阿迭多“坚持真理，是债务之解除者”，体现出上古印度时期人们对神灵保佑下天下无债的希冀。另外，在《圣经》中有“禧年”。以色列人每七年安息一次，七次安息后，第五十年就是“禧年”。据《利未记 25：10》载，在“禧年”里，“第五十年，你们要当作圣年，在遍地给一切的居民宣告自由。这年必为你们的禧年，各人要归自己的产业，各归本家。”按照格雷伯、施特尔特等的解读，在“禧年”来临的时候，债务要全部免除，土地要归公重分。

雅典政治家梭伦在公元前五九四年出任雅典执政官时，大刀阔斧展开改革。梭伦改革中经济政策的核心，就是免除债务、禁止债务奴役。在梭伦改革之前，债务奴役十分普遍，而且很多债务都是源于税收和地租。亚里士多德在其《雅典政制》中就写道，“要是他们未能缴纳地租，他们本人及其子女就会被掳去，并且，所有的借款均是以债务人的人身为担保，直到梭伦时代为止。”柏拉图专门分析过当权者免除债务动机：“总会有一些改革者拥有大量地产和大量债务人，如果不免除债务和重新分配财产，债务人就不可能以一种自由精神享有他们的权益。因此，改革者希望他们获得某种适度的财产，确信贫困的产生更多地在于人们的贪婪，而不是更多地在于个人财产的减少。”

在今天，直接免除债务的方法依然未过时。美国现任总统拜登在竞选期间，就承诺为教育贷款债务人免除一万美元债务。早在一九六零年代美苏争霸期间，美国为实施其科教兴国战略逐渐形成各种各样的教育贷款方案。早期的《美国破产法》允许通过个人破产免除教育贷款，但在债权人集团的游说下，《美国破产法》限制越来越严，通过个人破产免除教育贷款后来几乎完全不可能。近二十多年来，美国教育贷款债务人和债务总额都屡创新高。截至二零二三年六月，美国教育贷款总额高达一点六万亿美元，涉及四千多万债务人。越来越多的年轻人因为担心负债而放弃高等教育；已经背负巨债的年轻人为了偿债，而推迟婚育、购车购房等人生主要消费。在教育贷款的重压下，年轻一代成为刀俎上的鱼肉。教育贷款债务问题已经成为总统选举激辩的话题之一。拜登上台后兑现了自己的承诺。二零二二年八月二十四日，拜登宣布他将行使总统权力，直接为联邦教育贷款债务人免除最高两万美元的教育贷款。

无论《圣经》的“禧年”、梭伦的改革还是拜登的教育贷款免除方案，前提是当局对债务人的怜悯，或者债务导致的社会问题十分严峻。可以说，免除债务就是决策者治国理政工具箱里的一件战略武器。但这种做法也容易引起激烈的反对和批评。比如梭伦改革措施发布后，作为债权人阶层的贵族对此十分不满意，怨声载道。有人在改革前举债购置土地田产，在改革后即成为无债一身轻的富豪，在受益于改革的同时也滥用了改革。甚至有诽谤认为，梭伦也是取消债务政策的受益者。梭伦一气之下，旅居埃及，宣称十年之内不会回来。直接免除债务的改革使梭伦彻底失去了贵族的支持。

再比如在公元前四十九年，原先负债累累的凯撒在远征高卢回来后，无债一身轻，他也提出减免债务的法案。西塞罗对此批评说，“佯装人民之友的人为此目的，要么企图使土地法案获得通过，以便把占有者赶出家园，要么提出债权人应豁免债务人的建议，但他们这是在挖国家的墙脚。”西塞罗认为，减免债务具有特别强烈的破坏性，不仅会破坏和谐与平衡，债务人对此也不见得感恩戴德，“尤其是债务人在其债务被一笔勾销时，因惧怕他可能会被看作无钱财的人，所以隐藏起心头的愉快；而这种邪恶政策的受害者一方面会铭记此事，另一方面会公开表示自己的忿恨和不满”。

美国教育贷款免除方案发布后，争议不止。有观点认为，免债事宜属于立法权的范畴，作为行政首脑总统缺乏“法定权威”来减免债务。二零二三年六月三十日，美国最高法院做出判决，宣布该教育贷款免除方案无效。目前，拜登依然在试图通过其他方案履行其竞选承诺。

通过行政命令免除债务，由此产生的批评意见不容忽视：第一，在现代法治社会，通过行政手段免除债务往往缺乏足够的法律依据，反正成为行政乱作为的表现。第二，通过行政手段免除债务后，债权人集团的利益会直接受损，如果没有合理的补偿机制，债权人未来放贷意愿降低，会影响到市场经济金融供给；第三，如果政府试图对债权人集团做出补偿，无论出于什么样的名目，最终都需要全体纳税人买单，相当于全体纳税人为债务人的举债行为承担最终责任，于法于理都不通。那么，我们有没有更好的选项？

三、破产法是现代社会债务治理的枢纽

放眼寰球，治理债务危机的相对公平和高效的工具，主要是破产法。近年来，各国无不把破产法作为治理债务危机工具箱里的最优选项。破产法被誉为市场经济的“经济宪法”。市场经济法律体系涉及市场准入、市场运营和市场退出三大部分，囊括了商事主体的全生命周期。就市场退出而言，综合权衡成本和效益，破产法是市场退出机制最核心的组成部分。从经济健康运行来说，其他退出方式只会导致越来越多的僵尸企业。僵尸企业的大量存在，不仅既会挤占和浪费市场资源，也会影响经济政策的科学性。这也是为什么我国自二〇一六年以来推行供给侧结构改革过程中，始终把通过破产程序出清僵尸企业作为重中之重。

就人类历史而言，破产法诞生的时间并不算长。全世界第一部破产法产生于一五四二年的英国。在当时，破产法是刑法的附庸，主要用于惩罚涉及债务的坑蒙拐骗和刑事犯罪行为。工业革命带动经济高速发展，破产法很快便在市场经济中打稳了主力位置。在现代社会，不管是发达国家还是发展中国家，破产法都是市场经济体系的标配。

破产法之所以在市场经济中这么受欢迎，其魅力最重要的来源之一，可能就是破产法自带的“大杀器”：自动中止制度。自动中止制度目标有两个：一个是让所有债权人都有机会获得公平有序的清偿，另一个是让债务人可以有喘息的空间。简单说来，自动中止的实际效果体现在如下几个面：其一，叫停所有债权人的催收行为、民事诉讼、仲裁和财产保全行为，保护债务人财产。其二，叫停所有“执行竞赛”，阻止个别债权人通过民事执行程序先到先得、先到全得，导致后来者不得。此举可以确保所有债权人不管强势还是弱势，都在破产程序里有序分配。其三，要求债务人“躺平”，暂时停止所有个别清偿行为，防止债务人与个别债权人勾结而坑害其他债权人。二零二三年九月五日，英国第二大城市伯明翰宣布破产。尽管英国没有地方政府破产制度，但这一宣告的核心也是依据其他法律获得自动中止的效果，暂时停止除基本公共服务外地方政府的所有偿付义

务。在美国，不同类型的市场主体更是把自动中止玩出了花，几乎所有破产程序启动的第一目标，都是借助自动中止制度把自己保护起来，这也是为什么在美国破产与保护往往连用。世行营商环境评估新指标，明确了对自动中止制度“三件套”（自动中止、例外和救济）的考察。目前我国《企业破产法》有一些制度设计属于自动中止的衍生品，但还没有明确的自动中止制度，对自动中止例外和救济规定更是付之阙如，在未来修订中可以考虑回应世行指标，予以针对性完善。

破产法的力量，既来自当事人的意思自治，更来自于司法权的强制约束。现代破产程序是司法程序，需要国家司法权做终极保障。破产程序中当事各方可以就商业利益展开谈判和重新安排，但所有交易最终都要取得法院的批准。在特定情形下，法院可以不考虑债权人会议的决议而强制批准重整计划。在破产程序中，任何协议框架都不能奢望所有债权人百分之百通过，能够有相对多数债权人且能代表相对多数债权额的债权人支持，已经是很了不起的成就。这个时候，司法权的介入对于约束异议债权人具有十分重要的作用。司法权能够威慑个别债权人，不要过分基于自身利益轻易“绑架”整个谈判，进而成为债务重组谈判中的“钉子户”。不管庭外债务重组程序多么花里胡哨，破产法框架内法院的介入始终不可或缺。如果没有司法权的约束，破产制度就会变成无牙之虎。

破产法提供的规则构成了传统民商事交易的底层逻辑。作为一种终局性的民商事纠纷解决机制，能够让所有的民商事纠纷最终都可以转化成债权，按照“同等顺位债权，同比例清偿”的黄金原则获得公平有序的清偿。不到万不得已，破产法不会轻易干预其他法律确定的规则和秩序，比如个人破产程序不会影响婚姻家庭关系的维系，企业破产程序中担保物权依然会受到担保法规则的保护。但是传统的民商事法律关系在破产程序中既能延续，也能重新安排。在破产程序中，破产程序的主导者可以重新审查特定时间段内的所有交易，并在必要时基于法定理由撤销交易。另外，还可以重新审视双方均未履行完毕的合同，并视是否有利于债务人财产最大化而选择履行，给当事各方提供了反悔的机会……这些制度的存在，使得当事各方可以在破产程序内重新安排各自的权利义务。

现代破产法犹如破产程序的“超市”，尽可能把每一类市场主体都纳入覆盖的范围，同时也会根据市场主体的规模和实际需要来调整规则。比如从企业拯救角度来说，重整程序当然是很好的制度，既能保护企业自身的运营价值，也能保障就业和税收，对社会来说有百利而无一害。但好东西唯一的缺点就是贵，重整程序运行既需要很高的时间成本，也仰赖于高度专业化的破产服务行业。而破产执业者进军破产服务市场，不是为了做慈善，而是为了在合法限度内赚取高额报酬，无形中增加了重整程序的经济成本。这事实上也导致很多市场主体用不起重整程序。因此，现代破产法就因势利导，在重整基础上针对中小微企业做了简化和改良，为适格的市场主体提供一种价格便宜量又足的重整机制。另外，重整程序往往有很强的时间约束，比如不能在特定期限内提出重整计划会导致重整转为破产清算。为了防止这种局面出现，实践中摸索出预重整机制，让债权人、债务人和当事各方在程序之外先谈判，谈好再重整，快进快出并且快速实现债务调整和企业拯救的目标。再如比金融机构破产，可能会导致系统性风险并引发金融市场的紊乱，因此，各国金融机构破产制度都赋予行政机构更多的监管和审批，确保风险可控。这种多元设计，使得不管什么样的债务人，总有一款适合你。而且，破产法把所有的债务问题纳入破产轨道，在破产程序中给所有债务人找到出口，便避免了债务风险外溢引发的社会动荡。目前我国《企业破产法》只有单一的重整程序，还没有针对主体做出细分，但实践中预重整实践和金融机构成功破产已有成功先例，中小微企业重整在理论界和实务界也都很受关注，破产法修订中应该积极回应实践需求。

在讨论破产法的底色的时候，人文关怀是一个不能忽视的因素。纵观整个破产法史，破产法就是一部对债务人越来越宽容的历史。比如在美国，个人破产程序以帮助“诚实但不幸”的债务人东山再起为目标，设计了两种程序：一种是第七章破产清算，即在破产程序启动后，债务人交出绝大部分财产供变现后清偿债权人，然后免除剩余债务。在破产清算程序中，会通过特定数额和类别的自由财产，确保债务人最低限度的生活保障，甚至允许债务人保留有一定价值的奖牌、纪念品、书籍，尽量避免个人破产对人格尊严和人性的伤害。另一种是第十三章个人债务重整，即允许债务人保留几乎全部财产，以未来三到五年的收入为限制定重整计划。债务人在特定期限内按照重整计划规定的收入百分比偿债后，剩余债务免除，鼓励债务人在个人破产程序终结后获得“新生”。由于债权人集团的反对，美国破产法在二零零五年改革中加入了收入测试机制，还要求债务人在申请个人破产前要完成一定时间段的财务教育。这无形中提高了债务人申请个人破产的门槛和成本。前述美国破产法学者伊丽莎白·沃伦近年来力推的改革措施之一，就是改良美国个人破产程序。沃伦提出的建议包括：第一，增加自由财产的数量，尤其是在自由财产中另外留出给小孩子购买玩具和接受基本课外教育的培训班费用，避免个人破产对家庭成员尤其是孩子的影响；第二，把第七章个人破产清算和第十三章个人债务重整合而为一，化繁就简；第三，大幅度降低个人破产的成本，避免债务人因为太穷而不能破产。我国现行《企业破产法》被称为“半部破产法”，跟个人破产程序缺失有很大关系。目前深圳个人破产试点已经取得可喜成就，未来个人破产制度能否成为全国性的制度，让全国各地诚实但不幸的债务人都能感受到个人破产制度的温度，我们拭目以待。

尽管现代破产法特别强调对市场主体的拯救，但始终未放弃清算预期这一基准。破产清算程序作为破产法的“原点”。拯救机制在保障税收、保障就业以及挽救商业价值方面，具有无可替代的位置；但及时高效的破产清算程序，对于市场主体退出市场、节约经济资源，作用重大。清算预期首先会给破产程序之外的商业交易主体带来稳定期待，让交易各方对商业交易的失败和违约后果都能够提前筹划安排，规避最坏情况下可能出现的清算风险。另外，清算预期也会给破产程序之内参与各方带来指引。比如重整程序中在多种情况下都可以转化为破产清算程序；这种清算预期，属于底限思维，反而会诱导和迫使重整参与各方努力互相妥协。世行二零二三年五月发布的营商环境评估新指标也传达了这种理念，即破产清算和重整并重，而不是之前旧指标片面强调重整程序的价值。我国《企业破产法》有破产清算、和解、重整等程序，从顶层设计角度，破产清算的底线不能丢；或许可以考虑增加简易破产程序，提高破产清算的效率。

随着市场经济的发展，破产法变得越来越精密，对于经济发展的作用也越来越明显，各个国家在内政外交方面都强化了对破产法的关注。对于我国在加入世界贸易组织十五年后是否自动获得“市场经济地位”的外交斡旋中，欧洲的标准之一就是是否具有高效的破产法律机制。其他国家和地区也无不把破产法的重要性上升到提高国际竞争力的新高度。印度近年来为吸引外国直接投资，自二零一六年以来数次大修破产法，大幅度提高破产程序的效率，试图让印度破产法在吸引外商投资方面提供更高的可预期性。迪拜、新加坡等近年来在破产法领域亦大展身手，既大幅度提高立法的质量，也强化了国内外的交流，努力打造全球性的商业交易和纠纷解决中心。正因为破产法如此重要，世行在营商环境评估指标中，始终都把破产作为最关键的指标之一。二零二三年五月世行公布营商环境供给评估新指标，继续把“商事破产”作为十大指标之一。

总而言之，债务问题是人类社会的基本问题。债务治理成功，则国泰民安、风调雨顺；债务治理失败，则民不聊生、生灵涂炭。现代社会在实现债务驱动型经济发展过程中，需要把债务治理问题放在治国安邦的新高度，并以此为目标打造充分市场化、法治化破产法律机制。惟其如此，方可实现债务可用、危机可控。

（本文首发于《读书》2023 年第 12 期。）

政治棱镜下的债务问题

2023年中秋国庆长假期间，浪迹欧非，行程中读完美国学者迈克尔·赫德森的新书《文明的抉择：金融资本主义、工业资本主义还是社会主义》（以下简称《文明的抉择》）。

赫德森最早引起我的关注，是因为一本2018年出版的人类债务史专著。那本书尚无中译本，英文书名可以翻译成《免除他们的债务：从青铜时代到禧年的借贷、止赎和赎回》。现在国内读者探寻人类债务史，基本都以大卫·格雷伯的《债：5000年债务史》作为入门读物。从学缘关系上，格雷伯的观点和风格受赫德森影响较大，也十分推崇赫德森。

赫德森在纽约大学受过规范的经济学教育，但他并未皈依书本上的经济学理论，反而成为现代经济学的“叛徒”。他先后服务于纽约储蓄银行信托公司、大通曼哈顿银行、安达信会计师事务所等机构，但从未成为华尔街代言人。辗转回归学界之后，赫德森以债务与货币史作为研究中心，成为古代中东经济史与古典时代经济史的顶级专家。

就学术观点而言，赫德森比较信奉古典经济学派。赫德森认为，现代经济学以自由主义为借口玩了很多花样，已经成为金融资本主义的代言人和辩护者，借助复杂的数学公式和佶屈聱牙的专业术语，包藏了太多不可告人的目的。

赫德森鲜明犀利的学术立场，与他的成长环境有很大关系。1939年，赫德森生于明尼苏达州明尼阿波利斯市。他的父亲卡洛斯·赫德森是一个特殊人物。据说，在全世界所有城市中，明市受苏联托洛茨基主义影响最大。在托洛茨基生前，赫德森的父亲曾与托洛茨基在墨西哥共事过。返回明市之后，他父亲积极参与当地工人主义运动，担任《西北组织者》编辑。1942 年，他父亲曾因为《史密斯法案》被判入狱，成为“明尼阿波利斯十七君子”。他父亲被分配到监狱图书馆，服刑之余收集了大量谚语。“父亲收集的谚语”不仅影响了赫德森后来的作品《垃圾经济学》，也培养了赫德森的幽默感。这种氛围，一定程度上培养了赫德森在政治上的敏感。

《文明的抉择》一书，源于赫德森 2020 年 10 月开始在全球大学（Global University for Sustainability）所做的系列金融讲座。在赫德森的眼里，几乎所有的债务问题都罩着一层政治棱镜。

赫德森的推导体系源自“经济租”概念。按照赫德森的梳理，在封建经济时代，地主、银行家和垄断者的所得实际上都是某种形式的“租”。古典政治经济学的核心，就是预防地主阶层主宰社会，并防止银行和债权人以牺牲其他经济部门的利益为代价而中饱私囊。

“经济租”是通过特权而获得的收益，属于不劳而获的收入，其产生既不需要劳动、原料等实质生产成本，也不具有必须的经济功能。

金融资本主义崛起之后，世袭地主被金融机构很快取而代之。以金融、保险和房地产（FIRE）为代表的宠儿，成为新的“地主”。在赫德森看来，房产、股票和债券的市场价格，并不是真正的生产资料，而是食租/食利阶层对于收益和产出的产权。住房抵押贷款本质上是当代社会的一种新的“地租”。用亨德森的话说，“虽然业主自住房屋已经取代了世袭的、靠地租过活的非自主房东阶层的出租方，但人们仍在支付租金——只不过现在是支付给银行。银行的主要收入来源就是住房抵押贷款。”利息成为经济租的典型形式。

在寻求经济租的过程中，食租/食利阶层有两个论证策略玩得炉火纯青。第一个策略，否认政府对市场的正面作用，强调政府干预与市场扭曲的相关性，认为没有政府监管的市场经济更有活力；第二个策略，是强调所有收入都是因为对生产的贡献所获得的劳动收入，从未承认属于经济租。赫德森不无揶揄地讽刺：人们为医疗保险缴纳更多的保费后，上升的医疗成本会被视为增加经济产出；当保险公司拒付保险金而导致各方对峙法庭之时，投保人聘请律师的律师费也被视为经济产出；金融部门恶意开展企业并购并游说立法者的开支，同样被视为经济产出。

无论如何，持续不断地追求经济租，会推动资产市场价格的飙升，普通人的收入也可能增加。资产价格的上涨，意味着贷款成本也会增加，当新的贷款重新进入市场，会让资产价格更高。债务无限扩张的背后，就是劳动者和企业在满足基本支出后，偿还贷款的能力直线降低。在经济租泛滥的体系中，普通劳动者唯一能做的，就是最大限度地用工资来偿还债务、购买被垄断的公共服务。甚至，让劳动者过度负债会打造一个不敢失业的完美就业市场，工薪族不再敢组织工会和罢工，也不敢投诉不安全或者恶劣的工作条件，持续就业、确保不断供，成为活下去的第一需求。

随着债务的膨胀，实体经济会产生越来越强的债务依赖，需要更多的信贷不断为生产供血。在债务人陷入财务困境后，金融机构的选择往往是新增信贷，来让债务人能够继续支付利息和费用，避免出现无清偿能力的情况；当这种情况恶化，债权人往往会通过抵押物变现来维护权益，债务人将血本无归。在古代社会，负债是失去房产的第一步；在现代社会，负债依然是失去房产的关键一步。

在经济租的驱动下，金融资本主义表现出更为强烈的国际扩张冲动。食租/食利阶层会推动国家机器，积极对外扩张，并利用国际机构把其他国家变成债务国。一旦弱国陷入强国的债务陷阱，除了经济租外，自然资源租和垄断租也需要让与强国。在国际层面，金融资本主义使得领先国家所主导的贸易模式打遍天下无敌手，弱国的贸易和金融更加依附于强国。通过向其他国家输出债务，进而控制债务国的自然资源和经济命脉，是主流强国打赢“新冷战”的本质。

债务通缩是金融资本主义不可避免的“富贵病”。债务开支终将耗尽所有生产要素。在债务通缩中，两极分化会加剧。赫德森认为，改变金融资本主义驱动下的两极分化，需要通过系统性的改革，来创建一个后食租/食利的经济。

改革分为国内、国际两个层面：

在国内层面，要通过立法，直接免除那些可能会降低国民生活水平的债务。直接由政府通过行政方式免除债务，尽管古往今来都有不少争议，但这种大“赦”天下的立法抉择，客观上可能会出现“天下无债”的盛景。此举也会给债权人提供一种预期，抑制债权人肆无忌惮的放债冲动。

在国际层面，赫德森认为，改变这种态势的不二法门，就是关税保护、生产补贴和相关的政策支持，发展工农业，通过投资推动技术现代化并实现必需品的供给，是现代国家无论大小自立自强的必由之路。另外，各国要在取代美元外交上达成共识，创建独立于美元的多极货币体系，同时建立一个抑制垄断特权和债务杠杆榨取财富的税法体系。

破产法是现代市场经济的基础性制度之一。但按照赫德森的逻辑，现代市场经济已经被食租/食利阶层“俘获”，包括破产法在内的产权保障体系，凡是敢于保护金融债权，在他的眼里都不会是好东西。

不确定赫德森有没有写过破产法相关的文章或者著作。但我可以大胆地揣测，无论从哪个角度而言，他应该不会特别推崇破产法。理由如下：

第一，现代破产法不管怎么包装其宗旨，都是债权人阶层游说立法者制定的保护自身的工具。甚至在赫德森眼里，第二次世界大战以来的国际法也打上了亲债权人的标签。

第二，破产和重整的核心，甚至重整融资，都是为了维持债务人继续清偿的能力。对于债权人来说，这有百利而无一害。

第三，金融机构很容易发展出一种“破产谋利”的商业模式：银行高管利用客户的储蓄给自己发工资、奖金和红利，然后贷款给可能控制或者支配的公司；这些公司可以把财产转移到可以躲开监管的地方，留下破产的空壳和陷入财务困境的金融机构。

第四，如果金融机构有破产之虞，食租/食利阶层反过来会要挟政府，把经济作为“人质”，要求政府出手救助银行、客户和债券持有人。

第五，新冠疫情期间美国政府通过 CARES 法案给公众每人派发 1200 美元现金改善生活，但这些钱基本都用于偿还长期以来累积的负债，因此 CARES 法案原意是援助工薪族，但实际上却帮助银行和房东不会因为债务人或者租户的违约而遭受损失，大规模违约被暂时延迟。

阅读赫德森的《文明的抉择》一书，能够感觉到作者的雄辩。从政治的视角透视债务问题，较之传统的从经济或者法律角度，多了一种一针见血的犀利感。赫德森的结论不见得放之四海而皆准，但论证过程大体能够自圆其说。对于读者来说，兼听则明，偏信则暗，站在政治的高度看待债务，或许能够把问题看得更明白。

（本文首发于2023年10月30日澎湃新闻财经频道“澎湃商学院”栏目。）

当熟人来借钱，借还是不借？

微信里，有信息自远方来：“在吗？”后面还有一个笑脸。

莫非要借钱？我暗忖。

果不其然。

朋友是好朋友。数额不算特别大，用途听起来可信，还款期限也明确。基本上，符合完美债务人的所有标准。

借还是不借？要借出去吧，万一还不回来，不仅要损失一笔钱，这友谊的小船也要翻个底朝天，所谓人财两空。如果拒绝借钱，钱可能不损失了，但人一定是会得罪的。对此，我很纠结。

之所以纠结，不是因为我一贯小气，也并非朋友分量不够，而实在是殷鉴未远。

回头想想，跟亲朋好友之间的钱债细故，大部分情形下都愉快收尾。但也有一些不那么美好的回忆。

七八年前，久未联系的大学同学突然开口借钱，理由听起来很可信。同学在体制内机构，大学期间感情甚好，我几乎想都没想，就借出去了。到了承诺的还款期限，同学一直沉默；后经我委婉催讨，同学象征性还了十分之一。然后，这个同学就从人间蒸发，跟我跟其他同学也都失去了联系。谁也不知道他身上发生了什么样的事，能够让他如此决绝地跟同窗们一刀两断？偶尔念及，我还在想，只要同学平平安安，这钱不还也罢！

还有一次，另一个朋友说急需用钱。我没犹豫，也未多想，就如约将钱转到了朋友账户上。朋友说要打个借条，有法律效力。我想我作为法学博士，不至于掉进有没有借条的坑里吧？转账记录很清晰，朋友交往几年也算靠谱，婉拒了打借条的“好意”。约定的还款期限到了，朋友沉默。我没好意思催要，也沉默。一年半载后，我实在不好意思沉默下去，委婉催要，朋友说过几天一定还；过几天再问，还是说过几天一定还。然后，就没有然后了……

这些钱还不回来，不至于让我破产，对我的生活也没有天翻地覆的影响，但很影响心情。一朝被蛇咬，十年怕草绳。面对新的借钱者，首先想起来的不是你来我往的温情脉脉，而是这些不那么愉快的琐事和细节。

以前的我，绝对不是这样子。上文提及的两次经历中，能够在朋友需要时豪爽应急，足以说明我的品性。而且这样的不愉快经历，在跟我有钱债细故往来的少量亲友中，终究也只是小概率事件。对朋友，我不敢说“两肋插刀、万死不辞”的大话，但在借钱的问题上，只要稍有余力，我基本都有求必应。

这种慷慨大方，跟我的成长经历有很大关系。

幼时家贫，遇上头痛脑热急用钱的节骨眼，父辈少不了跟亲戚邻里借钱，或者去村里的小卖部或药店赊欠。在西北农村，对大部分不那么富裕的农村家庭来说，这是一种常态。在乡邻之间，父母亲的人缘和信用都不错。每次借钱赊欠，在我们孩子们看起来是很难的事情，但似乎只要父母亲开口，基本都能如愿而归。

耳闻目睹，在我心里种下了一颗感恩的种子：别人来奔望，既说明别人对你信任，也说明别人对你抱有极大的期望。如果有力量帮助别人渡过难关，不应过于吝啬。

这也让我朦胧地意识到，保持良好的偿债记录，如期偿还欠款，对于未来的举债能力有很大关系。老家有两句老话，“就借就还，再借不难”以及“宁可迟，不可误”。借钱、赊欠后，能及时偿还当然最好；即便一时三刻偿还不了，得跟人说清楚，而且再晚也得偿还。如果借钱后不了了之，在西北农村的熟人社会基本属于“社死”，再度举债，难如登天。

及至上了大学，尽管申请了国家助学贷款，但我的生活费依然隔三岔五出现赤字。这个时候，少不了跟周边的同学开口举债度日。在我的经历中，只要开口，大部分情况下都能够在同学们的接济下继续求学的日子。这些债务当然最后也都如约偿还了。印象最深的一次偿债，是我借了同学的钱，同学看上了我收藏的一套书，所以我们愉快地以书抵债。现在想来，都是美好的回忆。

我最近一次大肆举债，是前几年买房。东凑西凑，首付还差很多。硬着头皮再度跟亲朋好友开口。尽管举债的理由完全真实和正当，但感觉开口十分艰难。买房需要的钱不少，三五千块钱都是杯水车薪。既能够借出比较多的钱，同时还不那么着急让我偿还的亲友，数量可能就比较有限了。为了筛选出朋友圈里可能有余钱、不急用且愿意借的“完美债权人”，我把几千人的微信好友名单，来来回回翻了好几遍。借钱的话还没说出口，人感觉已经直线坠落到了地下室，看别人得自觉地仰视。个人亲历证明，对大部分普通人来说，跟人开口借钱十分难以启齿。当一个人能够千方百计鼓足勇气开口，想必对借钱成功是怀着极大的期待！

好在那次举债十分顺利。但凡我拉下脸皮开口的亲朋好友，十有八九都爽快地施以援手。有个别亲友，借给我的额度远高于我想要借到的金额。事后，甚至有亲友因为我没去借钱，而觉得他们在我心目中分量不足，略有愠怒。当然，也有亲友可能因为确实没钱，或者因为确实不想借或者怕借出去还不回来，通过各种方式拒绝。

以上所述的个人亲历，让我明白一个浅显的道理：受人滴水之恩，必当涌泉相报。我很感激这些慷慨和信任。因此，我会把这种慷慨和信任传承给其他人。先前的我，还算大方爽快。朋友借钱，只要尚有余力，毫不犹豫。

但现在，即便每月还完房贷还有几个闲钱，也不敢轻易借出去。我也在小心翼翼地尽力避免成为债权债务的一方。借出去的钱，犹如泼出去的水。连续几次，恕我纵然慈悲为怀，纵然度尽众生，却再也不敢轻易地把钱借出去。

作为一个研究破产法的学者，对古今中外的破产法学理，我略知一二。而在现实生活中，我既做过债务人也做过债权人，在看得见的未来，我还得为每个月的房贷而苦苦跋涉。但再多的破产法学理，似乎也无助于我更完美地处理好生活中的借钱问题。

假如我国个人破产制度落地，这个问题可能会是一个具体的破产法问题：如果借出去的钱还不回来，债务人和债权人都可以向法院申请并启动个人破产程序；个人破产清算程序可以在留出部分自由财产后免除剩余债务，债权人在个人破产程序内清偿后剩余债务自动免除；债务人也可以选择个人债务重整，用未来收入按照重整计划确定的额度和期限继续偿债，期满后免除剩余债务；个人破产程序终结后，诚实但不幸的债务人就此“新生”，无债一身轻，可以图谋东山再起……法理上当然如此，但我既不想把债权人替换成我的名字，更不想把债务人替换成朋友的名字。

走笔至此，我似乎越发明白一个道理：破产法作为商法的一部分，更适用于以陌生人为主的工业社会，但我和朋友们都还处于农耕文明时代的熟人社会里。显而易见，再精良的个人破产制度，也解决不了人性的幽暗。

请原谅我的愚钝——学了那么多破产法的道理，但我依然回复不了眼前这条朋友要借钱的信息。读者诸君，你有什么好办法吗？求分享。

（本文首发于 2023 年 11 月 27 日澎湃新闻财经频道“澎湃商学院”栏目。）

第二辑

战 疫 录

破产界如何打赢防疫战？

2020年的春节，注定让人刻骨铭心。随着新冠疫情蔓延及防控措施的落实，包括破产界所有同行在内，举国上下不得不尝试过上一种“与世隔绝”的生活。而且，随着国务院决定适当延长春节假期，部分地区大中小学推迟开学等措施的落实，这种状态可能还会持续一段时间。

但在疫情之外，随着供给侧结构性改革政策的落实，武汉破产界异军突起，已经成为京沪粤浙等地之外一支不容小觑的力量。在司法界，武汉中级人民法院依托一支高素质的法官队伍，逐渐形成武汉特色；在学术界，以武汉大学法学院为代表的破产法研究团队渐次形成，硕果累累，“破产法珞珈论坛”已经成为国内重要的破产法研讨平台；在实务界，以武汉管理人协会中的机构或个人成员为代表的破产管理人团队，是国内破产实务界活跃度很高的破产执业者群体。随着疫情的蔓延，武汉破产界同行承受着远比国内其他地区同行更深重的痛苦和牺牲。在这里，特别向湖北尤其是武汉破产界的同行们致以最诚挚的敬意、牵挂和祝福。

跟各行各业一样，破产界亦将受到防疫形势的直接影响。在全民防疫的背景下，每一位同行都需要按照中央统一部署，积极按照当地政府、行业主管机构乃至所在社区的要求，在春节假期不拜年、不聚会、不提前返程，严格做好个人防护工作。当然，也可以因祸得福，利用春节假期难得的清静和闲适，多读书、多学习，打开破产法的视界，在重返忙碌的工作节奏之前为自己充足电，加深对破产法的理解和掌握，并将之内化到未来的工作当中。

在春节假期结束以后，疫区之内的破产审判及执业，短期内还得为防疫形势让路。关于疫区破产审判及执业事宜，还有待防疫指挥机构和上级机构根据防疫的形势和需要，做出更为明确的安排。

而疫区之外的破产界同行，也将在继续防控疫情的同时，在春节假期结束后回到工作岗位，逐步恢复工作节奏。那么，破产界同行，应该如何打赢这场“防疫战”呢?

我们首先需要做到的，就是尽量减少不必要的见面，切断病毒传播的潜在途径。破产行业是一种人口密集型行业，在法院、管理人、债务人之外，还涉及众多债权人和投资人。这里面特别需要注意的是，我们同行们在日常执业中，尤其是在法院、管理人、债权人、债务人、投资人等的日常沟通中，尽可能减少见面的频次和几率，多借助通信手段和互联网技术，实现线上交流。尤其是涉及债权人众多情况下，在债权申报、债权人会议召开、破产财产拍卖、投资人引入谈判等环节，很可能成为潜在的病毒传播途径。我们需要尽可能按照最高人民法院在《全国法院破产审判工作会议纪要》中的规定，多运用信息化手段，以网络方式拍卖处置破产财产，通过网络方式召开债权人会议。当然，无论是最高人民法院主导的破产重整案件信息平台，还是其他市场化机构提供的破产技术服务，都需要未雨绸缪，提前升级，应对业务量暴增的新形势。

而站在整个破产行业的角度，防疫形势也为我们提出一个必须要面对的问题，即因为防疫工作而导致破产程序的中止、恢复，以及由此引发的破产程序期间计算和延展问题。

我们知道，程序法的特色之一，就是都有极其严苛的时间周期。《刑事诉讼法》如此，《行政诉讼法》如此，《民事诉讼法》亦如此。作为特别法，《企业破产法》在民事诉讼框架下，有更多特殊的原则和制度安排，由此针对法院、管理人、债权人、债务人等不同主体，设计出更多的期间以及更复杂的计算。

简单说来，《企业破产法》针对不同主体，设计出种类繁多的期限。从法院角度，《企业破产法》对破产申请的提出、当事人的异议、法院的审查、审查后相关裁定的送达、不受理情形下当事人的上诉、法院对已知债权人的通知、管理人的指定、债权人会议通过重整计划后的批准等期限，提出明确要求。从管理人角度，破产程序启动后，涉及债权申报、待履行合同的审查、涉及债务人诉讼和仲裁的恢复、债权人会议召开通知的发布、重整计划的提出、破产程序终结后管理人职责的终结等。从债务人角度，涉及破产程序的启动、重整期间的计算、对债务人的法律效果、涉及债务人可撤销行为的计算期间、债务人自行经管期间重整计划的提出、重整计划的执行等期限。从债权人角度，涉及债权申报、债权计算、第一次债权人会议召开等。上述列举，难免挂一漏万，但破产法涉及期间的复杂性，已跃然纸上。

这些问题，在正常情况下，严格遵照《企业破产法》规定的时间计算即可；如果违反《企业破产法》规定的时间要求，可能会导致程序难以为继，可能会导致管理人承担未尽职的责任，甚至可能会导致当事人实体权利的灭失。但是在全民防疫的特定背景下，这些期间都可能不得不因为防疫中止。在缺乏防疫是否属于不可抗力或者其他法定理由的情况下，如果没有针对破产程序对相关主体的权利行使做出特别安排，必然会影响当事人的程序性权利和实体性权利。

由此，我个人认为，全国人大常委会或者最高人民法院，有必要就防疫期间涉及《企业破产法》实施中相关期间的计算，做出统一、周延的规范。如果全国人大常委会、最高人民法院或者地方高院未对此问题做出安排，那么具体审理破产案件的法官，也应该妥善行使自由裁量权，充分考虑防疫形势对破产程序的影响，适当对个案中具体的期限做出延展。

当然，这个问题也有更为宏观的解决思路。我国《企业破产法》第 4 条规定，在《企业破产法》缺乏明确规定时，可以适用《民事诉讼法》。那么在《企业破产法》不可能顾及防疫的特殊情形时，全国人大常委会或最高人民法院，甚至或者地方高级人民法院，也可以就防疫期间涉及的民商事诉讼程序期间计算问题，做出相应的延展。

上述操作思路，并非没有先例可循。2003 年“非典”期间，最高人民法院即于 2003 年 6 月 11 日发布《关于在防治传染性非典型肺炎期间依法做好人民法院相关审判、执行工作的通知》，对“非典”期间刑事、民事、行政案件工作的审理及执行工作，提出明确的指导意见，其中尤其明确规定其中的诉讼时效问题及其对当事人请求权的影响。当时 2006 年《企业破产法》尚未出台，当时这一通知并未特别关注“非典”期间破产程序涉及的期间延展问题。

这方面，我们看到全国各级法院已行动起来。2020 年 1 月 28 日，最高人民法院党组召开专题会议暨应对疫情工作领导小组会议，指示要为坚决打赢疫情防控阻击战提供有力司法服务和保障。同一天，北京市高级人民法院、上海市高级人民法院、浙江省高级人民法院已先后通过官方微信公号，就疫情防控工作发出通知。这些通知的措辞略有不同，但核心内容相似。即：第一，做好法院系统内部的防疫工作，安排部分案件延期开庭。第二，积极引导当事人优先通过互联网手段实现网立案、联系法官、提交材料、开庭或调解等。第三，当事人如因感染新冠病毒接受治疗、隔离观察或受交通关停影响，可以申请庭审延期，法院会尽可能保障当事人诉讼权利。疫情防控是当前的一项重大政治任务。上述法院系统的努力，及时且正面，理当为其他同行所效仿。

当然，无论是 2003 年“非典”期间最高人民法院的通知，还是上述浙江高院、上海高院在疫情防控工作做出的通知，都还未特别顾及疫情防控工作对破产程序的特别影响，也缺乏更细致的规定。这项重任，理应引起全国破产界同行的重视，尤其期待包括全国人大常委会和最高人民法院在内的国家机关，针对破产行业的特殊性，尤其是相关期限的延展出台更为细致周密的规定。

（本文首发于 2020 年 1 月 29 日澎湃财经频道“澎湃商学院”栏目。）

防疫背景下破产管理人的执业风险及应对

为防控疫情，全国各地的破产界同行都从不同角度，尝试做出自己的贡献。湖北部分城市采取封城措施，破产工作的重启还需要视疫情发展。但全国各地的破产界同行已行动起来，或者积极以个人名义或者所在机构捐款捐物，或者结合国家延长节假日相关规定推迟复工，或者结合防疫特需开足马力助力防疫卫护设施生产。随着防疫工作的推进，我相信破产界同行还会做出更多更大的贡献。

针对这次疫情，从中央到地方，我们举全国之力打造疫情防控体系，动员全社会全面参与，破产界同行不会、也不可能置身事外。

防控疫情对于医疗卫护行业的债务人企业来说，因为市场需求大增，可能会迎来拯救甚至复苏的良机，具体情形近期媒体已有不少报道。而从挑战的角度来说，疫情不仅会加剧疫区债务人财产处置难度，也会加大医疗卫护之外大部分行业的债务人企业拯救难度。另外，防疫工作的特需对破产管理人的执业本身，也带来不少法律上的困境。

针对防疫形势，最高人民法院及各级地方法院已逐步发布通知，就司法系统的防疫问题和普通民商事诉讼的延期开庭等事宜做出安排，但对于破产行业的特殊性关注尚有限，还需要特别关注并及时出台相关指导意见。

为什么防疫工作会给管理人带来执业风险

站在破产管理人执业的角度，防疫形势对破产管理人执业带来诸多潜在的风险的原因，主要来源于现有法律体系之间缺乏衔接。具体体现在如下两方面：

一方面，《企业破产法》受其立法宗旨所限制，未能充分考虑包括疫情在内的突发事件对破产程序本身的影响。按照我国《企业破产法》第1条的规定，破产程序的核心宗旨是规范破产程序、公平清理债权债务、保护债权人和债务人的合法权益、维护社会主义市场经济秩序。《企业破产法》对管理人制度设计的出发点，也是围绕该法宗旨展开。而在这种情形下，立法不大容易关注到突发事件、传染病疫情等特殊情形，更不容易为非常态社会状况下的破产程序预留制度出口。防疫问题纵然十万火急，但追根溯源，其本身并不在《企业破产法》的雷达之内。

另一方面，则是包括《突发事件应对法》《传染病防治法》在内的其他非常态社会治理法律法规，缺乏对破产程序的特殊关照。应对突如其来的新冠疫情，从法律的角度，可以直接依赖的法律依据应该是2007年《突发事件应对法》、2013年《传染病防治法》以及2003年国务院颁布的《突发公共卫生事件应急条例》。当然，如果突发事件更为严重，则需要激活《突发事件应对法》第69条，按照《宪法》第67条的规定，由全国人民代表大会常务委员会按照其职权，“决定全国总动员或者局部动员”以及“决定全国或者个别省、自治区、直辖市进入紧急状态。”无论是《突发事件应对法》，还是《传染病防治法》，在立法目标考量和制度设计上，也不大可能考虑到企业破产程序这一特殊情形涉及的相关问题。

不同立法，当然尤其不同目标。在常态时期，《企业破产法》也好，《突发事件应对法》《传染病防治法》也罢，不同法律法规各自发挥调整和规范作用，引导社会主体做出特定行为，共同形成社会治理的法律体系，各司其职，和谐共处。也就是说，在正常情况下，车走车路，马走马路，井水不犯河水，两者相安无事。

但在全民阻击新冠疫情的背景下，企业破产程序确实会与全民防疫的大势叠加，进而对破产行业提出诸多新问题。破产程序中的管理人作为面对这些问题的

“先锋战士”。在这种背景下，聚焦防疫给破产行业带来的特殊影响，未雨绸缪，寻求合理的应对规则就显得十分必要。

防疫形势会给破产管理人带来哪些问题

在举国上下都投身于防疫重任之时，很多措施还来不及展开合法性论证，便要执行和落实。作为疫情防控应对措施，特殊时期特事特办，这么做当然没问题。

但站在破产管理人执业角度，多重因素叠加，可能会为破产管理人的执业带来如下几个方面的潜在困境：

第一，已经被指定为管理人的破产界同行，如果因为新型冠状病毒感染正在治疗、隔离期间，或者身在受疫情影响关停交通的地区，无法及时在春节假期后回到破产项目上履行职责，进而给债权人造成损失，债权人提出赔偿请求后，管理人是否应该承担赔偿责任？

我国《企业破产法》对于管理人的责任体系，已有基本规定。《企业破产法》第 27 条规定，管理人应当勤勉尽责，忠实执行职责。而《企业破产法》第 130 条更进一步规定，管理人未依照本法规定勤勉尽责，忠实执行职务的，人民法院可以依法处以罚款；给债权人、债务人或者第三人造成损失的，依法承担赔偿责任。第 131 条更是进一步兜底性地规定，包括管理人在内破产程序中涉及的刑事责任，违反本法规定，构成犯罪的，依法追究刑事责任。在破产实务中，随着债权人法律意识的崛起，债权人动辄起诉管理人并天价索赔的案例屡见不鲜，由此也引发我们对特殊时期管理人履行职责与债权人权利维护之间冲突的隐忧。

我国《突发事件应对法》第 13 条规定，因采取突发事件应对措施，诉讼、行政复议、仲裁活动不能正常进行的，适用有关时效中止和程序中止的规定，但法律另有规定的除外。该规定是否适用于破产程序？在因疫情而影响管理人及时重返工作岗位的情形下，如果万一债权人因此向法院提出赔偿请求，法院是否应该受理？受理或者不受理的理由是什么？防疫是否可以成为豁免管理人勤勉尽责的法定理由？如果法院受理，管理人又该如何抗辩？……这些问题现在看来可能有点学究气，在全民防疫的背景下甚至有点不合时宜，但未来如果出现，还是需要相对明确的操作规则，这样法院省心，管理人也安心。

第二，管理人作为债务人企业的实际负责人，如何在《企业破产法》之外承担额外的防疫职责？如果疏于履行该职责，是否应承担责任甚至是刑事责任？如果承担的话，按照权责对等原则，在管理人报酬的确定方面是否应该有特殊措施或者补偿机制？

按照我国《企业破产法》的制度设计，除重整中债务人自行经管这一特殊情形外，管理人在法院裁定受理破产申请并指定时起，就要承担起《企业破产法》第25条及其他条款赋予的职责。在整个破产程序持续的期间，原有债务人企业治理结构冻结，管理人是债务人企业当仁不让的“一把手”。照此推理，在防疫期间，管理人成为落实债务人企业防疫职责的实际负责人。

《突发事件应对法》第22条规定，所有单位应当建立健全安全管理制度，定期检查本单位各项安全防范措施的落实情况，及时消除事故隐患；掌握并及时处理本单位存在的可能引发社会安全事件的问题，防止矛盾激化和事态扩大；对本单位可能发生的突发事件和采取安全防范措施的情况，应当按照规定及时向所在地人民政府或者人民政府有关部门报告。另外，第29条第2款还规定，……企业事业单位应当根据所在地人民政府的要求，结合各自的实际情况，开展有关突发事件应急知识的宣传普及活动和必要的应急演练。

显而易见，在应对包括疫情在内的突发事件时，鉴于破产程序中管理人已经成为债务人企业的实际负责人，那么即应该按照上述规定，不折不扣地投入必要的财力、人力和时间，购置防疫设施，安排防疫措施，承担起债务人企业的安全管理职责。

如果疏于履行上述安全管理职责，会怎么样呢？2003年“非典”期间，最高人民法院、最高人民检察院联合发布《关于办理妨害预防、控制突发传染病疫情等灾害的刑事案件具体应用法律若干问题的解释》（法释〔2003〕8号），其中第4条规定，国有公司、企业、事业单位的工作人员，在预防、控制突发传染病疫情等灾害的工作中，由于严重不负责任或者滥用职权，造成国有公司、企业破产或者严重损失，致使国家利益遭受重大损失的，依照《刑法》第168条的规定，以国有公司、企业、事业单位人员失职罪或者国有公司、企业、事业单位人员滥用职权罪定罪处罚。

按照上述规定，管理人在防疫期间，需要承担起《企业破产法》之外额外的疫情防控职责；而且疏于履行职责的话，还需要承担刑事责任。

这里可能存在着权责不对等的问题。破产管理人毕竟是为困境企业提供破产法律服务的社会中介机构，通过专业服务获得市场化的报酬。这与公务员、国有企业法定代表人等特定身份的群体，有天壤之别。

那么，在全民防疫的特殊情形下，破产管理人必须要承担其债务人企业防疫的职责。这部分职责的正常承担，不见得可以获得与其工作数量、质量对等的报酬；但如果疏于承担相应职责，还需要承担刑事责任。这种情况下，管理人的职责显而易见被大为扩充了，而其权利则被大大忽视。

第三，站在管理人的角度，在疫情防控期间，为债务人企业的防疫工作而发生的防疫设备成本、人力成本，在破产程序中属于什么样的清偿顺位，才能保障防疫设备提供商为进入破产程序的债务人企业提供防疫设备的积极性？团队工作人员因此而发生的劳务报酬，又该如何计算？

疫情防控是一件十分专业的任务，需要特定的设备投入、人力投入和时间投入。而承前所述，管理人作为债务人企业负责人，承担其疫情防控的职责，是《突发事件应对法》《传染病防治法》等社会治理法律赋予的责任。这一点没有争议。

要承担相应的防疫任务，那么就需要花费一定的金钱，用于防疫相关的设备、人力和时间成本。对于这笔成本的出处，《传染病防治法》第 64 条明确，对从事传染病预防、医疗、科研、教学和现场处理疫情的人员，以及在生产、工作中接触传染病病原体的其他人员，有关单位应当按照国家规定，采取有效的卫生防护措施和医疗保健措施，并给予适当的津贴。

对于健康的企业，如果没有财政补贴，这笔费用由企业自有的财政承担，并没有太大的问题。但对于陷入财务困境的债务人企业，这笔费用的开销，则极有可能成为压垮骆驼的“最后一根稻草”。

站在破产法的角度，这笔费用不应当由管理人从其报酬中垫付。这也不符合我国破产司法改革的大趋势。按照最高人民法院《全国法院破产审判工作会议纪要》第 11 条，管理人经法院许可聘用企业经营管理人员或者聘请其他社会中介机构或人员处理重大诉讼、仲裁、执行或审计等专业性较强的工作而产生的费用，经债权人会议同意，可以列入破产费用。在破产程序内的支出尚且如此，那么防疫相关成本由管理人自行承担，而且还要垫付，说不过去，也会严重影响破产管理人执业的积极性。

就目前的《企业破产法》实施体系而言，法院也不可能从其经费中，针对形形色色的破产项目，划拨专项经费。

显而易见，如果中央或地方政府未能按照《传染病防治法》提供津贴，那么这部分费用按照目前的《企业破产法》实施体系，则无从开支。这种情况下，问题就很明显了：一方面，管理人必须要承担其疫情防控的职责；另一方面，管理人又无法决定疫情防控的成本开支。

这种无奈之下的费用，最终必然会从债务人财产中开支。这里的问题就在于，这种开支的合理性在哪里？如何获得债权人会议的认同？防疫设备和劳务投入相关债权的清偿顺位如何？如果没有不低于共益债务的清偿顺位，管理人如何请求防疫设备制造商提供防疫产品并投入必要的人力？……这些问题，显然不是《企业破产法》所预料并有安排，但如果真有债权人因此追究管理人责任，管理人从法律角度不容易找到自我辩护的依据，时过境迁之后，更不可能以防疫特需作为抗辩理由。

第四，因为召集在线债权人会议以及线上破产财产拍卖而产生的费用，应该如何承担？在破产债权清偿中应该处于什么样的顺位？

在疫情防控期间，尽可能减少人与人之间不必要的接触，是必须要采取的防控措施。但破产程序作为集体的债务清理程序，具有人员密集型的特点。站在管理人执业的角度，既包括管理人与法院的沟通，也包括管理人与债务人和广大债权人的沟通，尤其还涉及债权人会议的召开。无论是基于疫情防控措施的落实也好，还是按照最高人民法院在《全国法院破产审判工作会议纪要》中提出的改革思路也好，尽可能召开线上债权人会议，也是管理人在执业中必须要采取的措施。

纯粹召开在线债权人会议，可以选择的方式很多，免费的选项也不少，不见得非要通过各种收费平台，这部分的成本相对好控制。

但是在破产财产拍卖来说，拍卖平台毕竟不是公益平台。坊间可见的几家网络拍卖平台的经营思路，已慢慢从免费或低价提供相关服务以获得客户，而变成收费且收取高额软件服务费用。

这种情况下，留给管理人的选项十分有限。在平常，管理人在处置破产财产时，可以线上也可以线下，属于破产服务市场的“卖方”，有一定的博弈能力和选择余地；但是在防疫形势下，管理人在处置破产财产时，除了线上拍卖，其他选项极为有限，成为破产服务市场的“买方”。在坊间可供选择的平台有限的情况下，不排除个别平台会借机提出更为市场化的经营策略；甚至也不排除拍卖平台会形成隐而不显的垄断市场。总而言之，因为防疫形势，债权人会议召开成本尤其是破产财产处置成本会无形中增加。

那么，这种情况下，如何基于防疫需要将债权人会议召开和使破产财产拍卖在线化，但又不大幅度地增加破产费用，也就成为破产执业者在实务一线需要考虑的问题；政策制定者也要考虑到这种市场趋势和身份的转化，拿出更为合理的应对思路。

第五，在防疫形势下，处于破产程序中的债务人企业，如何承担社会责任？破产执业者又该如何有所作为，才能实现债权人利益最大化和承担社会责任的平衡？

我国《公司法》规定，公司从事经营活动，必须遵守法律、行政法规，遵守社会公德、商业道德，诚实守信，接受政府和社会公众的监督，承担社会责任。这就是我们通常说的社会责任条款。对于健康公司承担社会责任问题，公司法学界讨论已卷帙浩繁，毋庸赘言；但对于陷入困境甚至进入破产程序中的债务人企业社会责任承担问题，坊间鲜有讨论；而对于防疫时期破产程序中债务人企业的特殊职责，更缺乏深度分析和论证。

在举国上下尽力应对新冠疫情的情况下，毫无疑问，处于破产程序中的债务人企业，也应该承担其企业社会责任。这两天已经有不少破产程序中的企业做出实际行动：江苏苏州吴江区法院与管理人通力合作，紧急批准处于破产程序中的刚松防护科技股份有限公司恢复生产；山东威海法院也紧急许可破产重整程序中的企业威海鸿宇无纺布制品有限公司恢复生产；河南平顶山重整程序中的圣光集团也在开足马力，生产疫情防控急需的应急防护用品……疫情面前，责无旁贷，我们理当为这些有担当的法院、管理人和债务人企业点赞。

对于医疗卫护行业具有特别生产资质的债务人企业来说，防控疫情确实带来了可见的拯救良机。但是对于绝大部分处于破产程序中的债务人企业，疫情带来的消极后果将逐步显现出来。由此，我们在鼓励处于破产程序中的债务人企业承担社会责任的同时，也需要结合债务人企业自身状况有所区别，尤其要关注破产程序中债务人企业承担社会责任时，管理人特定行为需要面临的审查程序。

这些程序性问题，如果有债权人会议决议或者法院批准，管理人正常执行，当然没有问题；但如果缺乏相应的程序性措施，管理人在处理这些问题时，还能会面临一定程度的程序困境，甚至也会导致潜在的执业风险。

如何消除防疫背景下破产管理人的执业隐患

上述困境和问题的存在，确实给破产管理人执业提出巨大的挑战。稍有不慎，不仅会导致破产程序难以为继，更可能会因为防疫时期的特殊职责，而不得不承担相应的民事责任、行政责任甚至刑事责任。这些困境和问题，要求破产界同行集思广益，共同寻找可行的对策。

站在管理人的角度，在缺乏更为明确的法律依据、政策依据之前，可以积极主动地在全民防疫中有所作为。但需要特别注意，处分自己的财产，和处分债务人企业的财产有着天壤之别。站在管理人个人、所在机构，可以通过捐款或者其他方式承担社会责任，自主决策即可。但在处理涉及债务人企业有关的事宜时，必须要注意《企业破产法》赋予的程序性要件，积极通过债权人会议有所决议；在债权人会议不具备召开条件时，应请示审理该破产案件的法院，切不可随意决策。

站在法院角度，在上级单位出台清晰指导意见时，也应该在法律的限度内，有所担当，合理行使自由裁量权，通盘考虑利益平衡问题。一方面，积极鼓励并支持满足防疫需要的破产企业恢复生产，为防疫大业做出贡献；另一方面，尤其是防疫期间管理人执业行为和债权人利益平衡方面，在管理人缺乏明显过失或者渎职行为的前提下，合理平衡债权人诉求和管理人职责行使，更多支持管理人的工作。

站在规则设计的角度，笔者认为，我们很有必要出台专门切细化规范，用以指导破产行业在防疫背景下稳步发展，由此也尽最大可能保障防疫时期破产程序有条不紊进行，管理人能够正常执业，激励破产企业积极承担社会责任，尤其消除因为执行防疫时期的特别任务而给破产管理人带来的潜在执业风险。

当然，上述对策整体上都是“治标”之策。真正要求“治本”，还要求立法机构承担更为重要的责任：一方面，在未来的法律编纂中，立法机关应该注意在突发事件、紧急状态等特殊状况下社会治理相关法律法规中，适当考虑对破产程序的关切和制度设计；另一方面，在接下来的《企业破产法》修订中，立法机构也应该在修订中适当考虑特殊状况对破产程序尤其是管理人履行职责等的影响，并做出必要的制度安排。

（本文首发于 2020 年 2 月 3 日澎湃财经频道“澎湃商学院”栏目。）

破产法能为陷入困境的企业家做什么？

前一阵子，不少中小企业因为现金流、合同、市场等因素，无法支撑长时间停工停产，进而引发企业界的焦虑。好在疫情防控工作进入战“疫”新阶段，除湖北省外的各省（直辖市、自治区）开始逐步复工。我们虽然还没能“满血”，但每一个人都在助力中国经济“回血”。

作为破产法学者，我深知破产程序的不可逆性隐含的潜风险有多大，我深知破产程序对企业商誉损失有多大，我深知破产程序的时间和经济成本有多高，我深知公众对于破产程序本身的误解、仇视甚至抵制有多深，我当然希望每一个市场主体都能在疫后满血复活、生机盎然。这种悲悯心，用一句老话，正所谓“但愿世间人无病，何妨架上药生尘”。

但是，对于企业界来说，尤其是绝大部分现金流不够丰沛的企业家们，终究需要竭尽全力面对疫后困境。宏观层面的政策“红包”当然值得期待，但真正让市场经济中的个体获得生机甚至迎来突飞猛进的发展，关键还得靠市场主体自身。从这个角度，对于已陷入困境或者即将陷入困境的企业家来说，“良药苦口利于病”，适当了解下破产法可能提供的经营策略甚至法律工具，置之死地而后生，是十分有必要的。

那么，破产法会为陷入困境的企业家们，提供哪些策略性选项呢？这个问题可以分破产程序外、破产程序内两方面展开——

一方面，在破产程序外，破产法至少可以从如下三个方面为陷入困境的企业家们提供商业工具：

第一，可以把破产程序作为债务展期谈判的工具。这次新冠疫情突如其来，可能有为数不少的企业需要寻求债务展期，否则将不可避免陷入技术性破产的境地。2月9日，K歌之王宣布与全部两百多名员工解除劳动合同；如果30%以上的员工不接受该方案，企业将申请破产清算。无论K歌之王将裁员与破产清算挂钩法律上能否说通，但显而易见，K歌之王是在把破产清算作为一种威慑性的商业策略使用。对于绝大部分企业家来说，在债务展期谈判中，也可以把进入破产程序作为一种谈判策略，毕竟破产程序具有一定的时间成本、经济成本，债权人的权益在债务展期与在破产程序中实现债权相比，显然前者更有可预期性，理论上清偿利益会更高，而且还不受《企业破产法》清偿顺位的约束。相信很多债权人在权衡利弊后，也乐于通过债务展期，避免让债务人企业破产，进而实现共赢。

第二，可以在经营中紧紧围绕破产原因所关注的资产负债表和现金流，量入为出，压缩非盈利业务，尽量减少不必要的开销。站在企业经营的角度，无论是主动还是被动，进入破产程序，往往要么因为到期的债务没有现金偿还，要么因为债务总额远远大于资产总额。不管是现金流测试法，还是资产负债表测试法，甚或两者同时具备，都是破产原因之一，都会有成为激活破产程序的“扳机”。在疫后重建过程中，从消除破产原因的角度，每一个企业家确实都需要认真审核自身的资产负债表，改善现金流，节衣缩食，通过削减开支来让有限的现金流支撑更长的时间。

第三，可以尝试借助重整融资的思路，用更为优厚的承诺，适当补充现金流。按照《企业破产法》及相关司法解释的规定，破产程序中债务人可以融资，而且这种融资的清偿顺位可以被视为“共益债务”；在国外，破产融资能够获得超级优先的顺位，甚至可以通过交叉担保为原来不具备担保顺位的债权匹配担保顺位。但无论如何，在疫后重建过程中，企业家也可以借鉴破产融资的思路，通过更为优厚的承诺，积极补充现金流。当然，此举的核心目的还是在于避免进入破产程序；如果真进入破产程序，这些承诺有效与否，如果是在破产申请前一年内，则取决于管理人的审查，管理人可以视审查情况予以撤销或确认。这是后话，暂且不表。不惜一切代价，在合法的范围内确保企业活下去是摆在企业家面前的第一要务。

另一方面，在破产程序内，企业家们事先了解如下破产法常识，也有助于坦然面对在常态经营中通常认定的最坏的局面，甚至能够积极筹划，把破产程序作为度过危机的法律策略：

其一，不仅债权人可以申请破产，债务人也能主动申请破产。在企业经营过程中，不能清偿到期债务的情况时有发生，疫情肆虐更可能让这种情况雪上加霜。那么这时候，企业家们有必要了解一点，并非只有债权人申请破产，才能进入破产程序；债务人也可以申请启动破产程序。债务人主动申请启动破产程序，在承担更多材料提交义务的同时，可以更为积极主动地选择程序。

其二，破产程序的启动，并不必然意味着企业通过破产清算死亡，也可以通过和解、重整制度起死回生。债务人在申请启动破产程序的同时，可以在破产清算、和解和重整之间选择。就这三种“小程序”而言，破产清算的结果是“死”，清算完毕债务人企业就会退出市场，作为一个市场主体就此消亡；而和解与重整的正常结果，都是“生”，即在和解方案或重整计划执行完毕，债务人企业将在修复资产负债表、改善现金流之后浴火重生。

其三，破产法的核心制度之一，即自动中止。通俗点说，破产程序启动后，按照自动中止制度，债权人不能再催收债务，执行、保全程序也需要暂停，企业由此可以获得一定的喘息空间。这也是为什么在国外常常把“破产”和“保护”连用。通过这种破产保护程序，债务人如同躲进破产法提供的“金钟罩”，债权人只能通过申报债权、参加债权人会议并表决等方式，合法有序地实现债权。如果债权人通过非法定方式受偿，也会被管理人通过撤销制度追回。

其四，破产程序启动后，通常情况下法院会指定管理人，接管债务人企业。但是如果申请破产重整的话，债务人可以申请债务人自行经管，确保企业家及其经营团队依旧掌控生产经营大局。这样的话，即便进入破产程序，但企业经营控制权并不全部失去。对于债务人企业管理团队来说，除非有意识调整，否则都可以保持不动，确保生产经营的稳定，把控重整的大方向。

其五，进入破产程序后，管理人或者经管债务人可以重新审视待履行的合同，并对现有合同选择性履行，实现债务人财产最大化。这一制度也可以为债务人企业重新梳理法律关系，提供一个契机。尤其是对于一些对债务人负担较重的合同，管理人或者经管债务人可以不予履行，而让合同相对方在破产程序中就其损失申报债权。

其六，重整程序中，经管债务人可以利用《企业破产法》及其司法解释提供的重整融资制度，获得新的融资。如前所述，按照《企业破产法》司法解释（三），重整融资可以获得共益债务的清偿顺位，这将极大提高重整融资债权人的积极性。对于债务人企业来说，重整融资可以获得必要的现金流，为困境企业输入新鲜血液，获得转机空间。

其七，重整计划拟定过程中，经管债务人可以与债权人展开谈判，通过债权转换股权、债权削减、展期清偿等各种符合商业规律的方式，通过重整计划尽可能改善债务人的资产负债表，削除潜在的破产原因，让债务人企业获得存续发展的机会。前期谈判越充分，对各方的利益考虑越周全，债权人会议通过和法院批准重整计划的概率就越高，重整计划执行中障碍也越小，最终债务人企业获得拯救的空间当然也就越大。

其八，重整计划执行完毕后，剩余的债务依法自动豁免，不再具有偿还义务。重整结束之后，债务人企业将重新获得完全的经营自主权，信用记录也将获得修复，跟进入破产程序前并无二致。按照破产法的机制，在重整计划中削减的债务，重整计划执行完毕后即可获得自动豁免，债务人不再有清偿义务，债权人也不能再向债务人追讨。

其九，疫情肆虐，危机重重，也为广大企业家反思经营战略提供了契机。或许平日里，尚能够老牛拖破车，勉励支持。但疫后重建中，对于不具有发展前景和市场空间产品、生产线或行业，必须要考虑通过破产清算程序，实现迅速退出，寻求其他商机。企业家们应该坚信，自身才是最宝贵的资源。留得青山在，不怕没柴烧，壮士断腕，轻装上阵，或许会成为下一次腾飞的起点。

当然，上述对破产法的常识性介绍，囿于篇幅限制，难免挂一漏万。事实上，破产法的精义远超于此。对于已经陷入或者可能陷入困境的企业家来说，对于破产法更深入的了解、理解甚至活学活用，还有赖于更为系统的专业知识体系。这方面，我相信企业的法务、法律顾问和律师，一定能够提供更为专业的意见和建议。无论如何，病毒无情，但破产法有温度！

（本文首发于 2020 年 2 月 20 日澎湃财经频道“澎湃商学院”栏目。）

美国2万亿经济刺激大礼包，关破产法什么事？

2020年2月27日，在美国参、众两院先后表决通过2万亿美元《经济刺激法案》（Coronavirus Aid，Relief，and Economic Security Act，CARES Act）后，时任美国总统特朗普立即签署该法案，使之正式生效并立即执行。随着新冠疫情在美国日益加剧，民主、共和两党在疫情面前展现出少有的团结，在极短的时间里，便就美国史上最大额的经济刺激大礼包达成妥协，并迅速完成立法程序。

《经济刺激法案》英文版长达880页，卷帙浩繁。其核心框架，共分六大部分：

第一，保障美国工人收入及就业；

第二，扶助美国工人、家庭和商业；

第三，在防控新冠疫情中支持美国卫生系统；

第四，经济稳定及对受疫情严重影响美国部门的扶助；

第五，新冠救济基金；

第六，杂项条款。

那么，2万亿美元经济刺激大礼包，究竟关破产法什么事呢？

在进一步申述《经济刺激法案》对破产法的具体影响前，首先需要明确的是，《经济刺激法案》整体的基调，是尽可能防止美国企业和个人，因为新冠疫情的冲击而陷入破产的境地。

换句话说，政府试图使尽浑身解数，尽可能“限制”市场主体享受破产程序的“保护”。这与我们一贯强调破产法正面价值的论调，似乎自相矛盾。

需要说明的是，在最不幸的情况下，现代破产法不无保护色彩，但这种“保护”毕竟具有时间、经济、商誉等多重成本；无论多么强调破产法的正面价值，千方百计避免进入破产程序，既符合人类自身的理性，也是政策制定者的初衷。

《经济刺激法案》总体手段就是在美国企业、个人都因为新冠疫情影响而收入中断的时候，由政府通过免息贷款、直接发钱等各种方式，强行输“血”，改善市场主体的现金流，尽可能避免或者延缓激发破产法规定的破产测试标准，将部分事实上已经陷入技术性破产或者有破产之虞的市场主体，从破产程序启动的边缘拉回来。

《经济刺激法案》中总额为3500亿美元的小企业专项贷款，尤其能够说明该法案的基调。按照《经济刺激法案》第1106条规定的免债框架，符合特定条件的小企业，如有合理证据证明其在新冠疫情期间为薪资、租金、抵押贷款的利息等日常运营开支而发生的贷款，都将可以获得债务豁免。

但在这种总体基调之外，《经济刺激法案》对于即将进入破产程序或者已经进入破产程序的市场主体，也根据主体的特征和不同程序的差别，在第1113条中，作出更为柔性的制度设计——对于美国企业来说，《经济刺激法案》的主要影响，主要体现在放宽《小企业重整法》（Small Business Reorganization Act of 2019，现《美国破产法》第11章第5节）适用的标准。

2020年2月19日，《小企业重整法》正式生效。较之传统第11章重整，按照《小企业重整法》，对于适格的主体，企业重整程序将更为迅捷和廉价。其中债务人可能享受到的优惠，从经济负担上说，至少有如下四点减轻：

1. 不需要成立无担保债权人委员会，由此节省债权人委员会的顾问费、律师费；

2. 不需要披露其声明；

3. 只有债务人能够提交重整计划；

4. 不需要按季度向美国破产管理署缴纳费用。

另外，《小企业重整法》还通过如下设计，让破产程序更为便捷：

1. 既指定托管人，也让债务人继续掌控企业资产和经营；

2. 托管人的主要任务是监督破产程序，协调重整计划的全体一致通过，并在重整计划未能全体一致通过时负责分配事宜；

3. 在破产程序启动之日起 60 日，法院主导召开简易程序协调会，债务人应致力于形成全体一致的重整方案，并在会上提交报告；

4. 债务人在破产程序启动之日起 90 天内，提交重整计划；

5. 如果法院批准全体一致的重整计划，债务人将可以根据重整计划获得债务豁免；

6. 如果法院批准未获得全体一致通过的重整计划，债务人将在按照重整计划 3－5 年内完成偿债计划后，获得剩余债务的豁免。

决定一个主体是否可以适用《小企业重整法》，关键指标之一即是其负债额。按照《小企业重整法》，负债额低于 272.5625 万美元的小企业，都可以适用《小企业重整法》规定的简易程序。换句话说，同样是申请第 11 章重整，究竟是适用普通企业重整，还是适用小企业重整，就其时间成本和经济成本来说，对债务人影响甚为明显。

为了让第 11 章重整程序更多造福于企业界，《经济刺激法案》从其生效之日起一年内，将适用小企业重整程序的负债额标准，从 272.5625 万美元提高到 750 万美元。

据统计，从 2013 年到 2017 年期间申请第 11 章重整的企业，有一半以上的负债额在 750 万美元以下；而随着新冠疫情引起的社会停摆，陷入技术性破产的企业也将越来越多。这也意味着，将会有非常多的债务人企业，享受到《小企业重整法》带来的便捷。

对于美国个人来说，《经济刺激法案》的主要影响，体现在如下几个方面：

第一，放宽第 13 章个人债务重整的偿还年限。

按照《美国破产法》第 1322 条对个人债务清偿计划的规定，债务人可以在最长 5 年时间内，按照既定的偿债方案，按月偿还债权人，然后在偿债方案执行期满后，获得个人债务的豁免。

按照《经济刺激法案》，如果债务人因为新冠疫情而导致收入锐减，这个 5 年期限可以被延长到 7 年，起算时间从首笔清偿日期届满时开始计算。

显而易见，在大部分案件中，这个规定将使得债务人可以将其每月承担的清偿额度，平均到 24 个月中，大幅度降低债务人清偿债务的“月供”；如果已批准的个人债务重整期限短于5年，债务人的“月供”将可以平均到更长时间中。按照美国司法部网站的统计，仅2018年进入第13章个人债务清理的案件，就有66万件；这也意味着，这一优惠措施可能影响的债务人数量，可能会高达百万件之巨。

第二，对于申请个人破产的债务人，缩小破产程序中“收入”的范围。

按照《美国破产法》，“当下月收入”（current monthly income）的额度，是衡量一个债务人是否有资格申请第7章破产程序的重要因素。但是按照《经济刺激法案》，美国联邦政府将向年净收入低于75000美元的单身、年净收入低于15000美元的夫妻，每人一次性给予1200美元的现金补助；如果家里有孩子，每个孩子还能额外获得500美元补助；对于失业者，在四个月时间内，每人每周还可以领取600美元失业补助……

这些对于低收入者来说可能巨额的“收入”，如果计算在债务人的“当下月收入”中，可能会使得本来符合破产申请条件的债务人，因超出“当下月收入”而不能申请第7章个人破产。按照《经济刺激法案》第1113条，这些政府“红包”构成的收入，将被排除在破产程序中计算“当下月收入”的范围之外，由此确保债务人申请个人破产的权利，不会因为政府发放的“红包”而受到影响。

第三，在《经济刺激法案》生效后，在第13章个人债务重整程序中，基于上述同样的原因，法院在考量是否批准个人债务重整计划时，亦会将所有基于《经济刺激法案》收到的政府“红包”，排除在债务人“当下月收入”范畴以外。

上述变化，适用于所有未决的破产案件及《经济刺激法案》生效后发生的破产案件。就时间范围来说，其有效时间为《经济刺激法案》2020年3月27日生效后起算一年。在一年期满后，究竟是适用于《美国破产法》原有标准，还是继续使用新冠疫情期间的新标准，将取决于国会是否明确延展其期限。如果国会不予延展，届时所有的标准都将回复到“老样子”。

需要特别注意的是，在《经济刺激法案》草案形成过程中，无论是破产界行业协会，诸如全国消费者破产律师协会（National Association of Consumer Bankruptcy Attorneys）、全国破产会议（the National Bankruptcy Conference）及全国消费者法律中心（NationalConsumer Law Center）等，还是包括参议员伊丽莎白·沃伦在内民主、共和两党的国会议员，都发挥了重要作用。

这对于我国破产界同行来说，启迪意义即在于，无论是中长期破产法的进化，还是特殊时期破产政策的调整，破产界同行都大有可为，也都应该有所作为；反过来，决策者在破产政策形成的过程中，切忌闭门造车，而有必要尽最大限度集思广益、开门决策。

在美国大地，新冠疫情依旧在肆虐。但疫情阴影下的债务人，无论是企业还是个人，在《经济刺激法案》的纾解下，或许可以更早地迎来新生的春天。

（本文首发于 2020 年 4 月 1 日澎湃财经频道“澎湃商学院”栏目。）

美国小企业救助贷款，能用于重整融资吗？

2020 年 3 月 27 日，美国通过史上最大规模的 2 万亿美元《经济刺激法案》（Coronavirus Aid，Relief，and Economic Security Act，CARES Act）。这份经济刺激大礼包中，将会有 3500 亿美元用于小企业专项贷款（Paycheck Protection Program，PPP）。对于疫情冲击下的度日如年美国中小企业，这当然是一个天大的好消息。

2020 年 4 月 3 日，该项目已开始申请。那么，这 3500 亿美元小企业专项贷款，能否成为第 11 章重整程序中重整融资的来源呢？

按照常规，在类似疫情等这样的紧急状态下，政府经济刺激大礼包应该优先用于健康企业的扶助；如果健康企业都得不到必要的救助，却把有限的资源用于救助已经陷入财务困境的重整企业，除非是出于非经济因素的考量，否则显然于理不通。在这种常规思维下，政府如果放任其流向已经进入破产程序中的企业，非常容易引起各种非议。

但是，鉴于《经济刺激法案》并未明确排除重整企业申请小企业专项贷款，按照“法无禁止即可为”的法治常识，如果重整程序中的企业符合小企业专项贷款的所有条件，允许其使用并增强重整成功的可能性，也无可厚非。

事实上，美国破产界对此已经充满乐观的想象。2020 年 4 月 1 日，美国破产协会（American Bankruptcy Institution，ABI）即向会员发来分析报告，认为重整程序中的企业，在满足 PPP 项目所有要求的前提下，是可以申请适用小企业专项融资，并享受低利率、可豁免等优惠措施。

重整融资是决定重整程序成败的关键。能否及时获得必要的重整融资，完全可能决定重整程序的走向。如果说破产法的世界是一顶漂亮的“皇冠”，那么，重整融资就是皇冠上稳居C位的“明珠”。破产法的世界里如果没有重整融资，那么这顶“皇冠”一定会黯然失色很多。

重整融资对于破产法如此重要，但却始终有“养在深闺人未识”的感觉。这里面的因素很复杂。从学术研究的角度，总感觉重整融资更偏重实务操作，难登学术研究的大雅之堂。而从实务操作的角度，在制度缺失、案例不多的前提下，重整融资操作常常因时而异、因案而异、因人而异、因地而异，缺乏一套放之四海而皆准的操作规范。

2019年3月，我国最高人民法院发布《企业破产法》司法解释（三）。这部司法解释（三）全部15个条文中，最受人关注的条款即其第2条，亦即赋予重整融资共益债务顺位。

该条有2款。第1款规定的是共益债务认定原则：“破产申请受理后，经债权人会议决议通过，或者第一次债权人会议召开前经人民法院许可，管理人或者自行管理的债务人可以为债务人继续营业而借款。提供借款的债权人主张参照企业破产法第四十二条第四项的规定优先于普通破产债权清偿的，人民法院应予支持，但其主张优先于此前已就债务人特定财产享有担保的债权清偿的，人民法院不予支持。”

而第2款特别强调，该重整融资共益债务优先规则，不影响或冲击现行民商法的担保规则体系：“管理人或者自行管理的债务人可以为前述借款设定抵押担保，抵押物在破产申请受理前已为其他债权人设定抵押的，债权人主张按照物权法第一百九十九条规定的顺序清偿，人民法院应予支持。”

这一千呼万唤始出来的条款，奠定我国重整融资制度的根基，也成为《企业破产法》司法解释（三）最受各界关注的条款。这个制度安排，极大地满足破产重整实务中的需求，也对标世界银行营商环境评估中“办理破产”的指标体系，让我国的破产法律体系更加具有市场化色彩。尽管还有改进的空间，但在《企业破产法》修订一时三刻难以突破的大背景下，以重整融资条款为核心的《企业破产法》司法解释（三），应该说深孚众望，广受破产界关注和欢迎。

当然，《企业破产法》司法解释（三），尤其是其第 2 条，能否成为重整程序中困境企业的“救命稻草”，还需要市场检验。破产界同行对于重整融资的理解，也还需要在兼顾国际经验和中国国情的基础上，不断深入。

最近，不经意间翻出美国破产协会 2012 年编订的《重整融资手册》（Debtor – in – Possession Financing：Funding a Chapter 11 Case），颇喜出望外。在我看来，这本《重整融资手册》，是一部解码重整融资的“神器”。这本小册子共分为 8 章，站在重整融资的历史与法律基础、重整融资债权人的策略、投资银行的角色、担保及融资债权人保护、重整融资的充分保护原则、债权人间的争议和冲突、法院对重整融资的批准以及重整融资裁定的结构等不同的角度，深入地揭示甚至解剖了重整融资的内部世界。

美国重整融资制度的法律基础，是《美国破产法》第 364 条。本条在美国破产法发展尤其是重整融资实践基础上，屡次修订，日渐丰富。现行《美国破产法》第 364 条，共分为 6 款，给予重整融资的优先顺位越来越高：

（1）如果托管人按照《美国破产法》第 721 条、第 1108 条、第 1203 条、第 1204 条或第 1304 条获得授权，继续债务人的营业，除非法院另有裁令，托管人可以获得无担保融资，并可将之视为破产费用。

（2）经过通知和听证程序后，法院可以将上述第（1）款之外的无担保融资，视为破产费用。

（3）如果托管人无法按照前述两款获得按照破产费用清偿的无担保融资，在通知和听证程序后，法院可以允许重整融资获得优先于破产费用的顺位，也可以用债务人财产中未抵押的财产设定担保；或用债务人财产中已抵押的财产设定次级担保。

（4）如果上述方式依旧无法获得融资，且托管人可以证明已为原有担保债权人提供充分保护，法院在重整融资中，可以允许在已设定抵押的财产上，设定优先或与原有担保债权顺位一致的担保。

（5）为保障善意融资债权人的权益，上诉撤销通过超级优先权或其他方式担保的融资许可，无论融资债权人是否知道该上诉的存在，都不影响已经给予重整融资的优先权。

（6）通过股权类证券提供重整融资的情形下，重整融资中给予的证券具有一定的特殊性。

上述规定，为重整融资债权提供了一个几乎完全颠覆破产法既有清偿规则的优先权体系。正常情形下，破产程序作为清理债权债务的终局性机制，为不同债权设定了先后有别的清偿顺位。只有在优先顺位获得清偿后，次级顺位的债权才能获得同比例的清偿。比如按照我国《企业破产法》，除担保债权外，清偿顺位分别是破产费用、共益债务、职工债权、税收债权和普通破产债权。当然，2018年发布的《全国法院破产审判工作会议纪要》也承认并澄清了普通破产债权之后劣后债权的清偿顺位。

由此，在破产法实务中，债权人所努力者，除债权的有无、数额的多少外，更多花精力论证的，是相关债权是否具有优先性。如果不具有优先性，那么只能视为普通债权，最终的清偿比例大部分情况下会极为低。

显而易见，《美国破产法》第364条规定重整融资清偿顺位，最低是破产费用，最高则是超级优先权，甚至在实务中衍生出更为优先的清偿方式。立法者和市场在吸引融资债权人为重整债务人提供融资方面，可谓不遗余力。

那么，重整融资制度到底从何而来呢？美国破产法中的重整融资的发展，起源于破产实务。美国重整制度，起源于19世纪的铁路接管（railroad receivership），重整融资在进入1934年《美国破产法》之前，也完全遵循了同一轨迹。

就美国的破产法发展史来说，尽管1787年《宪法》中规定了“破产条款”，将破产立法的特权赋予联邦国会。但美国立国初期，百废待兴，破产法在整个19世纪一直是立立废废。在1898年《美国破产法》颁布前，近百年时间里，美国有破产法的时间，加起来不到二十年。这也就是说，在整个19世纪大部分时间里，美国的破产法实践一直处于无法可依的“裸奔”状态。在这种背景下，普通法渊源为市场实践提供了极为重要的规则体系。

铁路接管发源于英国的普通法体系，是当时美国破产实务领域十分活跃的铁路企业拯救方法。按照当时的实践，铁路企业在陷入财务困境后，铁路债券持有人们便会请求法院，按照衡平法，任命接管人（reciever）。接管人作为“法院之手”，代表法院打理铁路企业的财产。衡平法上的接管，效果近似于现代破产法的自动中止制度，其效果之一，即债权人不能再催收债务。

接管人接管之后，首先需要解决的问题之一，就是为债务人企业获得新的融资。如果无法改善债务人企业的现金流，再聪明的接管人都会“巧妇难为无米之炊”。但问题是，在正常的金融市场里，健康企业融资都不见得很容易，有哪个债权人会愿意为已经陷入困境的债务人企业提供融资呢？考验接管人和法院智慧的时候到了。

就在这种背景下，“接管人证书”（receivers’ certificates）登台亮相。法院为推动对债务人企业的拯救，会允许接管人发行“接管人证书”来获得新的融资。为了吸引更多潜在的新债权人为困境中的铁路企业提供融资，接管人可以凭借“接管人证书”，在铁路公司的财产上，为新融资设定第一优先顺位的抵押。这种第一优先顺位的抵押，清偿顺位高于原有抵押，有点类似于现行《美国破产法》第 364（d）款规定的超级优先权。

我们可以把“接管人证书”视为接管人对融资债权人的承诺：请你放心地借钱给我们吧。如果这个企业最终破产清算，你提供的借款，将获得最先的清偿。

那么，这种衡平法上的接管和“接管人证书”，其效力究竟如何？如果融资债权人的权利和原有债权人权利冲突，怎么处理？尤其是美国最高法院判决的华莱士诉鲁明斯案（Wallace v. Loomis），肯定了这种实践中的做法。由此，通过“接管人证书”设定的第一顺位抵押的实践，成为今天《美国破产法》中融资制度的雏形和先声。

前文述及，1898 年《美国破产法》的通过，奠定美国现代破产法的根基。但因该法不适用于铁路企业，陷入财务困境的铁路企业依旧按照普通法上的衡平接管拯救，“接管人证书”依然是重整融资的主流。

20 世纪 30 年代美国破产法在大萧条中大升级中，“接管人证书”这一在实践中大放光彩的实务经验，上升成为具体的法律条文，在 1933 年《美国破产法》、1934 年修订《美国破产法》及 1938 年《钱德勒法案》日渐翔实。这一制度在实践中日渐丰满，公共利益色彩逐步褪去，普通法色彩逐渐凋零，最终进化成 1978 年《美国破产法》第 364 条，经 1986 年、1994 年两度修订完善后，适用至今。

显而易见，3500 亿美元小企业专项贷款，既未被《经济刺激法案》明确排除不适用于重整企业，《美国破产法》第 364 条也为其奠定坚实的法律基础。如果美国破产协会的预言成真，那么这 3500 亿美元小企业专项融资，在扶助疫情冲击下健康企业的同时，也为破产行业提供了一个重整融资的巨大来源。甚至可以说，3500 亿美元专项融资在破产行业的运用，将会增加破产行业的玩家，极大地改变重整融资的现有格局。市场经济的本质即在于让资源适用于最能够发挥其价值的地方，从这个意义上说，重整融资格局的改变，对破产行业当然会更好。

结合3500 亿美元小企业专项贷款能否适用于重整融资，解码美国重整融资体系，追踪其源流，对我国重整融资体系的进化也具有启迪意义。重整融资，很大程度上是市场化的产物，需要极大尊重市场主体的创新。当然，也需要立法机构在制度供给层面，给予及时升华和确认。我国《企业破产法》司法解释（三）第 2 条，已经为具有中国特色的重整融资体系，奠定强有力的规则基础。但在《企业破产法》未来的修订中，我们依然需要在体察国情民意的基础上，尽最大可能开眼看世界，进而形成高度市场化、法治化的重整融资体系，为破产法律制度的“皇冠”配上最耀眼的明珠。

（本文首发于 2020 年 4 月 8 日澎湃财经频道“澎湃商学院”栏目。）

2020年：岁末年初，再说“破”势

2020年即将过去。犹记年初，1月11日，破产法学界同行齐聚在厦门召开的第二届东南破产法论坛。会后不久，春节临近，大家各奔西东，如同往年一样准备欢庆新春佳节。但随后新冠疫情大规模暴发，让春节甚至整年都蒙上一层压抑的阴影。这一年，总算过去了。

岁末年初，再说“破”势，我觉得2020年可以用三个词来形容：变革之年、热闹之年和意外之年。

首先，对破产法从业者来说，2020年是变革之年。

各国在应对新冠疫情过程中，似乎不约而同地纷纷聚焦于破产法的修订和破产政策的调整。整体而言，各国破产法的修订、破产政策的调整，共同趋势如下：第一，市场主体进入破产程序的条件更为严苛，能缓则缓、能不破产就不破产，成为破产理念的主流；第二，政府的纾困措施在市场主体救治方面，发挥更大的作用，在一定程度上有助于减少破产企业的数量；第三，市场主体的破产申请义务大幅度放松，董事们不用担心因为未及时申请破产而陷入欺诈性经营的指控。

这种修订和调整，既让破产法服务于抗疫大业，也让破产法理念能够与时俱进，反过来也凸显了破产法在社会治理和疫情导致的社会危机应对中的重要性。可以说，在全球各国的抗疫“工具箱”中，破产法能够获得如此不约而同的强调和重视，对于破产法学界同行来说，这是一个值得振奋的消息。

与各国破产法和破产政策大调整的趋势相一致，我国最高人民法院也在2020年5月21日发布《关于依法妥善审理涉新冠肺炎疫情民事案件若干问题的指导意见（二）》。

在该指导意见中，最高人民法院对涉及疫情相关的破产审判工作，提出7条明确要求：第一，引导债务人、债权人沟通和谈判，尽力消除破产原因，尽早实现对企业的拯救；第二，法院在审查企业是否符合破产受理条件时，甄别企业陷入困境的真实原因，对于因疫情或者疫情防控措施所致的困境企业要区别对待；第三，进一步推进执行程序和破产程序的衔接；第四，延长重整期限，在原来6个月加3个月的基础上，再延长6个月；第五，采取积极措施，保障疫情防控期间债权人在破产程序中的权利；第六，最大限度维护债务人的持续经营能力，充分发挥共益债务融资的制度功能，为持续经营提供资金支持；第七，进一步推进信息化手段在破产程序中的深度应用，提高效率，降低成本。

其次，就破产法从业者而言，2020年也是热闹之年。

这种热闹，主要体现在个人破产领域鳞次栉比的地方竞赛。

在整个2020年，我国个人破产相关的地方化探索沿袭前一年的轨迹，依旧如火如荼。从省级法院到县级法院，都在万马奔腾般地推出地方法院审委会通过的地方版个人破产规范。显而易见的是，不管什么级别的法院，只要围绕个人破产发布指引、案例或者其他信息，都能一次又一次成为破产法从业者的明星。地方法院在个人破产领域的热情和豪情，令人叹为观止，也容易给人带来各种幻觉。

而2020年8月26日，深圳市人大行使特区立法权，正式颁布《深圳经济特区个人破产条例》，在中华人民共和国的土地上实现了个人破产制度真正零的突破，更是成为万众瞩目的流量之王，也让全国其他兄弟省市嫉妒和艳羡。在看得见的未来，或许还会有更多的地方，试图通过各种各样的制度平台，通过个人破产上一次头条。

最后，就破产法从业者而言，2020年也是意外之年。

这种意外，主要体现在如下两个方面：

一方面，曾担任哈佛大学破产法教授的美国参议院伊丽莎白·沃伦（Elizabeth Warren），在角逐民主党总统候选人提名的过程中，原本选情十分看好。但在党内初选中，却出乎意料地一败涂地。后来拜登和沃伦两人达成妥协：拜登承诺继受沃伦的破产法改革政策，沃伦退选并选择支持拜登，最终在 11 月举行的大选中成就民主党总统候选人拜登的总统梦。当然，也正是因为拜登的胜选，沃伦的破产法改革大业似乎更加接近实现的可能。2020 年 12 月 9 日，沃伦已提出破产法修改法案；如果这次修订顺利通过，美国破产法将会新增第 10 章，将成为 2005 年以来美国破产法领域的最大变革。

另一方面，上半年美国破产法学界都预期，因为疫情而导致的失业、现金流断裂等因素，将会导致美国个人破产数量的飙升。2020 年 5 月份，甚至有数十位破产法学者致函国会，要求增加破产法官数量，以应对可能出现的“破产大流行”。但令人大感意外的是，由于疫情导致的居家令、由于政府主导的大规模现金纾困等诸多因素，美国个人破产案件的数量在 2020 年不仅没有创下历史新高，反而创下历史新低。据美国破产学会（ABI）2020 年 12 月 28 日发布的数据，整个 2020 年美国个人破产的数量只有 52.5 万，远低于 2019 年的 75.2 万，创下 1986 年以来美国个人破产数量最低纪录。

但无论如何，对全球各国的实体经济来说，2020 年都是噩梦之年。尽管全球各国都在通过更宽松的破产政策调整，尽可能减少市场主体进入破产程序，但即便如此，对于以企业为核心的市场主体来说，2020 年依然是度日如年，全球各地有大量的企业在疫情的冲击和自身的困境中进入破产程序，零售、进出口、航空等行业尤其惨烈。

那么，2021 年会怎么样呢？

至少在目前看来，主导 2021 年全球走势的核心因素，依然是新冠疫情。岁末年初之际，全球抗疫大业喜忧参半：不同国家和团队研发的新冠疫苗的上市，似乎带来一线生机，但全球感染人数超过 8000 万，病毒出现变种并以更快的速度传播，国内多个地方也出现多个本地病例……这些因素依旧让人感到忧心。

但无论如何，至少在破产法领域，尤其就我国而言，我们应该感到乐观——

乐观的理由之一，是我国《民法典》从 2021 年 1 月 1 日开始实施。在可以预见的数十年甚至数世纪，这部《民法典》将伴随着每个人、市场主体的生命周期，人身、财产、权利等无所不包。《民法典》的每一项制度，最终都会内化成我们幸福生活的基本规范和依据。站在破产法的角度，《民法典》的基本理念和基础制度，将为破产法的理念的普及、以破产债权为核心的财产权保护，奠定坚实的基础。甚至我们还可以乐观地预期，《民法典》的实施还会为破产法学界同行提供更多的制度工具和业务机会。

乐观的理由之二，是我国《企业破产法》修订工作将加速推进。早在2019年，中国政法大学破产法与企业重组研究中心就受全国人大财经委和最高人民法院民二庭的委托，完成了破产法实施的调研和评估。在这之后，全国人大财经委甚至已经开始就《企业破产法》的实施在辽宁、四川等地展开调研。但此后，随着疫情暴发，《企业破产法》修订工作基本陷入停滞状态。2020年12月21日，全国人大常委会法工委举行记者会，据披露2021年度立法工作计划已经十三届全国人大常委会第七十八次委员长会议原则通过，《企业破产法》的修订已列入2021年全国人大常委会推动高质量发展的重点立法工作。

需要特别指出的是，《企业破产法》的修订如果顺利完成，不仅将会为市场主体退出市场编织出效率和公平之网，举国上下高度重视的营商环境评估“办理破产”指标得分，也必然会获得进一步的提升。在这几年间，各级法院为“办理破产”指标得分的提升，应该说殚精竭虑，但囿于“办理破产”指标对破产立法及规范的高度依赖，尽管最高人民法院和京沪两地的司法机构已费尽九牛二虎之力，但我们的得分除《最高人民法院关于适用〈中华人民共和国企业破产法〉若干问题的规定（三）》带来的小幅度提升外，整体得分并未大幅度改良，每年名次的变动更取决于其他国家和地区在破产法领域的制度变革。在《企业破产法》的修订过程中，如果我们结合“办理破产”指标对《企业破产法》做出针对性的修订，势必将为我国“办理破产”全球排名的大幅度提升，奠定坚实基础。

乐观的理由之三，是《深圳经济特区个人破产条例》将在3月1日实施，深圳破产管理行政机构即将成立。深圳个人破产条例有其“破冰”之功，制度设计也会在实践中得到检验和完善，但推动成立破产行政机构会成为《深圳经济特区个人破产条例》最重要的贡献。长期以来，我国破产行政机构的缺失，严重限制了《企业破产法》的实施，成为破产法实施中的基础性、“瓶颈”性问题之一，深圳在破产行政机构设置上的“破冰”，对于我国其他地方的改革具有重要借鉴意义。

你好，2021年！沉舟侧畔千帆过，病树前头万木春。不管明天发生多大的事，只要地球还在转动，日子也还得继续，国家如此，民族如此，个人亦如此。在这个普通但又承前启后的日子，我们应该心怀善念，内心温润，“朋友，坚定地相信未来吧！/相信不屈不挠的努力/相信战胜死亡的年轻/相信未来、热爱生命”。

（本文首发于2020年12月31日澎湃财经频道“澎湃商学院”栏目。）

第三辑

世　界　观

美国个人破产的四十年回望

在我国，自从 2018 年 10 月最高人民法院吹响“推动个人破产制度”的集结号，个人破产制度能否落地、如何落地、多久落地、影响如何等问题，就成为我国破产界内外十分关切的话题。在这种个人破产“热”中，我倒是想表达一些“冷”思考。

我特别想强调，有没有个人破产制度固然重要，但更重要的，是确定个人破产制度的底色：究竟是偏向债权人，还是偏向债务人？这一价值抉择，既会影响个人破产制度的细节设计，反过来也会影响个人破产制度的实施。在这方面，美国个人破产制度最近四十年的变迁史，为我们上了生动的一课。

最近，笔者通过各种公开资料，对美国 1978 年以来个人破产案件申请的数据，整理如图 1 所示。

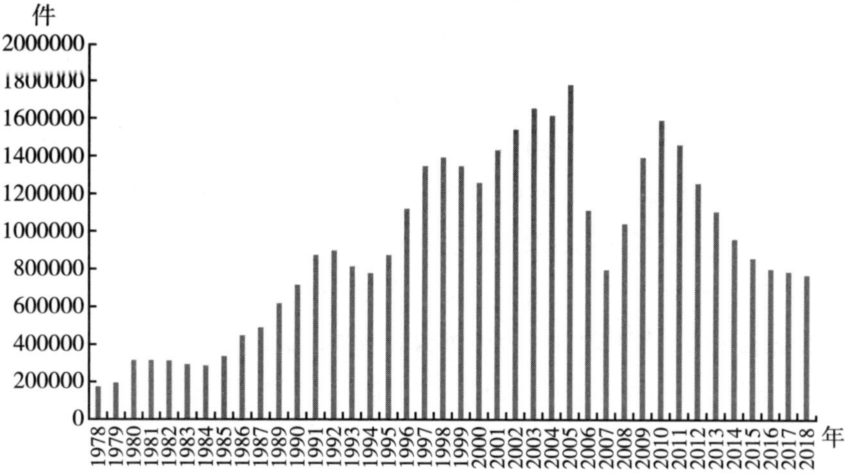

图 1　美国个人破产申请数量（1978－2018 年）

从图1可以看出，从1978年开始到2005年期间，美国个人破产申请数量从1978年的172423飙升到2005年的1782643，增长近10倍。显而易见，美国个人破产案件数量峰值和低谷，都在这一时间出现。这一波增长势头背后，最重要的推动力当然是美国1978年破产法的改革。

美国社会1966年前后出现信用卡，尽管信用借贷本身拥有比传统抵押借贷更多的优点，但当时大部分州都有高利贷管制法严格限制借贷利率，极大地限制金融机构为债务人提供融资的意愿。另外，几乎与此同时，房贷亦迅速蔓延，传统的先挣后花的经济模式，完全被债务经济取代。每个人都开始“花明天的钱，圆今天的梦”。正如丹尼尔·施特尔特在《21世纪债务论》中所讲，美国房地产市场的繁荣背后，是激增的信贷和越来越多的债务人；持续增加的债务人和高企不下的负债率，共同支撑一个经济勃兴的幻象。当财富的积累不再靠财富自身，而是靠债务的叠加，那么在实体经济层面，随着杠杆率的提高，失业、疾病、离婚等不幸事件导致的违约率，也如瘟疫般蔓延。美国立法者亟须通过新的个人破产体系，拆掉债务核弹的引信，防止美国社会的崩溃。

债务人违约，最愁莫过于债权人。信贷债权人集团为维护其利益，极力促使国会制定新的个人破产法，提高债务豁免的门槛和条件，而不是让债务人通过个人破产所赋予的债务豁免机制“金蝉脱壳”。然而，在当时民主党控制参众两院、时任总统吉米·卡特也来自民主党的背景下，1978年《破产法典》并未过多满足信贷债权人的愿望，而是坚定地站在债务人一边。债务人非常容易就可以通过个人破产制度，取得债务豁免。宽松的法律为债务人提供极强的诱导，《破产法典》实施的第一年，个人破产申请数量即暴增60%。

个人破产法的宽松，与信用卡行业的发展几乎保持同一节拍。1978年美国最高法院通过Marquette案判决，取消高利贷行业利息管制；信用监管体系日渐完备，信用记录体系越来越发达，信用卡行业迎来井喷并最终泛滥。除此之外，在整个20世纪80年代，美国大规模放松州际和州内金融机构的管制。此举直接导致金融机构的大幅度增加。金融机构的增加，既让信贷债权人力量迅速增强，也让同行间产生的激烈竞争。通过传导机制，最后导致放贷条件越来越宽松、风险偏好不断提升、信用卡发放量剧增，信用借贷的呆坏账率也显著提升。由此，如何提高个人破产制度的门槛，尽可能确保借有所还，维护信贷债权人的利益，日渐成为行业内外共同面对的问题。

信贷债权人集团不断加强对国会的游说。他们组建国家消费信贷协会，邀请普度大学信用研究中心完成“普度报告”，同时也积极参与国会听证会，努力说服国会修改破产法。这种努力，在1984年收到了一定成效，个人破产的严格程度较之1978年，有一定的提高。但是，这既未阻止个人破产申请的井喷，也未满足信贷债权人集团越来越大的胃口。

随着个人破产案件的增多，个人破产律师和学者队伍亦越来越庞大。个人破产律师们作为一股市场力量，逐渐崛起，到1992年组成了全国消费者破产律师协会。在学术界，维恩·康特里曼、菲利普·舒曼、伊丽莎白·沃伦、泰莉莎·沙利文、杰伊·维斯特布鲁克等学者的声名鹊起，他（她）们坚决站在债务人一边，反对债务豁免机制的严苛化。尤其是执教于哈佛法学院的沃伦和沙利文、维斯特布鲁克等，通过1989年的《假如我们原谅债务人》、2000年《脆弱的中产阶级》等著作，俨然债务人的保护神。这些因素，也让破产法改革的天平，向债务人倾斜。

一场债权人与债务人围绕个人破产法而发生的内战，刚刚吹响冲锋号！

在不同势力的努力下，国会于1995年组建委员会，研究破产法改革问题，沃伦进入该委员会并成为首席报告人。当时的国会明显分裂，共和党控制参议院，民主党控制众议院。这种分裂也体现在委员会内部，亲债务人的声音和亲债权人的声音此起彼伏，斗争日渐白热化。沃伦领衔提交的报告，遭到共和党成员的激烈抨击；信贷债权人集团通过备忘录、听证会等形式，向国会表达其对委员会报告的不满，媒体上信贷债权人集团投放的广告，也连篇累牍地夸大美国国民为债务豁免而承担的成本。

最终的角力中，信贷债权人集团取得短暂的胜利。他们在1997年提出新的法案，对债务人的免责提出极为严苛的标准。鉴于共和党控制国会，这一改革方案最终获得通过。改革的核心措施之一，就是加强对债务人收入状况的调查：如果债务人收入可以偿还10000美元债务，或者可以偿还四分之一的无担保债权，债务人就不能获得债务豁免。另外一个改革的措施，即加入“信用卡条款”，将因欺诈而承担的信用卡债务列入不可免责的范围。

这份法案，放在时任总统、来自民主党的比尔·克林顿的案头。如果他签署该法案，将使美国个人破产法迎来偏向债权人的新时代。

在这场新破产法阻击战中，两位女性发挥重要作用。其中一位就是前文提到的沃伦，另一位即时任第一夫人希拉里。在多年前一次访谈中，沃伦谈到，她当时找到希拉里，动之以情、晓之以理，尤其是强调如下可能的影响：离婚的丈夫，极有可能恶意支取信用卡并破产；因为信用卡债务不可豁免，那么离婚的妇女和儿童，将不得不和财大气粗的信贷债权人一道，参与破产清偿。也就是说，债务人会通过申请破产，通过破产摆脱对前妻和孩子的扶养义务，并将离婚妇女、儿童置于与信贷机构竞争的位置。斯基尔在《债务的世界》中，也引用过沃伦声色俱厉的批判："这些妇女必须与财大气粗的债权人及其委托的收账机构争夺。在这种情况下，大多数离婚妈妈得到的补偿还不足她们应得份额的40%。这真是一个无耻的条款。"

作为当时的第一夫人，希拉里一贯重视对妇女、儿童利益的保护，她也接受沃伦的这种观点。随后，希拉里说服克林顿总统。希拉里认为，国会的破产法改革方案，威胁到广大依靠抚养费生活的妇女、儿童切身利益。希拉里特别强调，坊间的讨论多系政治见解，无论是加强信用卡行业的限制，还是提高债务豁免的门槛，都没有人关心妇女、儿童的利益。由此，希拉里坚定认为，破产者的抚养义务应该摆在首位，破产法改革应该让债务人和债权人都承担更多社会责任，确保家庭价值不受破产法改革影响。据此，在希拉里"枕边风"的影响下，2000年末，克林顿在总统生涯最后一次动用否决权，阻止该方案的通过。这一段经历，希拉里在其回忆录《亲历历史》、克林顿在其回忆录《我的生活》中，均略有提及，感兴趣的读者不妨移步。

但债权人集团并未灰心。随着小布什赢得总统大选、共和党控制参众两院，信贷债权人集团终于在2005年取得重大成就。这一成就的标志，就是2005年《破产滥用预防及消费者保护法案》的通过。

值得插叙的是，在这部法案通过时，时任参议员希拉里一反常态，投下赞成票。对此，沃伦在前述访谈中认为，随着信贷行业对国会游说力度的加强，希拉里进入参议院后，面临的来自信贷债权人集团的游说压力空前加剧，其"叛变"自然而然。

《破产滥用预防及消费者保护法案》从如下几方面，大幅度提高个人破产的门槛：引入收入测试机制，限制债务人在第 7 章和第 13 章之间选择的权利；提高破产申请费用，并要求债务人在申请破产同时即缴纳高额申请费用，而非事后缴纳；限制债务人在第 13 章程序中主动提出清偿期限及清偿比例的权利；缩小自由财产的范围；增加债务人提出破产申请时对申请材料的要求；降低破产后收入例外的标准，以及加重破产律师等在协助申请过程中材料不足、错误及失实等而承担的责任等。

从上述“美国个人破产申请数量（1978－2018 年）”一图可以看出来，随着《破产滥用预防及消费者保护法案》的实施，个人破产案件的数量，在 2006 年、2007 两年陡然下降。现在尚无确切证据证明 2008 年次贷危机与这一轮破产法修订有直接关系。但可以明确的是，在次贷危机的冲击下，2008 年之后连续三年，美国个人破产案件的数量重回增长轨道，并在 2010 年达到 159.6355 万件的次高峰。

然而，这一趋势并未持久。次贷危机冲击波过去后，从 2011 年开始，美国个人破产案件的数量连续 8 年逐年下跌。个人破产案件数量究竟是越多越好？还是越少越好？或者说，个人破产案件维持在什么样的比例，才能确保经济体健康发展的同时，让诚实但不幸的债务人能够从如山债务中纾解？对这些问题的回答，可能还需要更多文献佐助。但美国的有识之士们，已经意识到这个问题。2019 年 4 月 11 日，美国破产学会（American Bankruptcy Institution）消费者委员会在历时两年的研究后，发布该委员会研究报告，明确承认 2005 年《破产滥用预防及消费者保护法案》使得债务人申请个人破产极其困难，个人破产制度嫌贫爱富，门槛越来越高，背离个人破产制度的宗旨。另外，诸如教育贷款等不可豁免的债务问题，也成为美国社会的定时炸弹。由此，该报告提出若干方案，建议对美国个人破产体系展开进一步改革。

总体而言，美国的破产法改革，基本上是四十年一大变。从 1978 年《破产法典》通过至今，刚好走过四十年的周期。下一步，美国个人破产法究竟往何处去，我们且拭目以待，并随时准备着在中国个人破产法构建的过程中，发挥后发优势，扬长避短，让我国的个人破产法，在债务人纾解和债权人利益维护之间寻求平衡。

（本文首发于 2019 年 5 月 6 日澎湃财经频道“澎湃商学院”栏目。）

欧盟“预防性重组”，一种新破产理念的崛起

2019年6月20日，欧盟立法机构通过《第2019/1023号指令》，聚焦于“预防性重组”制度（preventive restructuring frameworks）的建构。按照欧盟法的体系，该指令将在颁布后两年内，由各成员国转化为成员国法，然后在全欧盟范围内推行。

传统的困境企业拯救，基本是庭内、庭外二元划分：庭外程序即重组（restructuring），困境企业能否得到拯救，取决于当事各方的谈判，没有特定的时间限制，没有法院的介入，当然也没有国家公权力机关的背书，在极大便利当事各方自由行动的同时，约束力有限，重组协议在执行中也容易出现各种障碍。而庭内程序即重整（reorganization），困境企业需要进入司法程序，一旦该程序启动，会有一系列法律效果，对债权人、债务人都有强制性的要求，当然也会有特定的保护措施；基于法律规定，整个重整程序会有明确的时间表，超出时间表则可能会导致程序终止、债务人被宣告破产的结局；一旦债权人会议和法院批准重整计划，对所有债权人都有约束力，重整计划执行阶段债务人会重新获得企业经营控制权，重整计划执行结束后剩余未偿还债务则一笔勾销。整体来看，无论是庭外程序还是庭内程序，没有绝对的全利或全弊之分，各有千秋。

那么，有没有一种制度，能够比较完美地结合庭外重组和庭内重整制度的优点呢？答案是肯定的，那就是以欧盟《第2019/1023号指令》为代表的“预防性重组”。

在欧盟林林总总的法律体系中，这个指令只是汪洋大海中的浪花一朵。但是，我深信这是一部足以掀开欧盟乃至全球破产法发展新纪元的法律，代表着一种新破产理念的崛起。在人类破产法文明的发展史上，该指令之所以值得重视和关注，完全是其革命性的意义所决定的。

“预防性重组”的提出，是基于这样的背景：破产程序启动一般都较晚，往往会导致债务人错过拯救的良机；而且在不同国家和社会，债务人企业可适用的重组程序千差万别，公众对于破产制度的认知往往存在较大差异，破产程序的启动有可能会让整个企业辛苦积累的良好声誉毁于一旦。因此，“预防性重组”预期通过早期预警机制，尽早发现危困企业，通过及时重组，避免不良债权的攀升，千方百计防止债务人陷入破产境地，进而也避免对有拯救价值的债务人企业破产清算。这种拯救既可以保证债权人获得高于破产清算的清偿，也能保障就业，实现出资人和整个经济体利益的最大化。

作为前置性条件，欧盟《第2019/1023号指令》要求每个成员国都应广泛应用现代科技尤其是IT技术，设置便捷、可用且用户友好的债务人破产早期预警体系，比如停止支付的提醒机制、政府或社会中介提供的咨询服务、会计税收社保等第三方机构获得的债务人信息等，进而能够及时、尽早启动“预防性重组”程序。

“预防性重组”框架体系比较复杂，核心要点大致分为如下十个方面：

第一，可用性。每个欧盟成员国都应按照《第2019/1023号指令》，确保任何诚实但濒临破产的债务人能够启动“预防性重组”程序。如果债务人有毁匿财务账薄等行为，只有债务人采取必要补救措施并确保债权人依据可靠信息谈判时，才能启动“预防性重组”程序。当然，作为对债务人的约束，同一债务人在特定时间段启动“预防性重组”程序的次数，会受到成员国法限制。作为基本原则，成员国可以设定必要条款，尽量限制司法或行政机构在“预防性重组”程序中的介入。

第二，债务人自行经管。按照“预防性重组”的设计，该程序与重整程序中的债务人自行经管制度完美结合。在“预防性重组”程序中，债务人自行经管企业，全部或至少部分控制债务人财产，债务人企业的日常经营也不受“预防性重组”程序的影响。只有在极为特定的情形下，法院或行政机构可以视必要，通过个案审查的方式，指定破产执业者，接管债务人企业。

第三，执行中止。“预防性重组”程序启动后，所有债权人的民事执行行为，无论是有担保债权还是无担保债权，都必须中止，以便债务人可以有充裕的时间和空间与债权人们，围绕“预防性重组”中的重组计划（restructuring plan）展开谈判。通常情况下，中止最长为 4 个月。但是在债务人、债权人或者破产执业者的请求下，法院或行政机构可以结合“预防性重组”的进展，视必要给予延长或者提前终止。当然，成员国法可以对需要中止的债权类型、数量等，做出更细的规定。个别执行行为的中止，会产生一系列法律效果，比如豁免债务人按照成员国法提出破产申请的义务、阻止债权人申请或启动针对债务人的破产清算程序、债务人可以对待履行合同选择履行等。

第四，重组计划。重组计划是“预防性重组”的核心。重组计划的内容，除债务人身份、财产和负债状况、利益相关方的信息、利益相关方的分组、重组执业者的信息等基本信息外，最为核心的内容是重组措施、重组期限、雇员权益处置、预期现金流及新融资等。必要时，重组计划需要对上述内容展开详细说明。各成员国可以在其法律中，规定重组计划的内容清单。

第五，分组表决。重组计划需要债权人或利益相关方表决通过。凡是利益受损的债权人或利益相关方，都需要参与重组计划的表决；而利益未受损债权人或利益相关方，则不需要参与重组计划表决。出资人和低于普通债权的劣后债权人，可以不参加重组计划表决。在表决重组计划时，债权人或利益相关方需要按照清晰的标准分组。作为最低限度，担保债权人和无担保债权人应该分别独立成组。在任何组别，债权人或利益相关方债权额或者债权人人数占多数时，即可通过重组计划；但这里的多数，不应该高于债权额或债权人数量的 75%。

第六，法院或行政机构批准。债权人或利益相关方分组表决并通过重组计划后，还需要将重组计划提交法院或行政机构批准，才能产生约束力。法院或行政机构审查重组计划时，需要审查重组计划是否按照上述分组方案表决通过、同等顺位和组别的债权人是否受到同等对待、重组计划是否及时告知债权人和利益相关方、在个别债权人有异议时重组计划能否满足债权人最佳利益测试、新融资对于执行重组计划是否必须等。如果法院或行政机构认为重组计划对于防止债务人破产、拯救困境企业没有合理措施，则可以拒绝批准。

第七，强制批准。如果债权人或利益相关方分组表决但并不是每一组都通过重组计划，法院或行政机构可以根据债务人或者债务人谈判内容，在满足特定条件的前提下，强制批准重组计划。这里的特定条件，有四方面内容：其一，该重组计划满足上述法院或行政机构审查重组计划时应考虑的因素；其二，包括担保债权组在内的大部分组别，表决通过重组计划，或任何组别得到的清偿不低于债务人破产清算时的清偿利益；其三，未通过重组计划的债权组，其清偿利益不低于同一顺位的其他债权组，且清偿条件优于低级别债权组；其四，按照重组计划，没有任何组别得到高于其债权全额的清偿。在满足上述条件的情形下，法院或行政机构可以行使强制批准权。

第八，约束力。无论如何，只要法院批准重组计划，对于重组计划涉及的所有债权人和利益相关方，无论是支持还是反对重组计划，都有约束力。

第九，特殊群体。在"预防性重组"中，对于不同相关方，有不同处理方案：出资人权利会受到严苛限制，尤其不能为重组计划的表决、批准和执行设置障碍；职工个人或集体按照欧盟法或者成员国法享有的权益，不受重组计划影响。

第十，救济程序。与破产重整稍有差异的是，"预防性重组"也会设置一系列救济程序。一方面，如果重组计划未满足债权人最佳利益标准或未满足强制批准的条件，异议债权人可以基于自身利益考虑，向法院或者行政机构申请评估重组计划。另一方面，在法院批准重组计划之后，异议债权人或利益相关方可以就批准裁定提出上诉，只是上诉期间不影响重组计划的执行。

当然，欧盟立法者也清楚，"预防性重组"本身绝非万灵丹，而且可能会成为债务人阻止破产程序启动的借口，程序的延宕可能会造成不必要的耗费，降低债权人在破产清算时的清偿率。所以该指令序言第 3 条也特别强调，严格限定了"预防性重组"的适用，对于没有拯救价值或者经营前途的企业，必须要毫不犹豫地尽快予以清算。

从其本质而言，"预防性重组"是一种司法程序，既有庭外重组程序的优点，也有庭内重整程序的优点。"预防性重组"从避免债务人破产这一前提出发，可以通过"预防性重组"的程序和技术，尽早地扭转债务人的颓势，助力其走出财务困境，踏上发展的康庄大道。

当然，作为新生的制度，“预防性重组”绝非完美无缺。一方面，作为“指令”，不像“规章”（regulation）可以在各成员国直接适用，而需要成员国将之转化成为国内法，这种转化过程，难免会使得欧盟范围内的“预防性重组”参差不齐。另一方面，“预防性重组”的基本制度设计在很大程度上参考重整制度，这也意味着其可能会继承重整制度具备的所有缺点，“预防性重组”能否真正实现对困境企业及早施治的效果，还需要等待与评估。

但无论如何，作为一种新的破产法理念，“预防性重组”革命性地在既有的困境企业拯救庭外重组、庭内重整二分体系下，嵌入庭内重组的选项。可以想象，在未来的困境企业拯救机制中，将可能会出现庭外重组、预防性重组和破产重整三足鼎立的局面。这，显然是欧盟《第2019/1023号指令》对人类破产法文明最大的贡献。

（本文首发于2020年1月14日澎湃财经频道“澎湃商学院”栏目。）

个人破产业务会是谁的“菜”？

最近，看了两篇涉及美国个人破产程序中财产分配的学术论文。两篇文章发表时间相差近 20 年，但结论却出奇一致。

一篇是迈克尔·赫伯特（Michael J. Herbert）和多梅尼克·帕斯蒂（Domenic E. Pacitti）1988 年发表在《里士满大学法律评论》上的文章《穷困潦倒里士满：1984 - 1987 年终结第 7 章破产程序中的财产分配》。①

如题所示，两位作者以 1984 年 10 月到 1987 年 1 月期间弗吉尼亚东区破产法院第 7 章个人破产案件为样本，围绕这些案件中的财产分配展开研究。两位作者发现，在该时段终结的 4892 件个人破产案件中，有 4723 件属于第 7 章个人破产案件；而在这 4723 件案件中，只有 4.25%（208 件）的案件多少有些财产可供分配，无产可破案件的比例高达 95.6%（5415 件）。

另一篇是达利·吉梅内斯（Dalié Jiménez）2009 年发表在《美国破产法学报》上的文章《第 7 章个人破产程序中的财产分配》。②

吉梅内斯现在执教于加利福尼亚大学欧文分校；当年写这篇文章时，她正在哈佛大学法学院读 JD。

---

① Michael J. Herbert & Domenic E. Pacitti, “Down and Out in Richmond, Virginia: The Distribution of Assets in Chapter 7 Bankruptcy Proceedings Closed during 1984 - 1987”, 22 *U. RICH. L. REV.* 303（1988）.

② Dalié Jiménez, “The Distribution of Assets in Consumer Chapter 7 Bankruptcy Cases”, 83 *AM. BANKR. L. J.* 795（2009）.

在该文中，吉梅内斯对2007年1月29日－3月3日期间全美国正进行中的43000个第7章个人破产案件，基于人口动态，抽样调取2500个样本，并展开为期一年半的跟踪。通过扎实的实证研究，作者发现，这2500个案件中，只有7%（169）的案件属于有产可破的案件，债务人财产的平均规模在3411美元。这也就是说，高达93%的个人破产清算案件，属于无产可破的案件。

如果说里士满的数据，可能会有地方化、时代性特征和各种偏差，那么2007年抽样获得的全国性数据，可能更接近当时美国个人破产案件债务人财产的真实状况。

就我国而言，自从2018年最高人民法院“推动建立个人破产制度”后，各地法院在探索地方版个人破产机制中，可谓使尽浑身解数；而深圳市推出《深圳经济特区个人破产条例》，更让其他兄弟省市艳羡不已。

显然，在看得见的未来，构建中国的个人破产制度，应该是各界共识所在、大势所趋。也正是在这种背景下，越来越多破产执业者也加入个人破产的大合唱，通过文章或专著表达对于个人破产制度的关注和期待。众人拾柴火焰高，这当然是好事。

但我特别关心的是，如果在我国，未来也只有不到7%的个人破产案件有产可破，那么，个人破产业务会是谁的“菜”？

就破产业务本身而言，破产管理人是其中的核心力量。不管我们基于何种学说来构建法院和管理人的关系，在破产程序中有大量的事务需要管理人去做，法官更多只是督导和审查。也正是因为这种分工，破产管理人作为破产业务中的生力军，通过自己的专业知识和勤勉努力提供破产服务，进而获得报酬。我们需要通过市场化的方式，为最优秀的管理人提供最丰裕的报酬，让最专业的管理人能够尽心尽责提供最优质的破产服务。

在充分市场化的企业破产中，这点很好理解。2020年12月，美国一家破产法院批准终结美国太平洋电力公司（PG & E）破产案。该案起源于该公司电力设施老化引发的森林大火。面对惨绝人寰的伤亡、损失和天价索赔，该公司在2019年选择申请启动重整程序。历时17个月后，尽管法官已大力打折，但法院最终批准的参与该案各个破产服务团队的报酬总额，依然达到史无前例的7亿美元。这可能是美国历史上最昂贵的破产案件。参与该重整案的32家律所及顾问机构，部分时薪可以达到每小时 1695 美元!

事实上，我国破产管理人报酬体系的核心架构，也是按照这个思路设计和实施的。最高人民法院按照《企业破产法》授权，在 2007 年发布了《关于审理企业破产案件确定管理人报酬的规定》。该体系的核心，是基于债务人财产的体量和规模，按照百分比递减。在当时，这个体系代表着各方对破产管理人报酬体系想象力和共识的最高水平。近年来，最高人民法院通过《全国法院破产审判工作会议纪要》和《全国法院民商事审判工作会议纪要》等政策性文件，也再因势利导，本着市场化、法治化的方向，及时肯定地方法院在管理人报酬确定实践中的创举。

正是在这种背景下，前两年重钢重整案中管理人报酬可谓赚足眼球，至今依然记得“天价律师费案”刷屏的盛况。该案中，破产管理人金杜律师事务所在 126 天的时间里，获得的管理人报酬为 8680 万元，其中现金支付 5000 万元，股票 1000 万股偿付 3680 万元（作价 3. 68 元/股），平均 86. 88 万元/天。近年来，随着全国各地破产案件的增加，破产领域同行数量也多了起来。或许有不少同行，都是受重钢重整案的激励而来呢!

当然，在我国破产实践中，并不是每个企业破产案件都这么挣钱。就我有限的了解，“无产可破”企业破产案件为数不少，管理人团队不得不垫资投入工作，但最终的报酬却十分低微，甚至只能求助于各类保障基金。对大多数同行来说，仅仅依靠办理企业破产案件，连维持团队都难，要不是其他业务撑持，团队可能会处于“破产”境地。

为解决这个问题，各地法院在实践中创设了“肥瘦搭配”等各种管理人选任办法，地方政府、法院和管理人协会也积极推出各种管理人报酬保障基金，确保在无产可破的企业破产案件中，管理人依旧能够获得最低限度的报酬。这些举措，没法釜底抽薪解决根本问题，但有总比没有好。

那么在未来，如果有产可破的个人破产案件比例不高于 7% 的比例，我国个人破产案件中的管理事宜，由谁来做呢?

很可能出现的情况，就是“高富帅”破产挤破头，“矮矬穷”破产无人问!

但无论如何，个人破产制度作为现代破产制度的源头和基础组成部分，其必要性毋庸置疑。在现代社会，个人破产制度必要为诚实但不幸的债务人，提供债务纾解机制，提供“新生”的机会。由此，个人破产程序本身对专业破产服务的需求，自不待言。从先进市场经济体个人破产案件的数量来看，我国个人破产制度一旦落地，案件总体的体量和规模应该不会特别小。

在这种情况下，我们必须要未雨绸缪，提前考虑如何为超过 93% 的无产可破个人破产案件提供必要的破产服务。在现有的市场化中介机构不可完全仰赖的前提下，有如下几个方面的工作和政策调整，可能会缓解这一潜在的供需矛盾：

第一，推动破产管理与服务局的普遍设立，推出公职管理人制度，实现个人破产服务中政府和社会中介机构的市场细分：把可能挣钱的个人破产业务留给市场化的破产执业者，而把绝大部分无产可破的个人破产案件，由公职管理人完成，由公共财政买单。这符合破产服务行业的市场化本质，符合公共服务的本义，也利于为个人破产案件中真正需要帮助的债务人、债权人，提供更为精准的专业服务。

第二，引导在册社会中介机构和个人，为个人破产提供适量的公益服务，并将之作为管理人名册编订和企业破产管理人选任中优先考虑的因素。在管理人分级体系和行业准入方面，可以考虑要求新入行的破产执业者，在获得一定收入补贴的同时，提供一定时间的个人破产公益服务。

第三，鼓励开发个人破产相关的信息化、标准化平台，尽可能减少债务人在申请个人破产及程序进行中对专业工作者的依赖，鼓励和引导个人破产程序中相关主体自助完成基本工作。跟企业破产案件相比，个人破产案件数量虽然多，但法律关系相对简单，事务性、重复性、标准化工作比较多。结合个人破产中的实际需要，开发出便利当事人和同行的平台，尽可能提高效率，降低时间成本，无论从减轻公共财政开支，还是提高个人破产效率，应该是大有裨益。

第四，通过政策优惠和扶持，鼓励个人破产服务相关的公益机构和非政府组织（Non - Governmental Organizations，NGO）发展，积极推动在管理人协会、律师协会、法科院校、破产行政机构等主体，结合本职工作，设立公益性质的个人破产相关法律援助机构。考虑到基层法院案多人少的情况在短期内不可能缓解，要通过社会化的力量，多方参与，缓解个人破产的服务的供需矛盾和压力。

在我国，个人破产还是个观念中的事物。除了《深圳经济特区个人破产条例》即将实施外，大部分地方对于个人破产，都还处于想象的阶段，甚至有不少地方和同行出于朴素的情怀，对个人破产制度的落地满怀期待。但这两日，个人破产案件有产可破比例不超过7%这一事实，一直在我脑海里挥之不去，如鲠在喉，不吐不快。希望我是多虑了！

（本文首发于2021年2月1日澎湃财经频道“澎湃商学院”栏目。）

五个可猜透破产法官内心世界的实验

破产法官，权重如山。破产申请是否受理、个人破产免责与否、管理人报酬要不要打折、重整计划要不要批准……破产程序中的每一个关键环节，都需要破产法官点头，否则便无法往下推进。

而毕竟利益攸关，破产程序中涉及的利益各方，肯定也会试图通过各种方法，影响破产法官做出有利于己的裁定。公众或许会觉得，破产法官毕竟也是人，总有一种方法，能够击中破产法官的泪点，进而影响破产法官做出有利于己的裁定。

那么，在案多事杂的情形下，破产法官究竟如何决策？破产法官在做出司法裁定的时候，到底在想什么？有哪些因素可能会影响破产法官的决策？破产法官决策和普通法官到底是否一样？这些问题的答案，对管理人很重要，对债权人很重要，对债务人也很重要。如果能够猜透破产法官的内心世界，通过适当的技术和策略，实现合法利益的最大化，对于破产程序的当事各方很有意义。不仅如此，长期以来破产司法一直在纠结于要不要更加专业化，合理预测专业破产法官和普通法官对司法结果的影响，可以为司法改革的方向之争提供很坚实的论据。

2004 年 8 月 9 日，来自美国学界、司法界的研究团队克里斯·古斯里（Chris Guthrie）、杰弗里·拉赫林斯基（Jeffrey J. Rachlinski）和安德鲁·韦斯特里奇（Andrew J. Wistrich）在美国联邦司法中心召集的一个破产法官会议上，做了 5 个小实验，得出一些很有意思的研究。这次会议，3个单元同时进行，其中一个单元主题是“司法中的心理学”。参加该单元讨论并愿意参与相关实验的破产法官，有113位，占出席会议全部破产法官的36.1%，也基本能占到当时全美国破产法官总数的三分之一。参与实验的法官不要求实名，但需要提供其性别、工作年限、政治面貌或背景。尽管不是每个法官都提供前述信息，但整体统计中，依然可以大致分布：这些法官中，女性比例为26.7%；平均工作年限为11年（分布范围从不足1年到28年）；76.6%的法官认为自己倾向于民主党，而23.4%的法官自我定位为共和党。

这些法官将针对5个模拟案例，测试如下6种心理现象对司法裁定的影响：锚定效应、框架效应、忽略偏见、种族问题、债务人悔意及恐惧管理理论。根据这些实验和结论，作者团队先后完成好几篇学术论文，诸如2006年的《破产法官的内心世界》（Inside the Bankruptcy Judge's Mind）、2007年《破产法官的启发与偏见》（Heuristics and Biases in Bankruptcy Judges）等。

下文将结合上述文献，评介这些实验和基本结论——

实验一：卡车司机案

锚定效应（anchoring effect）是指定量观测时，起始值会始终影响后续观测值。在心理学上，引申为人们在做出决策时，往往会先入为主，受到首次输入的信息的影响。这种影响是中性的，可能是积极的，也可能是消极的。

在实验中，实验者虚构了一个案例：卡车司机麦克考，申请第13章个人债务重整。他的负债，主要是加油站账单，油价高企，他的运营成本急剧上升；他的主要财产，就是一辆卡车。这辆卡车通过按揭贷款购买，贷款已经偿还近一半，剩余贷款和这辆旧卡车目前的市场价持平。在个人债务重整中，各方围绕麦克考新贷款的利率产生争议：麦克考认为4.5%的初始利率正好，但债权人认为麦克考的违约风险很高，利率应该参考最高院2004年判决蒂尔诉SCS信用卡公司案上调。

实验对象被随机分为两组：一组是控制组，他们被告知，“相关各方同意，按照蒂尔案，起始年利率与法院的裁定无关”；另一组是锚定组，他们会被告知，“相关各方同意，按照蒂尔案，21%的起始年利率与法院的裁定无关”。两组之间唯一的差异，是有个21%的原始合同利率暗示。

问题是：鉴于各方对起始年利率争执不下，现在需要由您来设定适当的年利率。您将会选择什么样的年利率？

实验结果表明，起始年利率对法官的审查起到影响。在控制组中，有54位法官设定6.33%的平均年利率；而在锚定组中，49位法官选择7.13%的平均年利率。如果排除两个组别中未对初始利率做调整的法官数量，那么两个组别的平均年利率变为6.52%和7.98%。

控制组相差0.8个百分点，锚定组相差1.5个百分点。从统计学角度来说，这一差异小到可以忽略不计。但从金融角度来说，上述误差意义重大，假设10000美元的贷款，在贷款到期前，这些利率调整能够产生几百甚至上千美元的差别。正因为如此，美国联邦最高法院在前述蒂尔案的判决中就指出，通常情况下，法院只能对初始利率在1% -3%的幅度内微调。

如果把最高法院的判决视为标准答案，那么这个实验的结论显而易见：在两个组别中，锚定效应对破产法官的决策并未产生实质性的影响，基本都是在1% -3%的范围内上调。根据实验结果，在能否摆脱锚定效应方面，破产法官和普通法官并无明显区别。

显然，就借贷利率而言，破产法官虽然算不上顶级专家，但一点都不陌生。他们可在案件审判中对借贷利率解释、评估借贷利率对重整计划的影响、计算净现值以及类似实验案例中设定适当的利率。正是因为这种专业优势，可以使得破产法官在做出裁定时，更好地摆脱“锚”的影响，而单纯只是出于专业判断来设定合理的利率。

实验二：重整计划选择

框架效应（framing effects）是指同一件事情的不同表述，会影响受测试者做出不同的选择。

普通人会在涉及风险的决策时，经常会受到框架效应的影响：比如，强调收入时，如果一个决策能够确定带来100美元的收入，另一个决策有50%的可能性带来200美元的收入，那么大部分人会选择前者；强调损失时，如果一个决策能够确定导致100美元的损失，另一个决策有50%的可能性导致200美元的损失，大部分人会选择后者。实验者先前对普通法官的实验已经表明，在民事诉讼中，尽管与其利益无关，但法官还是会受到框架效应的影响。

破产法官的决策，总是和风险挂钩。只是破产法官的决策，影响的不是自己，而是别人。无论是破产清算还是重整，都涉及债权人风险承担：如果强调清偿，破产清算时清偿率比较确定，重整时未来清偿率可能更高。如果强调损失，破产清算时损失比较确定，但重整失败有可能损失更多。

事关债务人的生死存亡，框架效应会不会影响破产法官的裁定？

在模拟案例中，假设法官正在审理锤子时代公司的第11章重整案。锤子时代公司主营业务在家居领域，有五金店、地毯店，也承接一些其他业务。现在五金店和地毯店都陷入财务困境。目前公司还有一些财产。如果立即破产清算的话，普通债权人将要损失60万美元。现在，破产法官要对两份重整计划做出选择。这两份重整计划，都未按照破产法规定获得普通债权人2/3以上的支持。法官需要按照破产法规定，强制批准其中一份。

参照框架效应领域著名的亚洲疾病实验，这两份重整计划都能够产生20万美元的价值。参与实验的法官被随机分为两组：

一组是获得组，他们收到的提示如下：（1）如果您选择计划A，普通债权人将确定获得20万美元的清偿；（2）如果您选择计划B，有1/3的可能所有普通债权人都将获得清偿，有2/3的可能所有普通债权人将一无所得。

另一组是损失组，他们收到的提示如下：（1）如果您选择计划A，普通债权人肯定有40万美元得不到清偿；（2）如果您选择计划B，有1/3的可能所有普通债权人都将获得清偿，有2/3的可能所有普通债权人都将一无所得。

那么实验结果如何呢？在获得组，91.8%的法官选择计划A；而在损失组，只有73.3%的法官选择计划A。两者之间相差18.5个百分点。显而易见，如果普通债权人遭受损失而不是获得清偿情形下，更多的法官会倾向于方案B。

显而易见，框架效应对破产法官的决策产生了影响。如果选项被设定为获得清偿，那么破产法官显然会更青睐获得清偿的选项；如果选项被设定为遭受损失，那么法官可选择损失风险更高的方案。

框架效应之所以发生，原因就在于实验对象对信息的理解：计划A很容易被理解成“至少可以获得20万美元的清偿”，而计划B很容易被理解成“至少有40万美元得不到清偿”。显然，计划A在获得框架中听起来比在损失框架中更有价值。

这一结论，与实验者先前另一组针对普通法官的试验结论类似：在普通法官审理民事诉讼选择和解方案时，获得组和损失组之间相差15个百分点。也就是说，框架效应对破产法官和普通法官都会产生影响，两者之间没有高下之分。

实验三：老人免责案

忽略偏见（omission bias）的大意，是说相对于不作为产生的坏结果，人们对于因为积极作为而产生更坏的结果，有着更强烈的愧疚之心。

关于忽略偏见，最有名的实验即伦理学领域的“电车难题”：电车即将失控，如果不作为，将撞死正在过斑马线的5个路人；如果改变轨道，会撞死旁边的1个路人。哪个选择会让人们感觉更好？

实验中，主人公是一位71岁老鳏夫。由于医疗相关开销高企，他申请第7章破产清算。高达25000美元的负债中，基本都是信用卡债务，而且大部分都是用于看病、买药和简单生活用品，都在最低生活标准线上。这位老先生没有存款，但是从哥哥那里继承了50000美元。

实验对象被随机分为两组：一组是作为组，他们被告知，这位债务人继承了50000美元的国库券，然后转换成一个小公司的股票；另一组是不作为组，他们被告知，这位债务人正在考虑把他哥哥留下来的国库券转换成股票，因为他认为股票可能带来更好的回报，但他最终决定不转换。两组实验对象都知道，随后，这50000美元国库券即一文不值。

在这个模拟案例中，银行根据破产法规定，当然反对免责，银行认为债务人已经知道他不可能还上信用卡，属于恶意消费。那么，法官到底应不应免除这位债务人的信用卡债务呢？从很可能免责到绝不可能免责，法官有6个选项。选项细目及实验数据如表1所示。

表1 实验可能性

分类	是否会免除债务人的信用卡债务					
	很可能	可能	有可能	不太可能	不可能	绝不可能
作为（n=52）	63.5	21.2	7.7	1.9	5.8	0.0
不作为（n=61）	63.9	31.2	3.3	1.6	0.0	0.0

按照破产法，债务人的作为与不作为，对于破产法官的决策没有影响；破产法官在决定是否允许免责时，需要考虑债务人使用信用卡并举借债务时的主观状态。

从上述数据明显可以发现，在审查是否给予债务人免责时，破产法官并没有更严苛地关注债务人的作为还是不作为。在这个模拟案例中，债务人举借信用卡债务的主观状况，与其作为与否无关。如果忽略偏见有影响，按说会体现在法官允许债务人免责与否的意愿上。由此，可以得出结论，忽略偏见对破产法官的决策没有影响。

实验四：教育贷款免责案

种族问题会不会影响司法判断？通常情况下会的，刑事领域诸多判决尤其能够证明这一点，非裔美国人往往会被判处更重的有期徒刑，而在保释条件上也往往会更为严苛；不仅如此，即便同等条件下，往往会获得法定刑的顶格处罚，而白人则可能会获得法定刑的最低处罚。那么，种族问题会不会影响破产法官的决策？

在模拟案例中，债务人是位年轻女性，她试图通过个人破产程序，免除其教育贷款。这位女性已在大学受完 3 年教育，每年背负 23000 美元的教育贷款；由于意外怀孕，第 4 年她不得不退学，随后儿子出生。为了养活她和儿子，她找了一份每年 18000 美元的销售员工作，她奶奶免费给她照看孩子；除去按期偿还教育贷款外，她的每月最低生活费是 1125 美元。但最近，她奶奶病了，孩子无人照看。如果她继续工作，托儿费用将会上升，那么每月偿还 600 美元教育贷款（总额 83748 美元）的计划将无法完成。

在美国，试图通过个人破产程序，免除教育贷款几乎是一个不可能实现的目标。债务人需要证明自身生活陷入“极端困境”（undue hardship），才有可能获得免责。对于“极端困境”，先例中“布鲁纳测试法”影响力很大，债务人要满足该测试标准，难于上青天。

摆在实验对象面前的问题是：基于“极端困境”标准和上述事实，在 0 美元到 83748 美元之间，这个债务人可以免除多少债务？

实验设计为了测试债务人种族对破产法官的影响，法官所看到的材料中，债务人的姓名有 18 种。这些姓名分为两类：一类诸如洛塔纳、肯尼亚、拉基莎、塔米莎等等，看起来更像是黑人姓名；另一类诸如克里斯汀、萨拉、阿里森、吉尔、安妮、艾米丽等，看起来更像是白人姓名。每个实验对象所看到债务人姓名，都是从上述种类中随机安排。

实验结果略令人诧异：在听起来更像是黑人姓名的组别中，法官批准了平均47106美元（56.2%）的免责额度；而在听起来更像是白人姓名的组别中，法官批准了平均48506美元（57.9%）的免责额度。显而易见，法官未明显受到债务人姓名及其潜在种族的影响。

对实验数据进一步分析表明，政党背景、工作年限和性别对法官的影响反而更明显：民主党法官平均免责额度为50972美元，而共和党法官平均免责额度仅为34232美元；工作年限更长的法官，免责额度更低；女性法官平均免责额度为54850美元，而男性法官平均免责额度为44690美元。

实验五：坎昆休假案

通常情况下，在刑事或者民事诉讼中，当事人能否认识到自己的错误而悔改，对于犯罪嫌疑人的定罪量刑及原告是否接受和解，会有影响。那么，在破产案件中，债务人是否具有悔意，对于法官是否批准其免责究竟有无影响？

另外，按照人类学的恐惧管理理论，人们在审视死亡时，更愿意强调人类的文化价值观，进而抵消不可避免的死亡焦虑。那么，在破产案件中，死亡管理理论是否会对破产法官的司法裁判产生影响？

在虚拟案例中，债务人贾里德，29岁，单身男性。成年后，他一直饱受债务困扰。他之前从来没有干过高于最低工资的工作，但最近获得一个新工作机会。很不幸的是，这与他打算前往墨西哥旅游胜地坎昆欢度春假的计划同时发生。老板告诉他，如果去休假，肯定会被炒鱿鱼。但是贾里德还是新申请了一张额度为3000美元的信用卡，执意前往坎昆，花掉其中的2976美元。回来后，他收到辞退通知。接下来他再也没有获得过工作机会，最终决定申请个人破产。

为了测试债务人悔意对法官判决的影响，测试对象被随机分配到控制组或悔意组：在控制组，测试对象收到案例上述信息。在悔意组，测试对象收到如下额外信息："贾里德出其不意地来到您面前，很礼貌地请求允许他说话。他说，'法官，我对漫不经心的开销十分抱歉。我知道我所做的是错的，但我没有办法还债。否则我的房租和吃饭都将毫无着落。"

测试结果如表2所示。

表 2 实验可能性

分类	是否会免除债务人的信用卡债务					
	很可能	可能	有可能	不太可能	不可能	绝不可能
悔意（n=54）	13.0	5.6	5.6	11.1	24.1	40.7
无悔意（n=57）	7.0	8.8	8.8	15.8	26.3	33.3

上述实验表明，债务人是否有悔意，基本上不会影响破产法官的免责裁定。这与通常情况下公众预期大相径庭：无论是刑事还是民事审判，当事人的悔意往往会引来法官及对方当事人的原谅，也容易在刑罚或者民事责任承担方面获得一定优势。一定程度上，这也是主导现代司法改革的认知基础之一。但这个实验结论表明，债务人很难通过情绪性表达来影响破产法官免责与否的决定。这里面很可能的原因之一，是在个人破产案件中，债务人与法院很少有机会像刑事或民事审判那样，给各方面对面交流的机会。

为了测试恐惧管理对法官判决的影响，测试对象被随机分配到控制组和恐惧管理组：在控制组，贾里德已经开始在吉诺比萨店跑堂，他还报名小丑学院，希望学点小技巧，让他在吉诺比萨店里更受顾客青睐。而在恐惧管理组，贾里德的工作是吉诺殡仪馆的灵车司机和掘墓人，他正在学习尸体防腐技术，以便在吉诺殡仪馆工作更好。

这个实验测试结果如表 3 所示。

表 3 实验可能性

分类	是否会免除债务人的信用卡债务					
	很可能	可能	有可能	不太可能	不可能	绝不可能
作为（n=60）	10.0	8.3	6.7	13.3	25.0	36.7
不作为（n=51）	9.8	5.9	7.8	13.7	25.5	37.3

根据上述实验结果，可以得出结论，恐惧管理对于破产法是否免责也没有实质

性的影响。无论债务人是在餐厅大堂搞怪，还是做灵车司机做掘墓人，破产法官在决定是否免责时，并不在乎。

显而易见，从上述实验结果来看，常见的心理学陷阱对破产法官的裁定基本不产生影响，除了框架效应可能会有一些影响，其他诸如锚定效应、种族、忽略偏见、悔意和恐惧管理，对破产法官的决策都没有产生明显影响。这与该研究团队针对普通法官的实验结果有明显差异，较之普通法官，破产法官表现得更加理性、客观和中立。在破产法的王国里，真正的国王是破产法本身，破产法官只是忠实地执行破产法的仆人。

当然，上述结论只是这个实验的结果。显然，随着实验规模、范围或方法的变化，这个实验的结果可能会有变化，结论肯定需要修正甚至会被推翻。比如种族问题对破产法官的影响，包括伊丽莎白·沃伦教授在内，已经有不少实证研究得出相反结论。但无论如何，这种研究视角给我们观察中国破产司法专业化改革，提供了一个非常有趣的启迪。如果有合适机会，针对我国破产法官裁定的心理轨迹做出考察，或许会有更有趣的结论，也会为破产司法专业化前景提供必要的参考依据。

（本文首发于 2021 年 4 月 12 日澎湃新闻财经频道“澎湃商学院”栏目。）

新官上任三把火，烧出个人破产潮

草长莺飞，繁花似锦，五一国际劳动节悄然而至。随着国内新冠疫苗大面积注射和疫情控制的喜人形势，这个小长假，注定车流滚滚，人潮如织。我一边想象着这几天交通状况的热闹，一边想起十年前一桩涉及交通和破产的旧事——

2011年5月，美国芝加哥市迎来新市长拉姆·伊曼纽尔（Rahm Emanuel）。面对巨大的财政危机，“伊市长”在花费半年摸清情况后，于10月份召开新闻发布会，决定委托催收机构，向长期拖欠停车费、交通罚单、罚金等市政债务的芝加哥“老赖”开刀，并定下2012年实现催收3300万美元的宏伟目标。伊市长新官上任三把火，一火就烧出了破产潮！

这是怎么回事呢？

芝加哥位于美国中部，属于相当于我国郑州、武汉这样的九州通衢之地。就学术影响力而言，芝加哥有三宝，芝加哥大学、西北大学和芝加哥学派，绝对是世界学术研究的重镇。曾任芝加哥大学法学院院长的道格拉斯·拜尔德（Douglas Baird）教授，在破产法领域，就是数一数二的学者。

但芝加哥这个城市，也有个不为世人所知的痛点，就是长期以来交通罚单和停车费拖欠特别严重，甚至严重到市政财政捉襟见肘的境地。这种拖欠，一方面是源于市政机构的慵懒、烦琐的程序以及没有限制的累积；另一方面是源于老司机们长期以来养成的习惯。芝加哥每年 36 亿美元的预算中，停车收费等就贡献了 2. 64 亿美元。而从 1990 年 9 月开始计算，芝加哥驾驶员们拖欠市政债务，累计高达 14. 5 亿美元。

伊市长就任后，决定拿长期拖欠交通罚单和停车费的“老赖”们开刀，为市政财政开拓财源。

按照芝加哥当时的交通处罚流程，一个交通违章行为从通知到处罚，需要极其漫长的过程：交通违章后，驾驶员首先会收到违章通知；如果驾驶员在 21 天内未采取任何辩解或其他措施，驾驶员就会收到处罚通知，驾驶员跟市政之间形成债务关系；如果在截止期限之前，驾驶员未缴纳罚金，那么截止期限后该罚金会翻倍，驾驶员会收到最终处罚通知，交管部门可以在最终处罚通知上再增加罚金或其他处罚；当驾驶员连续收到 3 次以上最终处罚通知，或者一年内收到 2 次，驾驶员随后就会收到扣押通知，意味着如果在 21 日内不缴纳罚单和所有罚金等债务，交管部门会扣押汽车；汽车被扣押后，如果 15 日内不能赎回，那么交管部门会出售或者拆毁汽车。

这样下来，随随便便一个交通违章，最终累积的债务可能就会高达数千美元；开始是不愿或者无力缴纳，最后是肯定无力缴纳。

另外，如果一个驾驶员连续被拍到五次交通违章，或者连续 10 次拖欠停车费，那么交管部门就会发出吊销驾照的预通知；收到通知后，如果债务人不及时缴纳罚单，其驾照就会被吊销；驾照被吊销后当然就不能再开车，否则属于无照驾驶，面临的就是刑事惩罚了。

在伊市长新政实施后，很快位于芝加哥的伊尼诺伊北区破产法院，就挤满了来申请破产的汽车司机。而且，这些司机大多数都是非裔黑人，他们不约而同地都申请第 13 章个人破产。

这里我们让数据说话：在 2007 年时，芝加哥第 13 章破产程序中，估计只有 1000 件涉及市政债务，平均每个案件的债务额度在 1500 美元左右；但在 2017 年时，第 13 章破产程序中涉及市政债务数量高达 10000 件，平均每个案件的债务额度是 3900 美元。

这确实是十分反常的现象。在美国，通常情况下债务人更加青睐第 7 章个人破产，债务人可以通过第 7 章破产清算程序，交出大部分财产，然后实现债务的即时免责。如果申请第 13 章个人债务重整，他们需要在最多长达 5 年的时间内，把自己收入的一大部分交给管理人去偿还债务，5 年期满才能获得免责。2005 年《破产滥用防止及消费者保护法》之所以臭名昭著，就是因为这次修订通过引入收入测试机制，采取“胡萝卜加大棒”策略，把本来可以通过第 7 章程序直接获得免责的债务人，驱赶到第 13 章个人债务重整程序中。换句话说，按照常理推断，要不是法律强制性要求，大部分债务人应该是避 13 章唯恐不及。

但实证研究表明，伊市长新政的确带来一波第 13 章个人债务重整浪潮，而且根据邮政编码判断，绝大部分债务人都是非裔黑人，整体上属于中低收入阶层。在伊市长新政前，黑人申请第 13 章的比例已经明显下降；但是在伊市长新政后，其他群体申请第 13 章的比例也在上升，但黑人群体中比例上升速度明显更快。从 2011 年到 2015 年，伊市长新政影响下，黑人群体申请第 13 章破产的比例从 42% 上升到 55% 。

导致这种现象出现的原因，有如下几个：

第一，在美国破产程序中，第 7 章程序中律师费需要提前缴纳，而在第 13 章程序中律师费可以分期支付。在第 7 章程序中，律师费为 1000 美元，而在第 13 章程序中，律师费则高达 2600 美元，大型所甚至收费高达 4000 美元。但是，对于饱受现金流枯竭影响的中低收入群体来说，律师费无论多少，分期支付显然比立即支付要更有吸引力。

第二，为了吸引更多债务人使用第 13 章，第 13 章在设计时增加了很多“胡萝卜”，不少在第 7 章程序中无法免除的债务，比如类似交通罚单这样的市政罚金，在第 13 章就可以免除。对于很多驾驶员来说，最重要的债务是交通罚单和停车费，这些市政债务在第 7 章不能免除，但在第 13 章程序中则可能免除。这必然会“诱惑”债务人去申请事实上不太划算的第 13 章程序。

第三，对于绝大部分非裔黑人来说，他们所住的街区大都属于市郊、远郊。对于日常工作和生活来说，汽车是非常重要的通勤工具。因为拖欠交通罚单和停车费被吊销驾照后，他们的工作和生活都将难以为继。第 13 章程序还为这样债务人提供了十分重要的选项，就是恢复被吊销的驾照。

第四，长期以来市政机构的懒散，导致交通罚单和停车费拖欠累积数额十分庞大。这种债务，非申请个人破产，根本不可能清理。

第五，按照伊利诺伊州法所定标准，在第 7 章程序中，债务人可以保留的豁免财产额度如下：房产 15000 美元、汽车 2400 美元及总额不高于 4000 美元的其他财产。其他财产可以累积到汽车上。也就是说，如果债务人有一辆汽车，价值不高于 6400 美元，而且没有抵押，那么即便申请个人破产，他也能保留这辆汽车；如果高于 6400 美元，那么这辆车就会被拍卖，他会领到 6400 美元现金。而在第 13 章程序中，债务人几乎可以保留所有财产，根本不用费心计算哪些可以保留、哪些不能保留。即便市政机构因为市政债务扣押汽车，债务人也可以在申请第 13 章程序后，请求市政机构解除扣押措施。

鉴于上述理由，伊市长新政颁布后，骤然就引发了一场不期而至的第 13 章个人破产潮。

当然，第 13 章程序对于债务人来说，也有缺点。最明显的缺点之一，就是贵。另一个缺点，是失败率高，据统计有 2/3 以上的人完不成重整计划，最终还是得转入第 7 章程序。不过，这两个缺点，对于朝不保夕的债务人来说，只要能延后债务暴雷的时机，多点债务或者未来再破产，都不是事儿。

我们长期以来，处于一个长期谈“破”色变的文化下，对此我们不大容易理解。新官上任可以点几把火，怎么能一火烧出破产潮呢？站在债务人视角看，第 13 章个人破产程序确实为贫穷但不幸的债务人摆脱市政债务的枷锁，提供了一个法律工具。人民感谢个人破产制度，莫此为甚。就是不知道伊市长作政府工作报告时，会如何反思他的新政和改革懒散成风的交管部门？

在人工智能助力下，汽车行业迎来又一次更新换代的浪潮。在看得见的未来，汽车依旧会是人们出行的首要交通工具。交通与破产表面上毫无关系。芝加哥教训提醒我们，交管债务的清缴与个人破产之间，联系甚密。我国在未来的破产法修订中，如果要加入个人破产，这些问题确实需要未雨绸缪，做好顶层设计。惟其如此，个人破产法才能为穷苦但不幸的债务人，提供一个遮风避雨的港湾。

（本文首发于 2021 年 5 月 3 日澎湃新闻财经频道“澎湃商学院”栏目。）

破产犯罪为何逍遥法外?

破产法是集体债权债务清理的艺术。这种艺术的至高境界，在于通过合法免债的机制，确保债务人财产在债权人之间的有序和公平分配，帮助诚实但不幸的债务人东山再起，实现多元利益的最大化。作为商法的一部分，破产法律体系的良好运转，特别取决于破产程序参与各方尤其是债务人的诚实。

从制度设计角度，除对债务人诚实破产的正面要求外，更多需要对规则违反者施加必要的约束和制裁。在现代社会，最严苛的约束和制裁当然是追究刑事责任。如果违规者总是能够逍遥法外，破产欺诈就会成为破产法律体系的“阿喀琉斯之踵”。由此，破产欺诈的刑事规制和防范，始终是各国破产法和刑事法联动的要冲，当然也是一个世界性难题。

近期，读完美国爱莫里大学法学院博士莱阿·克莱门特（Leia Clement）2015 年在《爱莫里破产发展学刊》上发表的论文《美国破产犯罪起诉：该程序是否侵蚀破产体系?》。① 该文基于对美国 2010、2011 年两年破产犯罪刑事起诉相关数据的实证分析，认为美国破产犯罪起诉率、定罪率均极低，破产犯罪基本都逍遥法外。

何以至此呢?

---

① Leia Clement, “A Study on Bankruptcy Crime Prosecution Under Title 18: Is the Process Undermining the Goals of the Bankruptcy System?”, 31 *Emory Bankr. Dev. J.* 409 (2015).

美国破产犯罪惩戒机制的设计与运行

美国对破产犯罪惩戒机制采取常规的“两分法”：破产相关事宜由《美国破产法》规范（《美国法典》第11编）；而破产犯罪则规定在《犯罪与刑事程序》（《美国法典》第18编）第9章“破产”中。

《犯罪与刑事程序》第9章“破产”共有8个条款。除第151条定义“债务人”外，第152－第158条用7个条款，规定如下破产犯罪的类型和刑责：

（1）隐匿财产、虚假宣誓和陈述、贿赂；

（2）挪用债务人财产；

（3）工作人员的利益冲突与行为；

（4）第11编或接管中的私下收费；

（5）明知但忽视破产法律和规则；

（6）破产欺诈；

（7）美国总检察长及联邦调查局侦探起诉的债务再认滥用或实质上的欺诈性陈述。

这一刑罚体系，看上去已经比较严密。但问题是徒法不足以自行，破产刑罚的司法机器如何运转，对于实现破产犯罪惩戒机制的目标至关重要。再精良的法律都需要执法机构在实践中贯彻，否则只会是一纸具文。

在美国，破产犯罪属于公诉案件。但联邦检察官（United States Attorney）很少直接启动破产犯罪的调查程序，破产管理署（United States Trustee Program, USTP）才是启动破产犯罪调查程序的核心部门。

按照美国司法部官网介绍，破产管理署作为司法部下属机构，发挥着管理、规制、诉讼、执法等多重职能，对于破产制度的统一和高效运行居功至伟。破产管理署不仅承担着破产程序中行政管理职责，也负责监督破产程序中所有当事各方的行为。除设在华盛顿的办公厅外，破产管理署在全国范围内的21个区，设有90个区域办公室（Field Office of the USTP）。在破产犯罪与滥用的侦破和调查方面，破产管理署与联邦检察官、联邦调查局（Federal Bureau of Investigation, FBI）以及其他执法机构之间，有着紧密联系和合作。

在破产犯罪相关的线索收集和发现方面，破产管理署通常有如下4种来源：

（1）托管人在执业中对破产案件的监督。按照《美国破产法》第704条的规定，托管人在执业中承担着多种职责，其中之一即调查债务人的财务状况，并向联邦检察官办公室报告潜在的犯罪线索。通常情况下，托管人在破产执业中一旦发现犯罪线索，既可以直接向联邦检察官办公室（United States Attorney's Office）报告，也可以将犯罪报告提供给破产管理署并由破产管理署移送联邦检察官办公室。作为法定义务，托管人在个案中往往比其他相关方更可能发现和报告潜在的犯罪线索，必要时托管人还需要协助联邦检察官完成起诉。

（2）破产管理署区域办公室的核查。美国2005年《破产滥用防止及消费者保护法案》中，引入收入测试（means test）机制，杜绝有稳定收入或者预期收入超过标准的债务人滥用个人破产。为实现防止滥用的目标，破产管理署区域办公室通常会通过书面审计、在线调查、要求债务人额外提供材料等方式，严格核查债务人的收入能力，发现债务人潜在的滥用破产线索。此外，破产管理署区域办公室还经常使用破产管理署提供的比如突然被盗、申请前大额赌博损失、未能报税、为朋友或亲戚无文件代偿、未如实报告先前破产经历等典型的"欺诈标志"（fraud indicator），来甄别债务人是否有欺诈嫌疑。

（3）破产管理署接收破产程序相关人员的举报。破产程序中任何相关方，比如前配偶、生意伙伴、前职工、债权人等，都可能成为举报主体。据统计，在1999－2001年间美国5个破产管理署区域办公室和联邦检察官办公室获得的破产欺诈线索，48%来自举报。当然，举报有时并不可靠，线索核验也需要极高的人力物力财力成本，甚至可能会造成对破产管理署区域办公室和联邦检察官办公室的误导。

（4）破产管理署对债务人的抽样审计。按照美国2005年《破产滥用防止及消费者保护法案》，第7章个人破产清算和第13章个人债务重整，都需要按照1∶250的比例抽样审计。在相关抽样审计中，美国破产管理署可以通过分析破产申请及相关财务陈述是否准确、真实，发现破产犯罪线索。在破产管理署2011财政年度抽检审计的案件中，全国范围内共抽检1077个案件。其中提交审计报告的1008个案件中，没有重大错误陈述的案件数量为755个，占比75%；而有至少一项以上重大错误陈述的案件数量为253个，占比25%。但囿于预算限制，2011财政年度的实际抽检比例仅为1∶1700，远低于该法律的要求。这也就是说，破产程序中欺诈比例和可能性还是比较高，就看能否发现。

破产犯罪起诉难，定罪科刑更难

那么，发现破产犯罪线索后，又如何追究刑事责任呢？破产管理署在2011财年共作出1968份追究刑责建议。在这些追究刑责建议中，前5类分别是：税收欺诈（35.8%）、错误宣誓或陈述（33.2%）、隐匿财产（24.8%）、破产欺诈（21.5%）、破产申请中编造虚假身份材料（15.1%）。

这些追究刑责建议移送到联邦检察官办公室后，联邦检察官办公室对其中736份移送提出复核，占比37.4%。有534份移送调查机构进一步调查，占比27.1%。有19份追究刑责建议最终正式提出起诉，其中进行中15起，占比0.8%；起诉并定罪的有4起，占比0.2%；美国联邦检察官驳回起诉的有677起，占比34.4%；另外还有2起案件行政性终结，占比0.1%。

这也就是说，联邦检察官办公室2011财年审查完成的1232起案件中，最终正式起诉的只有19起（1.5%）；而被驳回起诉的案件数量则高达677起（54.9%）！

事实上，不仅2011财年如此。往前追溯5年，美国破产犯罪起诉并追究刑事责任的比例也并未更高。

破产犯罪为何逍遥法外？

据估计，在美国每年发生的破产案件中，有接近10%到25%的比例存在破产欺诈可能。但按照上述移送起诉并追究刑事责任的比例测算，每年由联邦检察官提出起诉的破产犯罪案件数量不会很高。显而易见，破产犯罪很容易逍遥法外。

莱阿·克莱门特为进一步核验其研究结论，通过彭博新闻社法律频道的报道，进一步地梳理和分析了美国2010、2011财年破产犯罪起诉和定罪情况。经过精心设定关键词，并在彭博新闻社法律频道内联邦法院刑事案件系统中检索，克莱门特最终在2010、2011两个财年周期内，发现183个结果，涉及107个破产犯罪刑事起诉案件。

在上述107个案件中，只有27个案件仅涉及破产犯罪的起诉。其中，有9个案件中被告人被追究刑事责任，占比33.3%；其他18个案件起诉被驳回，占比66.7%。

而其余80起案件中，涉及破产犯罪与特定犯罪一并起诉的案件为53件，占比49.5%，破产犯罪与一般犯罪（主要涉及结构化交易、偷漏所得税和社保欺诈）一并起诉的数量为27件，占比25.2%。此即是说，有80个案件涉及破产欺诈犯罪和其他犯罪，占比74.7%。

在美国经济犯罪中，特定犯罪往往意味着比破产犯罪更严苛的刑罚。比如破产犯罪的有期徒刑通常在1年以下，最长不过5年并处罚金。而特定犯罪比如洗钱，有期徒刑可达20年，并处罚金金额则是50万美元以内或涉案金额的2倍中较高者；银行欺诈刑期高达30年，并处罚金100万美元；电信诈骗或邮件诈骗刑期20年，并处罚金100万美元。相较而言，破产犯罪的刑事责任，在特定犯罪面前绝对是小巫见大巫。上述统计已表明，如果破产犯罪单独起诉，被告人定罪的概率只有33.3%；如果破产犯罪与其他犯罪一并提起诉讼，被告人几乎100%会被定罪。

总结与展望

上述统计已表明，如果破产犯罪单独起诉，被告人定罪的概率只有33.3%；如果破产犯罪与其他犯罪一并提起诉讼，被告人几乎100%会被定罪。

通过上述梳理和分析，美国破产犯罪刑事体系有着如下特点：第一，制度设计相对清晰，破产犯罪类型多元；第二，破产犯罪刑事惩戒体系运行不畅，绝大部分破产相关刑事犯罪要么很难被发现，即便发现也很难被侦办，即便侦办也很难起诉，即便起诉也很难定罪。在一定程度上，绝大部分破产犯罪都逍遥法外！

这一发现，对我国破产欺诈问题的规制和防范具有重要启迪。

一方面，较之我国虚假破产罪罪名单一、主体有限等立法困境，美国破产犯罪制度设计明显更为缜密丰富。考虑到个人破产的案件数量更多、规范化破产更难，相对缜密丰富的制度设计，对个人破产中潜在欺诈和犯罪有威慑作用。

另一方面，可以清楚看到美国破产犯罪追究体系运行有其成绩，但问题也很明显。相关执法机构众多且互相制约，破产犯罪追究中侦破难、起诉难、科刑更难，绝大多数破产犯罪都能逍遥法外。这种官僚体系在降低冤假错案发生几率的同时，也极大地限制了破产犯罪追责体系的高效运行。

我国破产犯罪追究体系的重构，既需要立足国情和传统，也离不开对国际经验必要的比较、学习和借鉴。在这个过程中，“纸上得来终觉浅”，我们应该避免对国外制度设计的简单照搬和移植，而更应关注每一种制度在特定国情和传统下运行的实际效果，并在这种关注中，尽可能避免外国的弯路和教训，杜绝破产犯罪逍遥法外的窘境。惟其如此，我们才能结合我国国情做好破产犯罪追究体系的顶层设计，确保破产犯罪惩戒机制的正常运行，不枉不纵，在发挥破产法律制度正面价值的同时，既助力债务人的新生，也维护债权人的合法权益，维护破产案件背后的公共秩序，维持社会公众对破产法律制度的信心。

（本文首发于 2021 年 10 月 8 日澎湃财经频道“澎湃商学院”栏目。）

普渡药业重整案透视

2021年已近尾声，但美国普渡药业（Purdue Pharma）重整案掀起的风波还在持续中。

在我看来，普渡药业重整案肯定能列入美国年度破产审判典型案例。甚至，就波及面和影响力而论，普渡药业重整案完全可以和当年安然公司破产案媲美。

重整计划获批为何惹众怒?

通常情况下，重整计划的批准都意味着皆大欢喜的结局。重整计划批准后，破产程序基本尘埃落定。但普渡药业重整案显然不是如此。

2021年10月23日，康涅狄格州总检察长威廉·童（William Tong）发表声明，发誓要通过上诉“为正义而斗争”。童总检察长严厉表示，“我们不能允许富豪和权贵们为了规避正义和责任，滥用和误用破产法的漏洞!”“当我面对那些失去孩子的父母、那些要以余生对抗上瘾的人们，他们没有告诉我和解，而是告诉我继续为正义而斗争，这也是我向他们所承诺的。”康涅狄格州已经将普渡药业重整案，上诉到联邦区法院。

康涅狄格州不是一个州在独行。华盛顿、俄勒冈、马里兰、哥伦比亚特区以及美国联邦司法部、破产管理署等，都对纽约南区破产法院白原庭法官罗伯特·德雷恩（Robert Drain）2021年9月1日批准普渡药业重整计划恨得咬牙切齿。

但康涅狄格州总检察长的表态极具有象征性意义，因为康涅狄格州斯塔姆福特（Stamford）是普渡药业总部所在地。

上诉使得纽约南区联邦区法院法官科琳恩·麦克马洪（Colleen McMahon）饱受万众瞩目，也面临重重压力。在麦克马洪10月12日召开第一场上诉听证会之前，不同利益群体纷纷通过潮水般的信件向她施加压力，她不得不公开叫停这类行为。

普渡药业重整案溯源

且让时光倒流，我们了解下普渡药业重整案的来龙去脉——

普渡药业1990年代登记并发迹于康涅狄格州。其以生产和销售药品为主业，拳头产品之一即奥施康定（OxyContin）。奥施康定本身是一种具有止痛效果的处方药，可以产生麻醉、止痛、致幻等药效，但毒副作用也很明显，过量吸食可以导致上瘾甚至致死。20世纪90年代以来，奥施康定成为执业医师常用止痛药。但在普渡药业持之以恒的诱导和游说下，过量开具奥施康定成常态；在医用之外，奥施康定逐渐被大量作为软性毒品使用，在美国底层社会大受欢迎。

从2008年以来，普渡药业出资人萨科勒家族（the Sackler family）仅在奥施康定销售中获得的收入，就超过100亿美元。

尽管财源滚滚，但毕竟道德有愧。萨科勒家族一直在通过慈善、宣传以及法律行动，维持其正面“人设”。比如牛津大学萨科勒图书馆的捐建，为其树立了乐善好施的光辉形象。即便与奥施康定相关的死亡案例越来越多，普渡药业依旧通过营销策略狡辩其药品不会导致上瘾。当新闻媒体提出越来越尖锐的问题，普渡药业的律师们干脆向编辑部发去律师函。

随着奥施康定的泛滥，最终形成席卷全美的阿片危机（opioid crisis）。2007年5月，我国新华社就报道过，普渡药业在当时因误导公众服用奥施康定上瘾而被罚6.345亿美元。据媒体披露，从1999年到2019年间，因过量吸食奥施康定而致死的数量超过50万人。

2014年以来，针对普渡药业的民事起诉和刑事指控雪片般飞来。来自全美国48个州的检察官、政府、原住民部落、医院、个人和新生儿监护机构等，都站在了普渡药业的对立面。各州检察官也改变了工作思路。在以前，因为过量吸食或者注射软性毒品引发的死亡只被视为事故，但现在，这些行为通通被视为犯罪行为。在 2016 年，一个叫达内尔·华盛顿的毒品犯，因为销售芬太尼，最终导致其顾客的朋友死亡，在达成辩诉交易的情形下，还被科处 16 年有期徒刑。

在普渡药业 2019 年 9 月进入重整时，针对普渡药业的民事诉讼程序多达 2700 多件。

即便重整期间，普渡药业还在 2020 年 11 月与联邦司法部达成辩诉交易，普渡药业承认违反 3 项罪名并支付 2.25 亿美元，换取司法部放弃刑事指控；在刑事程序之外，联邦司法部达成还提出 20 亿美元的民事惩罚。

在这种情况下，联邦机构要求普渡药业及其出资人拿出妥善和解方案来解决问题。近半数州的总检察长和上千个地方政府，也通过联署、声明等方式向普渡药业施压。

挖空心思的重整程序

2019 年 9 月，针对严苛的政府监管、巨额索赔和潮水般的诉讼，普渡药业选择启动第 11 章重整程序。

通过启动破产程序，普渡药业成功中止所有正在进行的诉讼。普渡药业亦尝试说服罗伯特·德雷恩，还应中止所有针对普渡药业出资人萨科勒家族成员的民事诉讼。在破产程序启动后，普渡药业同时启动谈判，尝试与依旧支持普渡的州、美国原住民部落、其他支持阿片受害者的群体以及主要债权人等达成和解方案。

在破产程序启动的关键细节上，普渡药业可真是挖空心思：

第一，普渡药业以其一位普通合伙人长期在纽约为由，证明纽约南区破产法院白原庭管辖其破产案符合“总部便利”原则。尽管康涅狄格州也有破产法院，而且布里奇港破产法院和普渡药业总部距离不远，但普渡药业依然让其在纽约州进入破产程序。

第二，普通合伙人在纽约的事实，可以证明在纽约启动破产程序的适当性。但纽约具有多家破产法院，其自身规则也有较大差别。比如纽约南区破产法院只允许以债务人申请地址作为确定管辖权依据，严格排除官方邮箱作为管辖权依据；而纽约南区破产法院白原庭只允许具有维斯特切斯特（Westchester）和罗可兰（Rockland）县法院地址的债务人进入破产程序。普渡药业在前述两县并未有任何实质性的操作，其申请地址也是康涅狄格州的地址，按说不可能在纽约启动破产程序。但经过精心策划，尤其是在破产程序启动前198天将其传票送达代理点（service of process agent）修改为白原市，普渡药业还是成功获得纽约南区破产法院白原庭的管辖。

第三，美国破产案件由CM/ECF系统处理并向不同破产法官分配。纽约南区破产法院白原庭有2位破产法官，前文提及的罗伯特·德雷恩以对债务人友好著称，而另一位破产法官迈克尔·威利斯（Michael Wiles）则以对债务人严苛著称，且裁定过破产法院无权免除第三方责任。普渡药业再度通过精心操作，成功将该破产案分配到罗伯特·德雷恩手下。

显而易见，在决定启动破产程序的时候，普渡药业已经筹划好了后续的策略。

普渡重整计划草案规定了什么？

普渡药业进入破产程序后，仅申报债权的奥施康定受害者，就超过60万人。

2021年3月，在各方博弈一年半后，普渡药业重整计划草案总算公布。在形成这份重整计划草案前，官方债权人委员会尝试过多种方案，调查过普渡药业在2008－2017年销售奥施康定药物所获得100亿美元利润的去向，也考虑过包括出售普渡药业的资产在内的各种方式。各方律师们在达成协议前，也围绕普渡药业的股权架构等核心问题展开激辩。

长达324页的重整计划草案，核心内容有如下诸点：

（1）解散普渡药业，其资产转让给新设立的公益公司科诺阿药业（Knoa Pharma）。该公司的主营业务，是为过量吸收奥施康定者提供上瘾治疗和应对药物，利用其资源应对蔓延全国的阿片危机。

（2）科诺阿药业公司将由如下两个信托持有：一个是“全国阿片减少信托”（National Opioid Abatement Trust），主要将数十亿美元分配到对抗阿片危机的项目中，满足全美各州和数千个地方政府的索赔请求；另一个是针对原住民部落利益保障的小型信托，主要针对原住民部落受害者的理赔和利益保障。这两个信托的最终受益人都是美国公众。另外，科诺阿药业的董事会将会排除萨科勒家族成员参与。

（3）搭建合理机制，赔偿能够证明其因奥施康定上瘾或过量吸食而受损的个人或家庭。为实现该目标，将新设一个总额在7亿美元到7.5亿美元的特别信托，专用于向个人受害者理赔。具体赔偿方案，将采取其他类似破产案件中大规模侵权常用的受损打分系统，由信托管理人按照损伤或上瘾的严重程度，在3500－48000美元的幅度内调整。

（4）上述3个信托基金的来源共计45亿美元，主要来自萨科勒家族出资、保险收益以及奥施康定在普渡药业重整程序终止后继续生产和销售奥施康定的收入。其中萨科勒家族出资通过分期付款方式完成：重整计划生效后先直接到位3亿美元，2022年6月前到位3.5亿美元，2024年底前到位10亿美元，其余部分在未来9－10年内分期到位。

（5）作为对萨科勒家族出资的交换，萨科勒家族不承认在奥施康定研发、生产和销售中有任何不当行为。在普渡药业重整程序终止后，萨科勒家族在政府部门和独立机构的严格监管下继续生产和销售奥施康定。新公司将不再设置奥施康定销售相关的岗位，不再聘用营销人员。

（6）构建“责任之盾”，适用非一致同意的第三方免责原则。所有受害者以及各州总检察长不得再追究萨科勒家族的责任，正在进行的诉讼都要撤诉，也不能再提出潜在的阿片相关赔偿请求；而且，无论是否直接涉及普渡药业经营，萨科勒家族的所有成员都获得相应免责。

（7）普渡药业公布3000万份文件，用于学术和公众研究。

这一份重整计划草案框架公布后，一时引发舆论大哗。

该重整计划之所以引发众怒，主要有两个原因：

其一，允许奥施康定继续生产和销售。尽管德雷恩表示，其将发布禁制令严格限制其经营行为，奥施康定销售亦将置于严苛且独立的监管之下，不允许再设专门的营销岗位游说医生过量开具使用奥施康定的处方。

其二，允许出资人萨科勒家族金蝉脱壳，通过破产程序而将其家族产业和成员都保护起来，不再受受害者的追诉和骚扰。

在举国上下皆欲置之死地而后快的氛围下，上述两个原因使得普渡药业重整引起人神共愤。这也是为什么普渡药业重整计划被批准后，网络上甚至出现一幅德莱恩法官巨幅画像被喷油漆的照片。考虑到美国法官通常具有的崇高地位，这种极其罕见的现象足以体现出公众的极端愤怒。

随着重整计划草案的公布，普渡药业重整案引发各界关注，最终惊动美国国会。国会议员们纷纷通过听证会、提出法律修正案等方式，来表达对潜在滥用的关切。

重整计划批准之后

2021 年 9 月 1 日，罗伯特 · 德雷恩裁定批准普渡药业重整计划。

在此之前，德雷恩召开多轮听证会，尤其是特别传唤 4 位萨科勒家族成员到庭，了解其意见和态度。普渡药业首席代理律师马歇尔 · 赫柏纳（Marshall Huebner）拜访德雷恩，特别提醒如下事实：因为萨科勒家族的大部分财产都已设定信托，而且萨科勒家族大部分成员客居海外，任何在超出 45 亿美元的方案之外试图执行萨科勒家族的财产的想法将几乎不可能实现。赫柏纳特别强调，普渡药业重整计划确实不完美，但较之旷日持久且成本高昂的诉讼，显然是更好的方案。

该重整计划草案得到主要的债权人代表、部分个人受害者和部分州的支持。其中，官方债权人委员会明确表示支持该重整计划草案。官方债权人委员会认为，未来继续起诉萨科勒家族，不仅旷日持久，而且前途未卜，与其如此，还不如寻求一揽子方案解决问题。另外，萨科勒家族的大部分资产都在海外，即便受害者获得胜诉判决，在实际执行时也可能会遇到各种各样的障碍。因此，官方债权人委员会建议其背后的无担保债权人投赞成票。

反对该重整计划批准的声音调门极高，联邦司法部、破产管理署和部分州都站了出来，使对该重整计划的批准具有了可上诉性，也对普渡药业重整案的前景带来一定的不确定性。代理华盛顿州的律师公开表示，德雷恩对该重整计划的批准，将酿成历史性错误，该破产法院的批准裁定亦会通过上诉推翻。华盛顿州总检察长鲍勃 · 弗格森（Bob Ferguson）和康涅狄格州总检察长威廉姆 · 童都表示，他们将会通过上诉法院来推翻德雷恩法官的裁定。弗格森明确表示，该裁定将是对受害者的侮辱，而这些受害者在破产程序中却是沉默的大多数。

从德雷恩的表态看，他对普渡药业重整计划也很无奈，至少部分地持保留意见。在裁定批准重整计划后，德雷恩表示，“这是一个苦涩的结果”，“我相信至少部分萨科勒家族成员对奥施康定索赔负有责任，我也希望能够有更好的结果。”德雷恩承认，他内心希望萨克勒家族能够付出更多，但他无权强迫任何特定的额度。而且，德雷恩还对外披露，传唤到庭作证的 4 位萨科勒家族成员无一表达歉意，德雷恩认为强迫道歉不是真正的道歉，所以大家都不得不接受没有歉意的方案。

9 月 17 日，美国破产管理署率先表示将对德雷恩批准普渡药业重整计划提出上诉，此后其他州和机构陆续跟进。美国联邦司法部公开声明，这一重整计划不仅违法，而且违宪，直接把一份重整计划的批准与否上升到违宪高度！

如今，距离德雷恩批准普渡药业重整计划批准已两个月。这两个月期间，跟普渡药业重整案相关的消息不少，比如德雷恩提出明年退休，比如媒体披露普渡药业为游说国会花费巨资，比如围绕究竟是上诉到联邦区法院还是直接上诉到联邦第二巡回法院的争议，比如麦肯锡同意为其过去对普渡药业提供的咨询意见付出 5.73 亿美元赔偿……但因为上诉程序已然启动，该重整计划尚未生效。

即将到来的 2021 年 11 月 9 日，另一场有关是否中止该批准执行的听证会，将在麦克马洪法官的主持下举行。普渡药业重整案的未来究竟如何，且让我们拭目以待。

（本文首发于 2021 年 11 月 6 日澎湃财经频道“澎湃商学院”栏目。）

球星贝克尔个人破产犯罪案的警示

2022 年 4 月 29 日，网坛前巨星鲍里斯·贝克尔（Boris Becker）因为个人破产中的 4 项犯罪行为，被英国南华克王座法院（Southwark Crown Court）判处有期徒刑两年半。

消息一经发布，贝尔克个人破产犯罪案即引发全球大小媒体的报道。媒体对贝克尔个人破产欺诈案的关注，主要是因为贝克尔前网坛巨星的身份。贝克尔出生于德国，1985 年，时年 17 岁的贝克尔一鸣惊人，成为温网最年轻的单打冠军。在其职业生涯中，贝克尔三度斩获温网冠军、二度拿下澳网冠军、一次获得美网冠军。除未能征服过法网公开赛之外，贝克尔获得的其他大大小小的单打、双打奖杯更是不计其数。据统计，贝克尔仅奖金一项的收入，就有 2508 万美元；商业代言及其其他场外收入，高达 5000 多万美元。这是一个了不起的成就！

1999 年退役后，贝克尔的生活急转直下。尽管他还能够从担任网球教练、电视评论等渠道获得收入，但财务状况越来越差。尤其是离婚诉讼的财产分割和投资失败，最终使得其违约频频。2017 年 4 月 28 日，一家为他提供贷款购买西班牙豪宅的私人银行，因为一笔 460 万欧元的贷款违约，向法院提出破产申请。是年 6 月 21 日，法院正式宣告贝克尔破产。

按照法院的破产裁定，贝克尔承担两项主要义务：第一，向托管人如实告知所有的财产信息；第二，超过 500 英镑的举债，需要通知债权人。

如果从此时开始，贝克尔全力配合法院，认真对待个人破产，不仅不会有牢狱之灾，更会很早就获得剩余债务的免除，早已“无债一身轻”。按照英国破产法的规定，债务人通常在宣告个人破产之日起一年后获得免责。因为其名人身份带来的光环效应，他甚至有可能成为诚信破产的典范。

但英国破产服务署（Insolvency Service）发现，贝克尔在宣告破产前后，有近450万英镑的交易未予披露。经过调查后，英国破产服务署总共提出24项指控。

最终，法院认定其中4项指控：（1）从破产财产中转移近42.7万英镑的资产；（2）未能披露在德拥有所有权的财产；（3）隐匿一笔由列支敦士登阿尔皮纳姆银行发放的贷款，共计82.5万英镑；（4）未能披露在突发数据公司（Breaking Data Corp）拥有的7.5万股股份。其他未经法院认可的20项指控，还包括比如贝克尔未能将其网球生涯中所获得奖杯和奖牌上交，以及未能披露部分财产、转移和隐匿财产等。

有上述4项法院确认的指控，已足够把他送进万德华斯监狱（Wandsworth Prison）了。

在英国，有关破产刑事犯罪的条款，直接规定在破产法中。

现行英国1986年《破产法》第353－第359条，十分详细地列举可能涉嫌破产犯罪的行为：未能披露破产财产的所有细节；隐匿或未能交出财产；从破产财产中拿出超过1000英镑的财产；在破产裁令做出前一年内，导致破产财产有重大损毁和损失；向破产管理人或债权人作虚假、欺诈性以及不完全的陈述；在破产裁令发布前5年内恶意处置破产财产；在破产裁令发布后携带超过1000英镑的财产离境；在破产裁令发布前1年内，处置任何基于信用获得且未解决的财产……

1986年《破产法》附件10为这些行为的刑罚提供了基本指引，最严重的行为将会被判处最高7年的有期徒刑。

贝克尔被判刑罚后，不仅身陷囹圄，已经获得的免责亦将暂停。未来，贝克尔何时获得免责，破产服务署最终说了算。另外，贝克尔从2019年10月17日开始，还将面临为期12年的经商限制。

进入5月，贝克尔破产犯罪案引发的后续舆情还在继续。他曾执教过的德约科维奇和其他体坛明星，纷纷通过自媒体表达了惋惜。

英国媒体还在讨论，贝克尔有没有监外执行，以便继续在电视台解说网球赛事；有没有可能会因为外国人犯罪而被驱逐出境。甚至，媒体还在关注贝克尔女友探监、吐槽监狱食宿生活等琐事。

在非专业层面，贝克尔破产犯罪案令人深思。显而易见，破产法面前人人平等，前网球巨星身份并不会成为其个人破产犯罪中免于或者减免刑事处罚的“挡箭牌”。就像英国破产服务署首席执行官迪恩·宾利（Dean Beale）所说，贝克尔个人破产犯罪“向那些认为自己可以隐匿财产的债务人，发出清晰的警告：要想人不知，除非己莫为。一旦被发现，就会被送上被告席”。

在专业层面，贝克尔破产犯罪案同样启迪甚多。

一方面，个人破产制度是现代社会的必需品，正面价值连篇累牍，毋庸赘言。但是，我们在打造债务人友好型个人破产体系的同时，必须要强调破产犯罪的预防和惩罚，为打造债务人友好型个人破产提供兜底性保障。如果没有必要的破产犯罪预防和惩罚，个人破产很有可能会成为逃废债的“天堂”。

另一方面，有效的破产刑事司法体系，既需要《刑法》本身在刑事罪名和刑罚体系的细化，更需要实现破产犯罪的侦查、检控和判决的“闭环”。

在这方面，英国刑事司法体系堪称样板。英国破产犯罪刑事司法体系的关键在英国破产服务署。按照伊恩·拉姆齐教授在《21 世纪个人破产法：美国和欧洲比较研究》中的说法，英国破产服务署集监管者、政策制定者和商业道德捍卫者于一身，也负责中介机构不感兴趣的无产可破案件；它们的核心任务是确保英国的破产体系能够保持世界一流水准。

英国破产服务署的职能配备，为破产犯罪案件的侦查和检控奠定重要基础。英国破产服务署下设机构之一，即刑事执法组（Criminal Enforcement Team）。刑事执法组专门负责各类破产程序中涉嫌破产犯罪行为的调查，并在必要情况下向法院提起检控程序。

如果说英国破产服务署距离还比较遥远的话，与之类似的我国香港特别行政区破产管理署，同样可以成为更近的观察标本。

香港破产管理署下设法律事务部 2，其职责之一即“调查及检控触犯无力偿债罪行的人士”。该部门下设 2 个检控及取消董事资格组、4 个专案工作组，相关工作组都由高级律师领衔并担任工作主力。

据官网统计，仅仅在 2022 年 1－3 月，香港破产管理署署长就发出 187 张传票，成功检控定罪 98 项。在过去 5 年间，香港破产管理署年均发出传票维持在 587－805 张之间，定罪数目在 463－683 件之间，罚款额度在 80 万－112 万港币之间。尽管香港特别行政区破产犯罪刑罚大都较短（2 周－3 个月，缓刑 12－18 个月），罚金大都较轻（1000－3000 港币），但因为高效且勤勉的破产管理署侦检团队，香港特别行政区始终向破产领域的犯罪行为保持高压态势，也较好地助力破产程序的正常进展。

上述范例对我们重构破产刑事司法体系，具有重要启发。按照《刑事诉讼法》的构造，我国刑事司法体系是公安侦查、检察院检控、法院审判，三机构“分工负责，互相配合，互相制约”。对于普通刑事案件，这个体系运作高效，近乎完美。但在破产领域，这一体系却几近失灵：由于破产案件的高度专业复杂，以及公安警力和任务配备本就捉襟见肘，导致公安机关对于破产涉刑案件往往退避三舍。检察机构亦缺乏动力，直接受理破产犯罪的侦查。而虚假破产本身又不属于自诉案件……这些因素叠加，导致《企业破产法》实施 15 年来，虚假破产罪几乎成为无人问津的“睡美人条款”。

在我国个人破产落地共识越来越明显的情况下，上述制度性短板不仅不会自然消除，更可能会被放大。在各界对个人破产制度万众瞩目的背景下，如果破产刑事司法体系不加以改革和重构，个人破产犯罪刑事惩戒机制失灵的危害可能会大，也会极大影响公众对个人破产程序的信任和信心。

职是之故，贝克尔个人破产案件既“远在天边”，却“近在眼前”。我们需要引以为戒，在法律制度和刑事司法体系两个方面双管齐下，尤其需要推动破产行政机构的设立，并在其职能配备中赋予刑事侦查甚至必要的检控权限。惟其如此，在不远的将来，我们才会避免各种各样的国内版“贝克尔”，才会把通过破产程序逃废债的风险降到最低。

（本文首发于 2022 年 5 月 10 日澎湃新闻财经频道“澎湃商学院”栏目。）

死人的事，破产法怎么管

世事变幻，人生无常。人们常用“阴阳相隔一张纸”，形容生死之间的短暂距离。站在生死大限的角度，可以确定的是，破产法通常只管活人的事，不管死人的事。楚河汉界，泾渭分明，破产法难越雷池半步。但在极少数情况下，破产法不得不管死人的事。那么，破产法怎么管死人的事呢?

且听我从头说来——

2022 年 7 月 29 日，英国殡葬行业将迎来改革“大限”：要么接受政府监管规范经营，要么就此退出市场。

这一改革的背后，则是一款广受市场欢迎的殡葬信托产品：委托人可以通过一次性付款或者分期付款的方式，在自己生前设定一个殡葬信托。受托人为寿险公司或者专门的殡葬服务提供者。信托的内容，则是受托人在委托人逝世以后，负责为委托人提供殡葬一条龙服务，保证逝者走得风光体面，有尊严地离开人世。殡葬信托既可以解除生者的后顾之忧，也能大幅减轻亲友因临时订制殡葬服务而带来的巨额经济负担。

殡葬信托完全属于当事人意思自治的范畴。一方有需求，一方有服务。一方愿托付，一方愿受托。通常情况下，市场这只“看不见的手”完全可以调配资源，委托人和受托人都不是封闭的，完全可以在充满竞争的状况下，自愿交易，双向选择。委托人可以在诸多殡葬服务提供者中选择受托人，选择自己中意的殡葬套餐，按照自己的财力订制相应的服务；反过来，受托人也可以根据成本、要求、自身能力等因素，在茫茫人海中选择最合适的委托人。

但上述情形只在理论层面成立，在现实中则又是另一番景象。英国政府之所以介入殡葬行业监管，一方面是因为市场足够大，另一方面则是因为市场足够乱。

从行业的角度，受托人接受委托后，还可以用所收取的费用，额外再购买一份保险，来对冲经营过程中各种不确定的商业风险。甚至，受托人可以用客户预付费用去投资；只要投资安全，确保委托人身后事能够正常打理，这完全符合商业的逻辑。简单的交易模式背后，合同、信托、保险交织，民事、商事法律关系混杂，市场广袤，商机无限。正因为如此巨大的市场和商机，殡葬行业也可以说摩肩接踵。为了自我规范，英国甚至由所有殡葬服务提供者一道，自愿组建了一个非官方的“殡葬计划监管局”（Funeral Planning Authority）。

按照英国“殡葬计划监管局”公布的数据，截至2021年1月，其所有成员机构名下共有殡葬信托客户160万人；每年能卖出20万－25万份殡葬信托；每份殡葬信托的付费为4000英镑左右，殡葬信托的平均年限为8年。

但殡葬信托并非英国独有，其他国家的市场同样十分可观。据美国联邦经贸委员会统计，已有数百万美国人就自己的殡葬服务签约，并预付部分或者全部殡葬费用。

在美国，殡葬服务的监管则由各州的州法规范，大部分州的法律都会确保这些服务始终处于随时可用的状态。但因为州法的差异，委托人所受的保护千差万别，也为居心不良的服务提供者创造了营私舞弊的机会。

乱象亦由此而起。2014年1月17日，美国联邦调查局官方网站就发布过一份新闻稿，展示美国发生的一起殡葬信托诈骗案：在密苏里州，有个犯罪团伙就通过殡葬信托开展遍及美国16个州的诈骗活动，受害者有97000人，涉案金额近4.5亿美元。

主谋叫詹姆斯·卡西迪，他在密苏里注册了一个名为“全国预包服务”（National Prearranged Services Inc.，NPS）公司。在1992－2008年期间，卡西迪和他的团伙，通过这个“全国预包服务”公司及其关联寿险机构，运营着一个以欺骗钱财为目的的庞氏项目：在与委托人沟通并达成意向后，双方就价格、支付等事宜达成一致，“全国预报服务”将与委托人指定的殡葬服务机构做出安排。

按照州法，这些资金应该放在第三方托管。各州对托管机构要求不一，有的是金融机构，将通过设定信托方式，只能用于比较安全的投资；有的则托管给寿险公司，相当于以投保人的名义投资一份保险。但“全国预包服务”公司并未将所有收费托管，而是厚颜无耻地改变申请文件，比如改变预付金额、将自己作为受益人、将终生寿险改成定期寿险等等，然后把收费用于高风险的投资、已届期的殡葬预付服务或者干脆转入个人腰包。另外，卡西迪和他的同伙还经常挪用资金，甚至还串通殡葬服务机构，欺骗委托人。2008 年，东窗事发，联邦司法部展开调查，最终卡西迪和他的同伙在 2013 年被送入监狱。

英国的情形好不到哪儿去。2022 年 3 月，拥有超过 46000 位客户的“安全之手殡葬计划”（Safe Hands Funeral Plans），就因为各种因素进入“管理”（administration）程序。

在英国，“管理”是英国破产法中的主要程序之一，适用更为灵活，申请主体多元，核心目标是拯救企业，或者实现产出最大化。“管理”程序既可以在庭内启动，也可以在庭外启动。尽管细节上有不少差别，但英国的“管理”程序可以视同为美国的重整和预重整的结合体。

考虑到殡葬信托委托方的脆弱性，政府 2021 年推动立法，启动强势监管的措施：从 2022 年 7 月 29 日开始，任何想要提供殡葬服务或者销售预付殡葬信托的机构，必须要获得英国金融行为监管局（Financial Conduct Authority）的批准。政府借此也确保，一旦殡葬服务提供者进入破产程序，金融行为监管局及其“金融服务赔偿计划”（Financial Services Compensation Scheme）将有权由“金融服务赔偿计划”预支费用，在市场上寻求其他殡葬服务提供者，确保委托人“老有所依”；在原受托人进入破产程序后，“金融服务赔偿计划”将可以快速从破产程序中代位受偿。该改革还有一项釜底抽薪之举：任何未经批准提供殡葬服务的行为，都会被视为刑事犯罪，需要承担刑事责任。

如果不想受到上述管制，相关殡葬服务机构的董事，亦有必要明晰其对客户和债权人所承担的责任。这涉及董事责任的问题，英国董事责任之严苛众所周知，这里又对殡葬服务机构董事新加了一项。另外，有关殡葬信托的簿册，也需要在 7 月 29 日前移交给金融行为监管局。

在这种高压态势面前，既有的殡葬服务机构面临着“生死劫”。大量机构已经开始向金融行为监管局提出申请，金融行为监管局也开始开展审慎的审核批准工作。一些未提出批准申请的殡葬服务机构，预计将在 2022 年 7 月 29 日前后退出市场，破产业界已有预测，殡葬行业将迎来一波破产潮。按照改革议程，一旦破产执业者被指定为破产殡葬服务机构的管理人，也就需要勤勉履职，认真履行其对监管机构的义务，妥善处理好届期及未届期的殡葬信托。

2022 年 3 月 22 日，前述“安全之手殡葬计划”进入“管理”程序，公司董事会会按照法律规定指定联合管理人，启动拯救计划。根据公开报道，考虑到殡葬服务的特殊性，联合管理人做了几件事：

一方面，与“尊严殡葬有限公司”（Dignity Funerals Limited）合作，确保自“管理”程序启动之日起，一旦现有殡葬信托委托人驾鹤西归，能够立即提供相关殡葬服务。

另一方面，在“安全之手殡葬计划”官方网站发布公告，不仅涉及公司拯救程序的进程和前景，也公布了服务团队的求助电话、邮箱等信息。

对于殡葬服务委托人比较关切且可能会频繁问及的问题，比如能否退费问题、已付费殡葬服务是否继续有效、既有殡葬计划是否会转让等等，联合管理人亦做了详细回应。联合管理人按照破产法的精神明确表示，目前退费是不可能的，转让是有可能的，在尘埃落定之前“尊严殡葬有限公司”会承接管理程序启动到终结之间的殡葬服务。

截至目前，“安全之手殡葬计划”拯救计划还在进行中。7 月 29 日改革“大限”之前，既有殡葬服务机构亦可以再根据监管带来的成本、市场占有率等情况，做出最符合商业利益的安排。从这事也可以看出，当殡葬服务商业化，其自然会进入破产法的雷达。

终究，破产法还得管死人的事！

（本文首发于 2022 年 5 月 27 日澎湃新闻财经频道“澎湃商学院”栏目。）

一位破产管理人的意外死亡

2022 年 5 月 26 日，拉脱维亚首都里加警方宣布：马丁斯 · 巴库司凶杀案的嫌疑人之一、商人米海尔斯 · 乌尔曼斯，已被绳之以法。

这条新闻在巴库司遇害 4 周年前夕发布。在为巴库司寻找正义的路上，拉脱维亚迈出了重要的一步。

巴库司之死

2018 年 5 月 30 日一早，律师巴库司开着他的白色路虎出门了。他刚刚 38 岁。在拉脱维亚破产圈，他年龄不大，但已有 18 年执业经历，也算是资深管理人之一。他要么在破产项目，要么在去破产项目的路上。

8 时 40 分左右，他正常驾车行至里加市郊，即将路过一处公墓。突然，几声枪响！正在驾车的巴库司被击中，几分钟后身亡。他的车失控并一头扎进路边的护栏。

当地警方初步调查后宣布：这是一起精心策划的凶杀案，由至少两位凶手联合实施，凶器为卡拉西尼科夫自动步枪。警方还确认：一辆车身和帆布均为橙色的大众 LT 货车，与该案直接有关；该车车牌号系伪造，而且案发不久即在现场附近被焚毁。警方认为，该凶杀案可能与受害者的职业有关。

一个经验丰富的破产管理人，就这样死于光天化日之下！其手段之残忍、行为之恶劣，在拉脱维亚乃至在全欧盟历史上，可以说绝无仅有。

巴库司之死也引起了各界公愤。半年后，在他的家人和社会各界支持下，一个名叫“马丁斯·巴库司正义”的基金会很快成立。该基金会建起一个名为“为马丁斯·巴库司追寻正义”（Justice for Martins Bunkus）的网站，通过拉脱维亚语、英语和俄语这三种语言，持续发布相关信息。里加警方将嫌疑人绳之以法，无疑距离为巴库司追寻正义更进一步。

巴库司为何被害?

作为一个破产管理人，巴库司为何被害？案发当时，警方和媒体就分析，巴库司被杀，可能与他担任或者涉及几家银行破产案的管理人有关。

在拉脱维亚，破产业务比较特殊。援引媒体的报道，拉脱维亚的破产业务“能赚大钱，充满危险且腐败丛生”。拉脱维亚金融机构破产更是如此。细节很复杂，原因甚简单：尽管监管者致力于整顿其金融业，但这个波罗的海小国的金融界一直心照不宣地致力于成为波罗的海周边国家通向外部世界的“漏斗”。其现金的流入和流出，横贯欧亚大陆，客户充满神秘色彩。

坊间传言之一，是巴库司遇害可能与拉脱维亚银行 Trasta Komercbanka 破产清算案有关。

早在 2016 年，巴库司就参与拉脱维亚银行 Trasta Komercbanka 的破产清算。当时，这家拉脱维亚最古老的银行，因为涉嫌违反反洗钱和涉恐组织的金融规则，被监管机构吊销营业执照。该银行进入破产程序后，原先的管理人从破产财产中侵占近 120 万欧元，甚至威胁债权人：除非他们分享所有财产，否则会将所有破产财产标记为“非法”。法院最后指定 Armands Rasa 担任新管理人，巴库司以助理身份参与其中。

巧合的是，巴库司在 2016 年就收到过死亡威胁。不确定这是否与该案有关。巴库司及时报警，有惊无险，逃过一劫。

还有一种传言认为，巴库司被害可能与 ABLV 银行的破产清算案有关。

ABLV 银行的前身成立于 1993 年。两年后，其前身被斥巨资收购，并改为现名。在进入破产清算程序前，ABLV 银行已经成为拉脱维亚第三大银行，也是由拉脱维亚人所有的第一大银行，在公共生活中十分活跃。

长期以来，ABLV 银行的主营业务就是为周边国家的资金外流搭建桥梁。和其他拉脱维亚银行一样，ABLV 银行的国外分支遍布俄罗斯及东欧主要城市，外国人开设账户的条件十分宽松。据统计，在 2017 年的时候，ABLV 银行的存款有 84% 来自境外。

随着业务量的增大，违法违规风险也成倍增长。先是“戴芬妮工程”发现 ABLV 银行涉嫌洗钱的线索。2017 年 10 月 16 日，马耳他女记者、反腐斗士戴芬妮·加利西亚在家门口遭汽车炸弹袭击遇害。2018 年 4 月，为表达对加利西亚的敬意，来自全球 18 家主流媒体的 45 位调查记者发起“戴芬妮工程”，展开对加利西亚遇害案和相关腐败案的继续调查。在对加利西亚曾揭露的迪拜公司 17 Black 的后续调查中，“戴芬妮工程”发现 ABLV 银行卷入一笔不正常交易：一家阿塞拜疆所有并在塞舌尔群岛注册的公司，曾通过 ABLV 银行向 17 Black 汇入 100 万欧元。

这一线索并未将 ABLV 银行置于死地。真正击垮 ABLV 银行的力量，来自美国。2018 年 2 月 13 日，美国“金融犯罪执行网络”（The Financial Crimes Enforcement Network，FinCEN）发布通告，指控 ABLV 银行涉嫌洗钱。在先前，美国就指控 ABLV 银行曾帮助哥伦比亚毒贩洗钱，甚至还发现有一家儿童色情网站利用在 ABLV 银行开设的账户接收信用卡支付。

这个指控，成为压垮 ABLV 银行的“最后一根稻草”。ABLV 银行不得不寻求来自欧洲中央银行的流动性支持。但欧洲中央银行拒绝提供任何帮助，宣称 ABLV 银行距离破产只有一步之遥。

ABLV 银行破产清算消息传出后，雄心勃勃的巴库司自然不想错过职业生涯难得一遇的“大单”。为拿下这个案子，巴库司绞尽脑汁：他组织了一个顶级团队，其中包括普华永道和当地另一个律所的高级合伙人。为了提高胜算，他还聘请曾供职于美国国家安全委员会的咨询顾问大伟·默克尔出山，展开游说。

2018 年 2 月 27 日，巴库司与默克尔会面，定下两个目标：第一，阻止 ABLV 银行自行清算；第二，巴库司被指定为外部管理人。他们坚信，只有外部管理人团队才可能保证洗钱指控获得正确的调查；如果允许 ABLV 银行自行清算，将会让相关证据处于危险境地。他们当然有道理，但可能不是每个人都希望展开调查。

刚开始，形势朝着有利于巴库司的方向发展。2018 年 3 月，巴库司获得律师协会的提名，成为 ABLV 银行破产清算的潜在管理人之一。在最终提交给金融监管机构的名册中，共有 10 人获得提名，巴库司名列第二，目测拿到这个案子的希望很大。

到了 2018 年 5 月，形势急转直下。5 月 9 日，巴库司给默克尔发邮件，表示据他获得的信息，金融监管机构不会在 6 月 12 日之前做出正式决定，但 ABLV 将会被允许自行清算。5 月 17 日，默克尔回复巴库司，提议双方开会讨论相关事宜。

但巴库司还没来得及参会。不到两周后，他就被枪杀了。他们的交流是否与被害有关，不得而知。

2018 年 6 月 12 日，拉脱维亚金融监管机构正式决定，允许 ABLV 银行自行清算。当时，ABLV 银行账户上有 24 亿欧元的资产。ABLV 银行宣称，自行清算计划将在金融监管机构的监督下，小心翼翼推进。

巴库司遇害真因

巴库司遇害后，拉脱维亚警方即组成专案组，持续展开深入调查。如今四年过去，犯罪嫌疑人归案，为各界对该案的推测暂时画下一个休止符。

据警方发布的信息，巴库司的遇害可能与 Rego Trade 破产案有关。

在拉脱维亚，乌尔曼斯可以算作商界大鳄之一。通过复杂的股权结构，他与多家公司都有商业层面的联系。乌尔曼斯和巴库司曾在 Rego Trade 破产案中发生冲突，而巴库司正是 Rego Trade 破产案的管理人。

食品批发公司 Rego Trade 在 2008 年宣告破产。在成为其管理人后，巴库司调查发现该公司董事会成员乌尔曼斯等人，曾在 Rego Trade 破产前不当使用其财产。巴库司依据职权请求法院，通过强制执行向破产财产做出赔偿。拉脱维亚最高法院最终支持巴库司的请求，在 2012 年从乌尔曼斯的账户里执行 26.5 万拉脱维亚里拉（约合 37.8 万欧元）。

巴库司的家属最先指控，乌尔曼斯可能与巴库司被害有关。在被逮捕前，乌尔曼斯曾以该指控毫无根据为由，与巴库司家属对簿公堂。官司最终打到拉脱维亚最高法院，乌尔曼斯的请求未得到支持。里加地区法院认定，巴库司家属有证据证明乌尔曼斯曾采取不同方式，强迫或者尝试说服巴库司放弃上述诉求。

乌尔曼斯是否确实是巴库司案的真凶，还有待拉脱维亚警方的调查。拉脱维亚能否通过刑事司法程序为巴库司实现正义，且让我们拭目以待。无论如何，巴库司因破产执业而被害，为破产事业而牺牲，其遇害让人倍感沉痛。尽管这是罕见的极端事件，但也警示我们留意管理人执业过程的人身安全风险识别及应对。

（本文首发于2022年6月17日澎湃财经频道“澎湃商学院”栏目。）

瞧，那些可怜的债务人！

2022年8月24日，美国总统拜登宣布：他将行使总统权力，直接为联邦教育贷款债务人减免最高为2万美元的教育贷款。

这一教育贷款减免政策，要点有二：第一，对于个人年收入低于12.5万美元或家庭年收入低于25万美元的债务人，每人直接减免1万美元；第二，对于获得联邦佩里贷款（PELL Grants）且年收入低于12.5万美元的债务人，每人还将额外获得1万美元的减免。凡是发生在2022年6月30日之前的教育贷款债务，都在这一减免范围内。

在经历旷日持久的激辩和博弈后，这一备受瞩目的教育贷款减免方案总算落地，十分不易。减免政策宣布后，债务人群体对这一壮举喜大普奔。对于教育贷款重压下的债务人来说，这称得上是“久旱逢甘霖”。拜登的民意支持率应声上涨，这或许也会为民主党的中期选举加分不少。

美国的教育贷款问题根深蒂固，但真正成为问题是在最近十多年。20世纪60年代，在美苏争霸的大背景下，美国致力于人才强国、科教强国战略。为确保任何群体都能够有经济能力实现大学梦，美国联邦政府开发出一系列教育贷款项目。另外，随着金融管制的放松，市场上可供选择的教育贷款项目也十分多元化。

按照美国破产法的理念，绝大部分债务都可以通过个人破产程序免除，只有极少例外。而教育贷款就是这种例外的债务类型之一。例外的核心理由，是担心如果允许通过个人破产程序免除教育贷款，会诱导学生今天毕业、明天破产，滥用个人破产制度，也影响教育贷款项目的可持续性。

这种制度设计，使得个人破产制度在处理教育贷款问题上完全失灵。过去十多年来，教育贷款的高企产生了“负债的一代”（indentured generation），也带来诸多社会问题。

也正是因为社会问题的严峻性，教育贷款减免与否已经成为影响美国总统选举的核心话题之一。美国参议员伊丽莎白·沃伦曾在角逐民主党总统候选人提名时，力主每人减免5万美元教育贷款债务；拜登总统的教育贷款减免方案，实际上也是沃伦建议的缩微版。

根据沃伦的自传《这次是我们的战斗》（This Fight is Our Fight），激发她这一政策灵感的，则是“凯”（Kai）的不幸故事：

凯出生于科罗拉多，家境寒微。出于对艺术设计的浓厚兴趣，她上了私立职教学校“艺术学院”（Art Institutes）西雅图分校。在前两年，她共申请教育贷款4.5万美元。就读期间，她在兼职之余，努力学习，GPA高达3.9。但第三年后“艺术学院”西雅图分校陷入风波，招生欺诈、伪造记录的投诉四起，司法机构启动调查，教职员工全部下岗，学院关闭。

像凯这样的学生也陷入了困境。学院声誉一落千丈，已有学分不被承认。即便学院侥幸存活，其学历也不过一张废纸。凯不得不寻找新学校，继续她视频游戏艺术和设计的梦想。

最终，她选择了佛罗里达州私立的“瑞铃艺术与设计学院”（Ringling College of Art and Design）。该学院学杂费用贵得惊人。凯为支撑第一年学习，再度举借了3.05万美元教育贷款；此时“艺术学院”的教育贷款连本带利已经达5.5万美元。但第二年的学费成了大问题，告借无门。她不得不怀着怨恨离开佛罗里达，回到科罗拉多老家，前往科罗拉多大学旁听。

科罗拉多大学没有类似的艺术设计专业，但费用则便宜很多。她预期在科罗拉多大学旁听一年后，可以顺利获得学位。基于对游戏设计的酷爱，她决定继续学习，再度举借1.3万美元教育贷款。此时，她背负的教育贷款总额接近10万美元；而且，因为已触及联邦教育贷款上限，还有一部分贷款来自富国银行（Wells Fargo）。

最不幸的事情还在后面：距离在科罗拉多大学毕业还有几周时，注册官通知她，科罗拉多大学不承认她在“艺术学院”西雅图分校的学分，毕业无望。几经交涉，注册官建议她在科罗拉多大学再全日制学习两年，修满学分，然后获得学位。

但她已经难以为继：父母无力承担她的学费，联邦教育贷款已经触及上限，富国银行也不愿意再借钱给她。恰在此时，她的父亲罹患脑癌，更将这一家人逼上绝境……最终，凯未能完成科罗拉多大学的学业，也未获得学位。

2016 年伊丽莎白·沃伦采访她时，她正在康涅狄格州的一家意大利餐厅打工，用微薄的收入偿还教育贷款。在她节衣缩食还款 5 年半后，她背负的教育贷款依然还有 9 万美元。

凯的故事，给我们呈现出教育贷款重压下一个弱小的背影。但凯并非个案，她只是教育贷款重压下千千万万可怜的债务人之一。2013 年时，学者丹尼尔·奥斯丁（Daniel A. Austin）在其有关教育贷款问题的实证研究中，采访了 4 位债务人：

债务人 A，三十岁出头，2003－2008 年就读于某私立音乐学院。入学前，她音乐零基础；但招生人员给她画了一个职业的大饼，她深信不疑。最终，她获得音乐教育和音乐疗法双学位，但背负了 20.26 万美元教育贷款。后来，因无力支付考取专业证照的培训和实习费用，她最终无法从事专业相关工作，不得不受聘为接线员，每月收入扣除各项开销后，只能拿出 124 美元用于还债。2011 年，她申请第 13 章破产时，债务本金加利息总额高达 24.86 万美元。因为无法按照重整计划持续偿债，利息还在增加中。

她在接受采访时指出，她有朋友、有宠物、有社交，但永远买不起房、买不起车、申请不了信用卡；而且，这种情形在看得见的未来，不可能有任何改变。

债务人 B，同样三十多岁，单亲，有三个未成年孩子。她通过社保、儿童补贴、食物券等各种方式，每年收入约有 3.07 万美元，低于所在州收入中位线。先前，她曾参加过医疗项目培训，并为此举借 1.72 万美元教育贷款。但因为抚育孩子，她未能完成学业。由于生活开销，加上其中两个孩子需要特护，她已无力偿还任何债务。

因此，她申请了第 7 章破产。鉴于破产法不允许免除教育贷款，她还额外提交申请，请求免除其教育贷款债务。在个人破产程序中，她甚至都无力支付复印相关材料的费用。因为未能提交证明其自身状况的材料，债权人不同意给予其免责。最终，经过艰难谈判，她和债权人达成每月还款额度为 0 的所谓“偿债计划”，事实上获得免责。但她每年还要提供充分信息，证明其经济状况没有好转。

债务人C，年近半百，1989年大学毕业时，举借1.1万美元联邦教育贷款，另外还通过信用卡支付了一些学杂费。毕业后，她更换过几次工作，但收入一直处于低水平，不得不在1990年申请第7章破产，次年获得免责。由于法院裁定语言十分模糊，她将之理解成所有的债务都已免除，因此在破产程序结束后停止偿还教育贷款。当时她的信用报告里，也已无任何负债记录。但是，教育贷款催收员一直通过致电或发函向她催收债务。而且从1998年开始，教育部开始直接截留其退税；2006年开始，催收机构开始追踪并代扣其工资。

近年来，她一直无法找到固定工作。2011年她第2次申请第7章破产，其时拖欠联邦教育贷款2.5万美元，私营教育贷款2000美元。教育部明确回复拒绝给与她免责。经过持续近一年的诉讼，她最终与教育部达成偿债1000美元的和解方案。

债务人D，法学院毕业生，并未申请个人破产，但很有代表性。他在进入法学院之前，曾经工作过5年时间，每年收入能有5万美元。基于提高收入的愿望，他进入法学院深造，共举借教育贷款19.1万美元。毕业后，他从事着两份临时性工作，每月净收入有2000美元，但还款需要1500美元左右，支付生活费和房租等开支后，捉襟见肘。作为法学院毕业生，他对未来找到高收入固定工作充满信心，但眼下需要时刻与现金流做斗争。

跟凯的故事一样，这4位债务人的经历，同样很容易就能激发出人类的同理心。据统计，全美国现在有约4500多万人，生活在高达1.7万亿美元教育贷款的重压下。幸福的人是相似的，不幸的教育贷款债务人，各有各的不幸。教育贷款的债务重担，导致大学毕业生收入更低、居有其屋更难、买车更不容易、房贷违约率更高、从事公共服务工作可能性更低、心理状况更差、结婚更晚，接受继续教育的可能性也更低。教育贷款导致的财务压力，正让债务人经历着高度绝望、家庭失调、健康变差等各种遭遇。

瞧，那些可怜的债务人！希望拜登的教育贷款减免计划，能够为那些因为追逐大学梦而负债的年轻人，带来一丝希望。

（本文首发于2022年9月17日澎湃新闻财经频道“澎湃商学院”栏目。）

这是一场个人破产法的革命

2022 年 9 月 28 日，美国参议院议员伊丽莎白·沃伦与众议院司法委员会主席杰罗德·纳达尔，共同提出《个人破产改革法案》（Consumer Bankruptcy Reform Act），创设全新的第 10 章个人破产程序，对现行个人破产法提出大刀阔斧的改革。

1898 年开始，美国破产法素有“四十年一变”的传统。这让各界对 2018 年前后的新一轮改革充满期待，也下足了功夫。为了筹备新一轮改革，美国破产学会（ABI）牵头展开了两项重要研究：一项是 2014 年完成的《美国破产重整制度改革调研报告》，该报告最终推动 2019 年《中小企业重整法案》的通过；另一项是 2019 年完成的《美国个人破产制度改革调研报告》。这份凝聚着美国学界、实务界有关个人破产制度共识的报告，为方兴未艾的个人破产制度改革提供了学理支撑。

前述方案，即在此改革大潮下应运而生。沃伦早年在哈佛大学执教期间，通过大量实证研究，对现行个人破产法整体持否定态度。她认为，现行个人破产机制体系复杂，时间和经济成本高企，即便申请个人破产，债务人很难“新生”，遑论保住房产、汽车。现行个人破产机制对于两大债源教育贷款和房贷，基本束手无策。尤其是 2005 年改革中，收入测试机制的引入、强迫适用第 13 章个人债务重整程序等等，更是让个人破产程序成为债务人的“梦魇”，大量急需个人破产程序救济的债务人因为太穷而不能破产。沃伦认为，现行个人破产制度问题多多，完全不足以成为诚实但不幸债务人“最后的堡垒”！

长期以来，沃伦一直是个人破产改革的旗手。无论是早先角逐民主党总统候选人提名，还是作为参议员奋战在政坛，沃伦都对个人破产制度改革体现出强烈的关注。

当然，沃伦不是一个人在战斗。按照美国学界的普遍看法，现行个人破产制度面临问题多多，如下三方面尤其明显：

其一，时代已然巨变，现行个人破产制度已过时。现行《美国破产法》的主体框架，奠基于 1978 年。在过去四十多年间，当时设计个人破产制度的背景已经天翻地覆：信用卡债务激增三倍以上；以个人为对象的信贷市场化、资本化程度极高，普通人根本无讨价还价能力；车贷、房贷服务提供者有抵押保障，根本没有动力调整个人债务；半数以上的美国人拖欠着巨额的医疗债务。

其二，新技术日新月异。互联网技术改变了债务人和债权人、法院沟通的途径。新技术的应用，也大幅度降低了债权人滋扰债务人的成本，债务催收人员可以采取多种方式催收数十年之久的债务，哪怕是已经部分偿还，哪怕是已经通过个人破产程序免除。

其三，平等适用任重道远。有研究认为，美国现行第 7 章清算程序和第 13 章个人债务重整程序中并行模式是导致债务人不平等的根源，也给债务人带来巨大负担。强迫债务人在第 7 章和第 13 章做出选择，导致了个人破产适用的地域差异和种族差异。统计数据表明：在 2021 年，俄克拉荷马东区申请第 13 章个人债务重整的比例只有 6.5%，但在乔治亚南区这一数据飙升到 79.4%。另外，黑人申请第 13 章个人债务重整程序的比例，是白人和其他种族的两倍多，但事实上第 13 章程序成本更高，持续时间更长，获得免责更难，甚至 50% 以上的债务人最终因为未能执行重整计划而无法获得免责。这种在个人破产程序适用方面肉眼可见的种族差异、地域差异，是对美国《宪法》第 1 条第 8 款“破产条款”统一性的最大讽刺！

基于上述，改革个人破产制度十分必要，各界共识比较集中。早在 2020 年，沃伦就曾尝试推动前述改革方案。只不过当时疫情肆虐，选情不明，那显然不是打响个人破产法革命第一枪的好时机。这一次，沃伦重启个人破产改革并拿出精细方案，有备而来，志在必得。

《个人破产改革法案（草案）》分 5 节，分别涉及：第 10 章个人破产程序（8

条)、金融消费者保护修正案（6条)、破产规则（3条)、破产费用（2条）以及附则（3条)。整体来看，优化债务人获得个人破产救济的流程，是改革的主要着力点。其主要改革思路和制度设计如下：

第一，让深陷财务困境的家庭和个人，可以更为容易且低成本地获得救济。实现这一目标的主要举措，是在原来第7章、第13章并行的基础上，合二为一，创设全新的第10章个人破产程序。第10章程序将适用于所有负债额度低于750万美元的债务人。这一思路将为债务人获得个人破产免债救济提供单一通道，而无需债务人基于负债额度、收入状况等因素，在第7章、第11章、第13章之间费尽周折做出选择。

第二，确保债务人在申请个人破产后，能够解决自己及其家庭的后顾之忧，获得实实在在的“新生”机会。现行《美国破产法》禁止在个人破产程序中调整住房按揭贷款，对于无法及时支付房租的债务人也爱莫能助，基本无助于债务人保留房产；如果债务人想要保留汽车，要么通过债务再认，最终支付比汽车价值更高的代价；要么只能充当“冤大头”支付巨款。为解决该问题，改革方案提出更为灵活的救济思路，确保债务人在申请个人破产后还能有机会保留房屋和汽车：

（1）如果债务人只有一笔住房按揭贷款或者只有一笔车贷，允许债务人根据自身经济状况针对性量身订制破产方案，不影响其他债务清偿；

（2）允许在个人破产程序中调整住房按揭，使住房按揭降低到和其他担保债权同等程度的保障；

（3）允许债务人在申请个人破产后，可以随着时间推移赎回汽车；

（4）对于租房人，免除多至90天的房租，防止被驱逐。

第三，消除个人破产程序适用中的种族差异、性别差异和地域差异。具体措施有：

（1）废除地方政府罚金不能通过个人破产程序免除的特权；

（2）阻止个人在侵犯公民权利的债务中获得救济；

（3）豁免与赡养费、抚养费、儿童税收抵免和劳动所得抵免等相关的收入和财产来源；

（4）删除“百万富翁漏洞”和“挥霍条款漏洞”，消除富人可以从个人破产体系中逃逸的漏洞。

第四，镇压掠夺性债务催收。长期以来，掠夺性放贷和穷凶极恶的债务催收席卷全国，使得各地债务人饱受滋扰；即便申请个人破产，破产法院对债务催收也束手无策。改革方案为债务催收设置了层层限制：

（1）如果债务催收行为违反金融消费者保护的法律，相关债权将会不予认定；

（2）如果催收行为违反破产免责禁制令，即继续催收已经被个人破产程序免除的债务，债务人可以起诉债权人并要求债权人做出赔偿；

（3）金融消费者保护局将会在破产程序中出现并发挥作用，创建非正式的投诉解决程序；

（4）防止债权人通过强制仲裁来约束债务人。

第五，允许通过个人破产程序免除教育贷款。在1976年以前，美国允许通过个人破产程序免除教育贷款；但后来国会数度修法，通过个人破产程序免除教育贷款的条件越来越严苛，后来几乎不可能。这也导致教育贷款问题积重难返，逐渐社会化、政治化，最后不得不通过行政手段解决。2022年8月，拜登政府宣布通过行政手段为每位教育贷款债务人减免2万美元的政策。该政策在受到债务人群体欢迎的同时，也饱受各种力量的质疑和挑战。改革方案则沉疴猛药，直接允许通过个人破产程序可以免除教育贷款。

第六，调整律师费支付规则。传统的第7章程序，要求债务人在申请前支付律师费；而在第13章程序中，则要求债务人在重整计划中支付律师费，而且支付额度更高。不管哪种程序，债务人都极有可能因为无法支付律师费，而无法获得个人破产救济和债务免责。新的第10章允许债务人在破产程序之外支付律师费。这样的话，无论什么时间支付律师费，都不影响其获得其他债务的免责。

第七，降低债务人信息披露要求。改革方案打算废除现行《美国破产法》中冗赘、费钱且无用的债务咨询。债务人只需披露其财产和债务信息，并提交有关收入的基本材料，即算完成信息披露义务。只有未来收入在法定限度80%以内的高收入债务人，才需要提交更多的材料，履行更高的信息披露义务。这种办法既可以确保能够精准定位有能力清偿的债务人，也可能让更多无力清偿的债务人通过第10章个人破产程序，迅速且廉价的破产救济。

第八，赋予债务人更多自主性，降低破产法院的工作量。对于那些有能力继续清偿的债务人，改革方案允许债务人自行决定如何更好地归集财产和收入并履行“最低限度清偿责任”，从而把破产法院从日常事务中解放出来。那些想要在履行“最低限度清偿责任”的某些方面做出调整，以便确保孩子可以参加必要的体育或者音乐培训的父母，也不需要再请求破产法院的批准。那些想要保留特定财产的债务人，用收入补贴并达到“最低限度清偿责任”即可；而那些对财产无所谓的债务人，则可以放弃财产以满足其清偿义务。

通过上述改革，沃伦希望达到的目标，是债务人申请第10章个人破产后，能够立即获得免责，能够尽快重启人生。

读者可能会担心改革方案过于激进，完全置债权人的权益于不顾，甚至会成为债务人逃废债的天堂。这种担心完全是多余的。针对过去多年第13章个人破产重整制度设计和运行的失败，改革方案提出了全新的基于未来收入的偿债方案：

（1）拥有未来收入或者财产的债务人，在未来3年内将承担“最低限度清偿责任”（minimum payment obligation）。

（2）对于未来收入较高的债务人，“最低限度清偿责任”将灵活调整，取决于债务人收入是否超特定限度。

（3）那些想要保留非豁免财产的债务人，亦需要将同等价值纳入其“最低限度清偿责任”。

（4）如果债务人未能履行最低限度清偿义务，托管人将会寻求未清偿部分的继续清偿。

这一改革方案提出后，得到了全美国范围内数十个非政府组织以及各种形式的集体声援。来自全美国的86位破产法学者，亦通过公开信的方式为这一改革方案点赞。

显然，这是一场个人破产法的革命。这场革命能否成功，当然取决于天时、地利、人和等诸多因素，也取决于参与各方真刀真枪的博弈。这次改革如果能够成功，势必是对美国现行个人破产制度的颠覆性重构。

美国个人破产革命的号角已经吹响：太平洋彼岸的同行们，你们听到否？

（本文首发于2022年11月14日澎湃新闻财经频道“澎湃商学院”栏目。）

破产管理人的人身安全如何保护？

又有一位破产管理人，倒在了枪口下。

2023 年 3 月 18 日下午，南非著名破产管理人克罗伊特·穆雷（Cloete Murray）和他 28 岁的儿子托马斯开着白色丰田普拉多，在约翰内斯堡北部的 N1 公路上驱车向北疾驰。开至米德兰附近时，突然几声枪响，他儿子当场身亡，而穆雷也在被送往医院后不治身亡。

这是近年来国际范围内发生的第二起破产界同行遭遇枪击的案件。2018 年 5 月 30 日，拉脱维亚破产律师马丁斯·巴库司就被枪击身亡，四年后该案的凶手才被绳之以法。

两起案件如出一辙，手段之残忍令人发指，也为我国破产界同行敲响了警钟。

穆雷是会计师出身，现年 50 岁，供职于南非的破产服务机构“赛查巴托管”（Sechaba Trust）。一同遇害的儿子也是“赛查巴托管”旗下的律师。

遇害时，穆雷正担任博萨萨公司（Bosasa）破产案的清盘人。博萨萨公司是一家政府承包商，专长于监狱相关的服务。南非废除种族隔离政策后，博萨萨公司开始承接政府委托的监狱修建等项目。据南非反腐机构“宗多委员会”（Zondo Commission）调查，长期以来，博萨萨公司大量贿赂政客和政府官员，并以此先后获得总价值为 120 亿南非兰特（约合 45 亿元人民币）的政府合同。

相关腐败传闻中，前任总统、现任总统等高官都牵涉其中。随着丑闻的蔓延，博萨萨公司的首席执行官嘉威·华森（Gavin J. Watson）2019 年 8 月死于车祸，银行随即关闭了博萨萨公司的账户，该公司随即进入自愿清盘程序。“赛查巴托管”被指定为博萨萨公司的清盘人，而穆雷正是该项目实际负责人。

另外，穆雷也曾担任富豪古普塔（Gupta）三兄弟旗下部分公司的清盘人。古普塔三兄弟 1993 年从印度来到南非，旗下拥有多家公司，业务多与南非政府部门、国有企业有关。古普塔兄弟否认为获得大单而行贿。据报道，后来古普塔兄弟远走阿联酋，其中有两位已在当地被捕候审。目前，南非政府正在尝试从阿联酋引渡古普塔兄弟。

在更早之前，穆雷还担任过艾斯康姆（Eskom）公司、克姆艾尔（Comair）的清盘人。这些公司同样涉嫌腐败。

现行《南非破产法》颁布于 1936 年。多年来，南非立法机构对该法以及其他法律中涉及破产事项的条款，曾多次修订。最近一次修订，是 2021 年通过的《金融部门法修正案》。目前，南非破产法体系由 1 部破产法加 43 部修正案构成。

按照《南非破产法》的要求，清盘人在履职过程中，需要核查破产企业的账簿、归集财产，并向警方报告任何可能的罪行。

2022 年 4 月 24 日，新闻调查节目 Carte Blanche 就破产行业现状做了专题报道，穆雷曾出镜受访。穆雷表示，他在接手博萨萨案后，发现大量的相关文件已被删除或者销毁，不得不尝试从计算机服务器恢复相关文件。在履职过程中，穆雷先后启动 417 项针对公司事务的秘密调查。由此引发的反弹，导致穆雷差点被解除清盘人职务。穆雷在访谈中说，“这 417 项调查打开了枪柜之门，里面每一杆枪都在冒烟。”

未料想，穆雷一语成谶！

惨案发生后，警方立即展开调查。该凶杀案与穆雷在履职中开展的相关调查是否有关，将是警方需要求证的问题之一。

各界都在期待凶手被绳之以法。3 月 20 日，南非破产管理人协会（SARIPA）发表声明谴责该暴行，呼吁警方加大侦办力度。南非的一个非营利组织“追求正义的法庭科学”（forensics for justice）声明，该机构将致力于发现穆雷及其子凶杀案中的疑点，并悬赏 100 万南非兰特（约合 38 万元人民币），征集与该案凶手有关的线索。

穆雷及其儿子遇害的悲剧发人深省。这起悲剧也提醒我们关注我国破产实践中的管理人人身安全问题。

近年来，随着我国《企业破产法》的深入实施，管理人的执业能力在精进，全社会对于破产法的认识越来越深入，在具体个案中当事人对管理人执业的支持和配合整体也在进步，破产执业环境改善比较明显。对于这一点，破产界同行有目共睹。客观地说，尽管我国目前的破产执业环境难言完美，但大体还算平稳有序，绝大部分管理人在执业中，都没有生命安全之虞。

但不容忽视和回避的问题是，在我国当前的破产执业实践中，管理人面临的干扰和威胁却司空见惯。笔者在“破产法百家谈”所做的一项小调查显示，管理人所面临的干扰和威胁主要有如下几类：

（1）语言威胁比较普遍，电话、微信骚扰甚至谩骂比较常见，甚至也有以家人作为威胁对象。

（2）在人身安全方面，存在小幅度暴力，比如砸办公室、推搡、扔烟灰缸等。

（3）投诉和举报较多，为了回应投诉和举报，管理人在执业中需要耗费大量的时间和精力。

上述小范围的随机调查结论，与一些行业机构所做的调查结论基本一致。据2020年某市破产管理人协会调研报告反馈，在管理人履职过程中，比较容易遭受未获得债权确认或者其他异议债权人的威胁乃至人身攻击，债权人到管理人办公室寻衅滋事比较常见。该报告建议，公安机关对此问题应该予以重视，有警必出，果断处置。管理人也要制定预案，对于这些情况可以应急处置。

但在实践中，对于上述管理人执业过程中面临的人身安全隐患，法院、公安、管理人协会等等都很难有所作为，一线执业的管理人只能小心翼翼，自求多福。这种现状，也让部分当事人肆无忌惮，为所欲为。

提供专业破产服务，是破产管理人的第一天职。管理人按照《企业破产法》赋予的职责，勤勉尽职，通过专业技能和认真态度，实现债务人财产最大化，尽可能提高清偿率，是其本职工作所在。在这个过程中，管理人既需要通过过硬的专业服务，从实体上维护当事人的合法权益；也需要积极沟通，甚至借助必要的沟通技巧，做好安抚和沟通，尽可能让破产程序涉及的各方从内心认同管理人的工作。

当然，对于破产管理工作来说，始终面临着专业和非专业的鸿沟。破产法具有高度专业性，在维护当事人合法权益的同时，也构成对当事人的权利的约束和限制。而当事人更关心的是最终的清偿利益，而不是破产法的条条框框。在个案层面，如果当事人清偿利益与破产法规则冲突，当事人肯定首选前者，但管理人只能选择遵从后者。如果当事人的清偿利益受损，或者只是低于当事人原本可能就过高的预期，再专业的服务、再完美的规则，当事人都可能视而不见。所以在破产服务中，不太容易出现皆大欢喜的局面。

这也是为什么破产执业中，管理人总是会面临当事人的质疑和诘问，甚至也会面临人身安全问题的隐患。

那么，管理人人身安全到底如何保护？这个问题，目前国内学界基本没有研究，实务界对这个问题也是随意吐槽多、理性思考少。在目前缺乏有效解决思路的情况下，我们或许可以尝试如下思路——

第一，借鉴公职人员人身安全保护模式。对于法官、检察官、警察等特殊公务人员的人身安全，各个国家和地区通常都有特殊的保护。我国《企业破产法》的规定管理人由法院指定，在一定程度上管理人职责属于司法权的延伸。顺着这个逻辑推演，当管理人在执业中人身安全遭受威胁等特殊状况时，对于法官群体的特殊保护措施必要时可以考虑覆盖管理人。

第二，借鉴特殊职业人身安全保障模式。我国《基本医疗卫生与健康促进法》（2019）第105条规定，违反本法规定，扰乱医疗卫生机构执业场所秩序，威胁、危害医疗卫生人员人身安全……等，构成违反治安管理行为的，依法给予治安管理处罚。按照这种模式，管理人人身安全、人格尊严受到侵犯，执业秩序受到扰乱时，也可以给予社会治安处罚，甚至视后果严重程度，追究施害方的民事或刑事责任。

第三，借鉴特殊群体人身安全保护令模式。我国《反家庭暴力法》（2015）构建了人身安全保护令机制。该法实施后，人身安全保护令机制在全国各地实施日渐深入，成为家暴对象的重要保护。按照这种模式，在管理人履职过程中，一旦管理人切实感受到人身威胁，向法院申请人身安全保护令或许也可以是一种选择。

总之，强化对于破产管理人人身安全保护，既需要理念上认识到位，也需要在制度层面有所回应。当然，制度转型需要时间，上述思路也都还需要精细论证，管理人人身安全保护问题也需要破产界内外共同集思广益。

在制度改革到位前，各地破产管理人协会及管理人自身，也可以考虑做以下事情：

（一）强化工作操作规范，在保持与当事人沟通渠道畅通的同时，明确规定管理人的工作时间，避免非工作时间处理工作问题。区分工作用联系方式和私人通讯信息，保障管理人的个人隐私不被泄露和传播。工作沟通应尽量在公共场合，尝试步步留痕，方便事后举证和责任追究。

（二）加强管理人履职过程中本人及其家人的人身安全相关的常态化培训，编印人身安全保护手册，强化自我保护意识。

（三）由管理人协会或者管理人自身，购买履职保险。

（四）由各级法院和管理人协会建立管理人履职人身安全风险评估机制，根据管理人报告和风险评估机制，采取差别化的人身安全保障手段。

（五）在必要时，管理人可以聘请安保公司等提供专业警卫服务，相关开支经过债权人会议审查和法院批准后，列入破产费用。

这些措施不能完全消除管理人人身安全隐患，也不可能“毕其功于一役”地解决所有问题。但作为尝试，有总比没有好。而且在尝试中，新的灵感才更容易出现。惟其如此，才能让广大破产执业者吃下“定心丸”，爱岗敬业，踏实工作，为市场提供专业化的破产服务。

（本文首发于 2023 年 3 月 27 日澎湃新闻财经频道“澎湃商学院”栏目。）

伯明翰启示：地方政府破产，天会不会塌下来？

2023 年 9 月 5 日，英国第二大城市伯明翰发布“第 114 条通知”，宣布该城市破产。

从一个信用评级 AAA 级的城市到宣布破产，伯明翰用了不到十年时间。导致伯明翰破产的核心因素，是 2012 年英国最高法院的一份同工同酬判决：支持数千名女性起诉市政府，请求与男性工人一样平等付酬。为执行该判决，伯明翰已经支付了 11 亿英镑，但依然面临着 7.6 亿英镑的资金缺口。

英国没有类似《美国破产法》第 9 章规定的市政破产程序。伯明翰所发布的“第 114 条通知”，出自英国 1988 年《地方政府财政法》，不是司法程序，只是赋予地方政府宣告事实性破产的“特权”，并可以因此暂停一切非必要的支出。

伯明翰破产提出一个问题：如果地方政府破产，天会不会塌下来？

要讲地方政府破产，《美国破产法》第 9 章规定的市政破产程序，可以说独树一帜，属于破产法世界里的“孤勇者”。

美国别具特色的市政破产程序，与其政治体制不无关系。作为一个联邦制国家，美国禁止州通过立法来损害契约义务，导致各州无法通过州法来调整债务问题。另外，美国宪法也明确规定了“破产条款”，有关全国统一的破产法立法权由联邦国会独享，地方政府破产事宜只能由联邦破产法调整。更重要的是，地方政府内部治理属于各州主权范畴，联邦无法干预；因此即便地方政府进入破产程序，联邦破产法院也只能批准重整计划，无法干预地方治理。

美国市政破产程序起源于20世纪30年代。在过去，地方政府秉持“小国寡民”的治理思路，不需要承担诸多经济建设的职责。在大萧条的影响下，地方政府财政收入锐减，但罗斯福新政中政府职责的扩充却肉眼可见。地方政府的责任越来越重，包括负债在内的压力也越来越大。

在早期地方政府债务危机中，债权人、债务人更倾向于谈判。作为庭外程序，债务重组方案需要债权人一致同意，才能落地。因此，任何债权人都可能为了自身利益而千方百计阻挠方案通过。由此，地方债务重组陷入死结，成为无解的难题。

为解决个别债权人的钳制问题，罗斯福新政的举措之一，是启动对1898年《美国破产法》的修订，并在1934年修成正果。

1934年《美国破产法》规定的市政破产机制，主要聚焦于市政破产的主体、前提条件、法院审查标准及对司法权的限制：（1）州内任何地方政府（municipality）以及下属市政，都可以启动破产程序。（2）启动破产程序的前提条件，是地方政府已提出重整计划，且该方案已得到债权额占比51%以上权利受损债权人的同意。（3）重整计划要分组表决，需要各组债权额2/3以上债权人同意，且合并后支持重整计划的债权额要达到75%。（4）法院有权审查债权人会议通过的重整计划，在符合破产法精神的前提下，批准重整计划。（5）在行使职权过程中，法院不得随意干预地方政府行政职责，不能随意处分包括税收收入在内的地方政府财产，不干预各州政府对下属地方政府启动破产程序所做的限制。

显而易见，1934年《美国破产法》为地方政府破产设置了较高的门槛，对司法权的限制也十分明显。与罗斯福新政期间的其他法案的命运一样，1936年联邦最高法院判决其违宪。

一切都回到起点。地方政府债务危机的解决也同样回到原点。

地方政府普遍陷入财务困境，各有算盘的债权人肆意阻挠地方政府债务庭外重组，且屡屡得手。对此，州法无能为力，各级政府也无计可施，联邦政府也只能作壁上观。

最高法院的“任性”激发了罗斯福对最高法院的填塞计划，最终在行政权与司法权之间达成新的平衡。1937 年，联邦国会象征性修订《美国破产法》，重新推出市政破产程序。这次修订，顺利度过了违宪危机。随着第二次世界大战爆发及之后 20 多年的和平时期，地方政府破产机制几乎被遗忘。

20 世纪 70 年代，全球政经形势陡变，美国各级地方政府再度迎来债务考验。

尤其是 1975 年纽约爆发财政危机，放大了市政破产程序的“短板”：对于纽约这样的大都市来说，债权人分外多，而且很多政府债券持有人都是不记名债券，想要获得 51% 以上债权人支持启动《美国破产法》第 9 章市政破产程序，几乎不可能。

基于此，1976 年《美国破产法》迎来新一轮改革：（1）改变申请程序，赋予债务人更多的申请启动权，降低破产申请标准，取消多数债权人同意的前提条件，让大都市亦有机会进入市政破产程序。（2）赋予债务人公共服务新债“超级优先顺位”的发行权，引入自动中止和合同选择履行权，允许债务人行使破产撤销权，在市政破产程序赋予债务人更大的自主权。（3）简化法律程序，对债权人会议表决规则作出调整，在大债权人和小债权人之间取得平衡，并以实际参与投票作为计票依据，防止僵尸债权人阻挠程序，降低破产程序的成本。

概而言之，《美国破产法》第 9 章市政破产程序的关键特征，有这么几点：第一，市政承担着市政公共和基础服务职责，所以无论如何，债权人不能执行市政财产，只能就债务调整展开谈判；第二，市政作为政治实体会永久存在，因此，市政破产程序就是重整程序，没有破产清算选项；第三，市政破产程序中，市政服务和运营费用在债权顺位里反而高高在上，优先于其他当地居民的普通债权。

《美国破产法》第 9 章市政破产的核心，就是通过重整程序，督促市政府与债权人展开谈判，为财政复苏赢得时间。与常规破产程序比较，债权人选择更少，程序选择余地更小。

这一轮改革后，美国地方政府大案频出。如 1994 年奥兰治县破产、2009 年宾夕法尼亚州西泉城破产、2011 年亚拉巴马州杰弗逊县破产等等。更为引人关注的案件，远如 2013 年密歇根州的底特律城破产，近如 2018 年波多黎各破产……市政债务恒久远，地方破产永流传。在美国当代债务治理体系中，市政债务及其破产程序已经成为至关重要的一环。

按照现行《美国破产法》的规定，市政破产程序启动的好处有这么几点：

第一，基于破产法的自动中止机制，一旦地方政府进入破产程序，针对债务人所有财产的执行措施都要中止，给了地方政府喘息之机。

第二，地方政府可以行使合同选择履行权，重新审查尚未履行完毕的合同，视必要解除负担性的合同，给财政重建创造足够的空间。尤其是地方政府负担较重的养老金协议、集体劳动合同等，在破产程序中都有重新谈判的机会。在实践中，部分地方政府进入破产程序的核心目的就是修订养老金协议和集体劳动合同。

第三，法院有权强制批准重整计划，且满足最低限度的要求即可行使。该职权可以较好地约束异议债权人，大幅度降低债权人会议分组表决并通过重整计划的难度。

但地方政府破产，并不全是好处。

地方政府破产最大的负面影响，既会影响其信用评级，也会对其声誉造成负面影响。这些影响必然会导致融资能力的降低和融资成本的提高。

地方政府因为要履行重整计划，有限的经费将不得不唯债权人马首是瞻，不得不节衣缩食，无力发展地方经济，能够为当地公众提供的市政服务也将缩减和打折，一定时间内的衰退在所难免。

另外，地方政府破产能缓解债务压力，但对于改善地方政府治理水平却鞭长莫及。破产法院只管得了重整计划的批准与否，但管不了地方政府治理水平的改革和提升。

实践中，美国市政破产争议也不少。在新冠疫情初期，各州财政普遍陷入困境，但州政府能否适用市政破产程序，引发各界激辩。另外，上级政府对于下级政府有转移支付、补贴和扶助义务，上级政府接管或者监管是否可能是比市政破产更好的方案，众说纷纭。

伯明翰破产启示我们，地方政府破产机制可以在司法程序内，也可以在司法程序外。市政破产机制的核心，还是借助破产法律机制，重组地方政府债务。在这个过程中，不管白猫、黑猫，能抓住老鼠就是好猫，高效率地化解地方政府债务危机才是王道。就此而言，即便地方政府破产，天也不会塌下来。

（本文首发于 2023 年 9 月 13 日澎湃新闻财经频道“澎湃商学院”栏目。）

第四辑

人物志

假如沃伦当选美国总统，破产法会怎么改？

2020年3月6日凌晨，美国2020年度总统大选民主党候选人伊丽莎白·沃伦（Elizabeth Warren）正式宣布，终止其竞选。导致沃伦退选的核心因素，是在“超级星期二”民主党党内初选中，沃伦未能扭转其颓势。

从破产法的角度，沃伦的退选让我失去继续关注美国总统大选的动力。沃伦在从政前是哈佛大学破产法教授，以早年对美国个人破产制度的实证研究而扬名。如果沃伦能够当选美国总统，她不仅会是美国史上第一位女性总统，也有可能成为全球唯一具有破产法背景的国家元首。然而，她的退选暂时让这些可能性消失。

在近一年多的竞选过程中，沃伦先后提出过一系列改革方案，比如拆分大公司、增加公司董事会女性董事的数量、开征富人税、豁免教育贷款、限制私募行业、推行联邦幼儿托管计划、大学教育免费化等等，都是磨刀霍霍向华尔街的招数。应该说，沃伦是美国民主党内先后二十多位候选人中竞选思路最有体系性的候选人，“我有个计划”（I have the plan）成为她最脍炙人口的口头禅。就整体政纲来看，沃伦的政见靠近草根，仇视华尔街，比较激进，充满理想主义的气息。

沃伦成也因此，败也因此。这种竞选策略在赢得草根支持者的同时，容易招致华尔街的仇视，在以筹款额为胜选前提的现代民主体系下，碰壁在所难免。在2019年10月以前的民调中，沃伦一度一骑绝尘，选情十分乐观。但在民主党党内初选开始后，沃伦的选情却一路看跌，即便在她担任参议员的大本营马萨诸塞州，沃伦也才获得第三名。

在沃伦的诸多政纲中，我从专业角度一直比较关注其与破产法有关的改革思路。尽管其已经宣布退选，但我认为她的破产法改革方案，依然洋溢着温暖的光辉，既有助于我们拓展对个人破产法的想象力，也值得我们在未来的个人破产制度建构中借鉴。

2020 年 1 月 7 日，沃伦发布题为《修复我们的破产法体系，给人们第二次机会》（Fixing Our Bankruptcy System to Give People a Second Chance）的破产法改革大计，引发美国破产界内外和主流媒体连续数日的关注，成为当时提振其选情和人气的重要武器之一。

大纲开篇，沃伦即重提其破产法研究生涯始终关心的问题：美国家庭为什么破产？

沃伦忆及，在其执教初期，她跟公众的观点毫无二致，认为导致很多美国家庭破产的因素，是因为个人的不负责任或者铺张浪费；但是随着观察的深入，她发现包括专家在内，大都缺乏对导致美国家庭破产原因的实证分析。因此，沃伦带着问题，带上她昵称为“R2D2”的复印机，奔走于美国各个破产法院，从成千上万份破产申请中，分析导致美国家庭破产的原因到底是什么。

通过这些实证分析，沃伦发现，导致 90% 美国人破产的因素，不外乎三大部分：失业、医疗支出或离婚。对这些实证研究更深入的分析，最终体现在她几部脍炙人口的学术作品中，比如《脆弱的中产阶级》《当我们原谅债务人》等等。在沃伦的研究视野中，一个个债务人，都是美国最普通的草根；加强破产法对老弱病残、妇女儿童的保护，成为沃伦学术观点的核心。

由此，沃伦以她的研究为依托，以破产法为原点，耗费数十年的时间，与以金融机构为代表的债权人势力斗争，为改善弱势债务人的处境而努力。从 1990 年代持续到 2005 年的破产法改革中，沃伦就以改革措施反对者的面貌，发挥了重要作用。

2005 年《破产滥用防止及消费者保护法案》的通过，是 1978 年来美国债务人友好型个人破产的终点。2005 年破产法的改革，正面回应以金融机构为代表的债权人阶层的需求，大幅度提高个人破产的门槛，加重债务人申请个人破产的负担。

这一轮改革影响深远。这次改革赋予个人破产制度债权人友好的色彩，导致债务人通过个人破产获得免责救济十分困难。从2006年开始，美国个人破产数量从近170万的高峰，陡然降低到80万件左右；除金融危机期间短暂上升外，从2010年开始，连续七八年美国个人破产数量都维持在70万－80万件，逐年降低态势明显。已有研究证明，2005年的破产法改革与三年后发生的次贷危机，有十分密切的因果联系。美国破产学会（ABI）也在2019年4月发布报告，承认现行美国个人破产法，让太多人因为太穷而不能破产。

2005年美国破产法改革，意味着沃伦的失败。但沃伦并未气馁、并未放弃。她从2007年开始极力推动金融消费者保护理念，最终奥巴马政府在2010年成立金融消费者保护局，成为金融消费者的“保护伞”，十年来为金融消费者争取退返的不当费用，累计超过120亿美元。

金融消费者保护局成立后，沃伦成功竞选成为马萨诸塞州的参议员，在美国参议院谋得一席之地。数十年来，沃伦都一直在为个人破产法加大对弱势群体的保护而努力。我相信沃伦宣布退出总统角逐，不会影响这一努力的方向。

在上述背景下，我们再看沃伦2020年1月7日发布的破产法改革方案，基本处处针对2005年美国破产法改革，拨乱反正之心跃然纸上。我深信，对有过个人破产经历或者有个人破产可能的选民，对于中产阶，这一改革大纲有巨大的吸引力。

沃伦的破产法改革大纲，共有六点：

第一，让陷入财务困境的人们能够更容易获得个人破产的救济。在沃伦看来，美国2005年破产法改革最明显的缺陷，就是成本过高、门槛过高。因此，沃伦提出：

（1）融合第7章破产和第13章个人重整，取消收入测试机制，防止个人因为达到收入标准而只能申请第13章个人重整，需要履行漫长的偿债计划却迟迟不能获得免责的窘境。沃伦希望能够以第7章破产为主，为债务人提供更多样的选项，比如既允许申请全部债务免责，也允许申请部分债务免责，根据不同选项，确定自由财产的范围，打造出简单、廉价、迅速、灵活的个人破产免责体系。在这个新体系下，财务咨询条件将被完全摒弃，申请提交要求大幅度降低，也取消破产律师验证个人破产申请材料真实性的义务。

（2）大幅度降低破产的成本。目前第 7 章程序平均费用 1200 美元，第 13 章程序 3200 美元，但第 7 章需要预付律师费，潜在地逼迫债务人选择更昂贵的第 13 章程序。沃伦主张，免除联邦贫困线下债务人的所有申请费用，联邦贫困线上债务人也可以分期分批支付费用，律师费用亦可以在破产程序中或破产程序结束后更为灵活地清偿。

第二，扩充破产程序中债务人照看自己和孩子的权利。沃伦认为，2005 年破产法改革，严重限制破产程序中债务人合理开支权。沃伦主张适当放松父母亲在破产程序中的开支限制，扩充破产程序中债务人料理自己生活和改善孩子境遇的空间，比如：

（1）租户可以继续支付租金，以便继续租住；

（2）选择合理偿债方案，以便为子女留出更宽裕的资金购置图书、玩具等；

（3）允许工会会员继续缴纳会费，以便在破产程序中及破产程序中后，保留工会会员资格，获得工会提供的救济和保护。

第三，终止教育贷款不能通过个人破产程序免责的“恶法”。基于种种政策考量，美国 1978 年破产法改革以来，一直把教育贷款列在免责例外清单上；再加上法院在审判中对审查标准的不断明晰和提高，教育贷款债务人基本不可能通过个人破产获得免责。按照这一模式，绝大部分教育贷款债务人，终其一生都要生活在如山债务的重压下。

据统计，目前共有 4500 万美国人，承担着 1.5 万亿美元的债务。沃伦将之视为“恶法”，必欲除之而后快，豁免所有教育贷款，也成为其竞选期间特色鲜明的政纲之一：沃伦曾宣布，如果她当选总统，5 万美元以下的教育贷款债务（比例在 95%）都将直接免除，5 万美元以上的教育贷款债务亦将纳入常规的个人破产法体系，借此将千千万万美国家庭从债务重压下纾解出来，为美国经济发展助力。

第四，让更多的债务人能够在破产程序中保住住房和车辆，增大其破产后重建生活的基础。沃伦认为，现有美国破产法尽管将住宅列入自由财产予以保留，但不同州的财产法对自由财产范围差别甚大，由此也导致富豪和名人更容易通过个人破产，保留豪宅的同时豁免债务，但大量贫苦的债务人却无家可归。沃伦提出，如果其当选总统，将：

（1）设置联邦住宅豁免标准，减少滥用住宅豁免的几率；

（2）废除现行法禁令，允许债务人在破产程序中调整房屋抵押，鼓励债务人和债权人双赢的抵押贷款调整模式；

（3）消除“僵尸”抵押，即在原购房户弃置房产后，要求金融机构行使其抵押品回赎计划，并履行相关纳税义务，进而降低债务人购房户重建生活的成本；

（4）鉴于汽车对继续工作、接送孩子、改善收入至关重要，属于三分之一以上债务人最为重要的财产之一，沃伦提出应加大对破产程序中债务人用车需求的保障，消除2005年改革中要求第13章债务人支付高于市场价才能用车的限制。

第五，消除破产法体系中确实存在的种族歧视、性别歧视。沃伦指出，她的研究表明女性和有色人种更有可能申请个人破产。从种族的角度而言，在美国中产阶级中，黑人家庭申请破产的几率3倍于白人家庭，而拉美裔家庭申请破产的几率亦2倍于白人家庭；而且，黑人申请第13章个人重整的数量更大，而且其申请被驳回的几率也明显高于白人。

对于这一问题，沃伦提出，在深化上述改革方案的同时，将：

（1）把现行破产法不允许免责的地方政府的罚款，纳入个人破产免责体系；

（2）将现行法中可以免责的警察虐待、枪击黑人等民权违法债务，从个人破产体系中可以豁免的清单里删除；

（3）改进破产系统，提高系统抓取数据的能力，降低女性、黑人等提交破产申请时的准备工作量；

（4）为子女抚养费用、单亲母亲等，在破产程序中提供更多的保护。

第六，消除破产程序中强势债务人受益但却由全体债权人承担成本的漏洞。沃伦指出，特拉华州等地州法中长期存在的“富翁漏洞”，容易使得富人、名人们通过信托等各种方式，逃废债务。沃伦主张，如果其当选，将：

（1）限制自设信托或其他信托中债务人财产的偿债豁免，防止富人们利用信托机制逃废债务；

（2）如果有明显证据证明债务人有欺诈或说谎嫌疑，授权破产法院限制对债务人的免责；

（3）强化欺诈转移相关法律，让债权人更为便捷地追回被债务人转移的资产；

(4) 如果债权人违反《金融消费者保护法案》，追踪债务人财务记录，限制债权人在破产程序中行使权利；

(5) 严禁催收机构，通过破产程序，追讨已超过法定保护期间的债务；

(6) 允许已获得免责的债务人，通过诉讼方式，起诉破产程序结束后继续追讨已免责债务的债权人，尤其是那些通过不良贷款交易辗转获得债权的公机构债权人，允许法院处罚这一类债权人；

(7) 禁止强迫仲裁条款的适用，杜绝债权人通过行使约定仲裁权，限制债务人寻求法院救济的权利，保证债务人和债权人的所有争议，都在法院里公开且公正地解决。

显而易见，沃伦的破产法改革大纲，足以让几家欢乐几家愁。因此，沃伦的退选也会引发不同的情绪：华尔街一定乐于见到沃伦的退选；但处于债务重压下的普通民众，可能会十分失望。

沃伦宣布退选后，已先后与拜登、桑德斯通电话，但沃伦并未立即宣布在二人中选择一个支持对象。她还需要时间观察沟通，民主党也需要精挑细选一个足以击败特朗普的候选人。站在民主党胜选的角度，沃伦有可能支持拜登；但如果单纯站在破产法的角度，沃伦支持桑德斯的可能性更大。不过，不管她支持谁，不管民主党能否胜选，沃伦和她的破产法改革遗产，都将成为美国社会的一笔宝贵财富。

（本文首发于 2020 年 3 月 9 日澎湃财经频道“澎湃商学院”栏目。）

金斯伯格大法官的破产法贡献

2020年9月18日，美国最高法院大法官露丝·巴德·金斯伯格驾鹤西去，享年87岁。

因为其判决中旗帜鲜明的自由立场，金斯伯格大法官一直是个充满话题的人物，驰名全球的网红法官。她支持堕胎，反对性别歧视，支持同性恋，反对死刑……她是美国最高法院自由派法官的旗帜。一个标志性的"Notorious"，不管是翻译成"臭名昭著"还是"声名狼藉"，都不足以囊括她在舆论界的风头无两。是者是之，奉之若神明；非者非之，视之如寇仇。

在司法判决之外，这几年金斯伯格还成为司法界的"硬汉"，不仅不屈不挠地与身上各种病痛缠斗，拒绝离任，多次放言要等民主党总统上台才退休。甚至逝世之前的前一天，还声明她最热忱的愿望，是把填补她席位的机会留给下任的总统。

在特朗普总统十分幸运地接二连三获得提名大法官机会、最高法院日趋保守的背景下，金斯伯格一枝独秀，弥足珍贵。如今，距离2020年总统大选还有不到两个月，金斯伯格累了，走了。

金斯伯格生前风头无两，死后备极哀荣。但是，各种关于金斯伯格的评介性文章，多聚焦于其人生经历和通过判决在人权领域留下的丰功伟绩，鲜有留意其在破产法领域的贡献。这里我选择几个金斯伯格做出的和破产法有关的判决，可以从这些判决中感悟金斯伯格大法官在破产法领域的雪泥鸿爪。

我们先从最近的案例谈起。2020年1月14日，美国最高法院就里岑集团诉杰马公司案（Ritzen Group，Inc. v. Jackson Masonry，LLC）做出裁定。执笔撰写该全体一致裁定的，正是金斯伯格。

里岑集团与杰·马公司就资产交易达成协议，但协议并未得到履行，双方互相指责对方违约。后来，在里岑集团起诉杰·马公司后，杰·马公司随后申请破产，按照《美国破产法》第362条规定获得自动中止保护，里岑集团不得进一步采取行动。里岑集团提出动议，请求放松自动中止，但被破产法院拒绝。随后，里岑集团又针对杰·马公司的债务人财产提出新的诉讼。破产法院随后判决，是里岑集团自身违约，而非杰·马违约，并因此要求里岑集团承担违约责任。里岑集团向区法院分别提起上诉，既涉及破产法院不给放松自动中止，也涉及破产法院的判决。区法院驳回里岑集团的全部上诉。里岑集团继续努力，最终官司从第六巡回法院送到最高法院。

这个问题的争议点在于，破产法院拒绝放松自动中止的裁定，是否属于终局性判决并因此按照《司法法》第158条获得上诉资格。金斯伯格主笔的最高法院一致判决中确认，破产法院驳回放松自动中止请求的裁定，属于终局性判决，因此可以立即获得上诉资格。

金斯伯格解释说，该裁定“将债权清理程序的程序性单元区分出来”，寻求该放松救济的动议符合破产法规定，也激发了自由裁量的程序性后果，不再属于可以忽视的小细节，会显著增加债权人的成本。该判决对于强化破产程序的终局性，有重要作用。

美国学者罗纳德·曼（Ronald Mann）评价说，里岑案并未在最高法院的审案列表中，但鉴于其紧迫性，也就突破常规进入最高法院的审案日程；最高法院的判决对于澄清低级法院的认识误区，作用十分明显。

在2015年的一个个人破产案件中，金斯伯格执笔完成的全体一致意见，再次澄清了破产法中的一个程序性问题：债务人在申请第13章重整程序后，如果其申请后工资收入尚未被托管人分配，那么在该程序转为第7章破产清算程序后，这些工资收入是否属于破产财产？

这个问题在破产法中，并未明确规定。在哈里斯诉维吉拉案（Harris v. Viegelahn）中，金斯伯格有机会对这个问题作出解答。2010年，查尔斯·哈里斯（Charles Harris）因无力清偿抵押贷款，申请第13章重整。按照法院批准的重整计划，哈里斯每月收入中，要拿出 534 美元给托管人玛丽·维吉拉（Mary Viegelahn），其中 352 美元清偿抵押贷款，182 美元清偿其他债权人。但不幸的是，哈里斯没法继续执行这个重整计划，大通银行也行使其止赎权，托管人随后停止按期转账给大通银行。最终，在该程序转换为第 7 章程序时，托管人手里有 5500 美元现金。托管人认为，这 5500 美元应该归入破产财产，分配给无担保债权人；而哈里斯认为，这笔巨款不属于破产财产，托管人应归还给其个人。

两种主张基于不同先例，各有依据：在以往的先例中，有的法院认为申请后收入应该归还给债务人，有的法院认为申请后收入，尤其是第 13 章程序中，应给债权人。

对于这一立法空白，金斯伯格指出，在第 13 章程序转换为第 7 章破产清算后，债务人申请后收入如果未被托管人按照重整计划分配，不属于破产财产，债务人可以予以保留。金斯伯格的判决旗帜鲜明地驳回了第五巡回法院的判决结果，对于债务人来说，这个判决显然是福音。

但是，金斯伯格在破产法领域最引起世人关注的判决，是 2009 年临时叫停克莱斯勒重整案。

2009 年 4 月 30 日，接受政府救助但依旧无法摆脱财务困境的美国汽车巨头克莱斯勒，向法院申请重整。其重整计划的核心，是通过《美国破产法》第 363 条出售，将其核心资产作价 20 亿美元，通过出售式重整，卖给菲亚特、美国政府、加拿大政府和汽车工人联合会共同持有的新克莱斯勒，新克莱斯勒债转股，而销售所得按照 29% 的清偿率，清偿旧克莱斯勒的担保债权，最终实现债务清理和浴火重生。

从商业角度，这可能是当时最符合商业逻辑的抉择，但却引发克莱斯勒工会代表的极大不满。印第安纳州财务卿理查德·默多克（Richard Mourdock）代表多家有担保债权的退休基金，就该出售提起上诉，并费尽九牛二虎之力，把这个破产案件送进最高法院。默多克指出，财政部用危困企业救助基金资助克莱斯勒，鉴于该基金主要用于救助金融机构而非汽车制造商，涉嫌违法违宪。

2009 年 6 月 8 日，金斯伯格用简短的裁定，临时叫停这起出售。而且，该叫停未附加期限也未表明最高法院的态度。金斯伯格的裁定发布后，参与克莱斯勒重整的相关各方都惊出一身冷汗。这在美国司法史上是破天荒的，最高法院此前还从未叫停过破产程序。

当然，全力反对该出售方案的职工和消费者群体，对之当然十分欢迎，这些群体的总代理律师雅迪纳·罗森鲍姆（Adina Rosenbaum）更是公开发表声明，对该裁定、对金斯伯格、对最高法院点赞！

篇幅有限，我并未对金斯伯格在破产法领域的所作所为做全景式扫描和检索。整体而言，金斯伯格在破产法领域的贡献，不像在民权领域那么吸引眼球。甚至在手边的几本金斯伯格大法官的传记中，比如《温柔的正义：美国最高法院大法官奥康纳和金斯伯格如何改变世界》，再比如《异见时刻："声名狼藉"的金斯伯格大法官》，鲜有传记作家将笔墨聚焦于金斯伯格在破产法领域的判决和贡献。

但我特别想强调的是，我们臧否一个肯定会青史留名的大法官，当然应该看到她作为民权斗士所做的丰功伟绩，这是奠定其口碑的基石；但是，金斯伯格毕竟是一个品学兼优的法律人。如果想要认识一个更为丰富的金斯伯格，势必要在标签之外，察其言，观其行，她在法治大厦的每一个角落，包括破产法在内，可能都留下了"声名狼藉"的印迹。

金斯伯格大法官，安息吧！

（本文首发于2020年9月21日澎湃财经频道"澎湃商学院"栏目。）

债委会主席获刑为哪般？

2021年5月7日，美国对冲基金大亨丹尼尔·卡门斯基（Daniel Kamensky）最终因破产相关的欺诈行为和违反信义义务，被判处有期徒刑6个月，刑满释放后还得监视居住6个月、科处罚金5.5万美元。

在美国破产界内外，卡门斯基可不是个小人物。卡门斯基早年毕业于乔治城大学法学院。他本来就是个“法二代”，他父亲是很有名的商法律师。卡门斯基现年48岁，曾在一家国际性律所做过多年破产律师，后来弃法从商，先是在雷曼兄弟做不良资产处置，后来在2016年组建对冲基金大理石岭资本（Marble Ridge Capital）。2020年初，大理石岭资本高峰时旗下资产总额近10亿美元，主要专注于不良资产投资，也是破产市场的常客，是华尔街投资行业一个活跃的实力派玩家。

卡门斯基的获刑，与其在美国奢侈品巨头尼曼百货（Neiman Marcus）破产案中的不当行为有关。2020年5月，由于受新冠疫情冲击，尼曼百货在得克萨斯破产法院启动第11章重整程序。在该破产程序启动之初，卡门斯基便代表大理石岭资本，作为最大的普通债权人加入官方的债权人委员会，并担任联合主席。

在美国，第11章重整程序中的官方债权人委员会，可是一个炙手可热的角色。从理念上来说，立法者认为重整程序最重要的利益相关方，除了债务人和担保债权人，就是普通债权人；前两者各有律师代理，又有股票或担保财产保障，而普通债权人往往很难形成合力，理论上的清偿率往往最低。因此，为强化普通债权人的利益保护，立法者在《美国破产法》中设定官方债权人委员会这一制度。

按照《美国破产法》第 1102 条，官方债权人委员会是第 11 章重整程序的标准配置，也是美国以债务人自行经营管理为主的重整体系下至关重要的参与方。官方债权人委员会通过由债权额最高的 7 名普通债权人基于自愿组成。而这 7 名普通债权人，则是由破产管理署从债务人提交的 20 名最大额债权人名册中，在充分考虑其履职意愿和代表性的基础上选定。官方债权人委员会的职责十分广泛，而其核心职责是确保普通债权人的利益在重整计划制定及其他破产程序相关事项中得到充分体现，尽最大可能提高清偿率。为实现这一目标，官方债权人委员会可以随时与债务人展开谈判，也可以聘请专门的顾问或者其他专业人员为其出谋划策，其所有开销也都由债务人财产承担。

也正是因为如此，普通债权人一旦加入官方债权人委员会，就不仅仅代表着自身利益，而是对所有普通债权人都负有信义义务，必须要代表所有普通债权人的利益来参与破产程序。如果违反该义务，轻则被逐出官方债权人委员会，重则进监狱。卡门斯基在加入尼曼百货债权人委员会之初，明知其负担的信义义务。作为破产行业的老兵，他也深知违反该义务的后果。

那么，卡门斯基犯了什么错呢？

这得从尼曼百货的一笔交易谈起：尼曼百货在提出破产申请前，把旗下线上奢侈品零售商“我的特蕾莎”（MyTheresa）转让给了尼曼百货实际控制的另一个实体，而这个实体并未随尼曼百货一起进入破产程序。“我的特蕾莎”是尼曼旗下最有市场价值的资产，债权人们普遍认为这是一笔欺诈性转让，属于破产程序启动前转移资产的行为，理应撤销。

为解决上述问题，在尼曼百货破产案中，官方债权人委员会与尼曼百货实际控制人展开了谈判。双方谈判的基调是，尼曼百货实际控制人让出部分“我的特蕾莎”股票，官方债权人委员会则不再坚持指控其欺诈性转移资产。最终，双方达成协议，尼曼百货出资人同意让出 1.4 亿股。

但这些股票变现不易。考虑到部分普通债权人可能不愿意持有股票，而更青睐现金清偿方案，官方债权人委员会又制订了现金清偿计划：安排一家金融机构，来敞开收购普通债权人手中的“我的特蕾莎”股票。卡门斯基也和债权人委员会其他成员初步达成一致，由大理石岭资本作为收购方，每股出价0.2美元，初步预计共有6000万股。到此为止，一切都是在合法的框架内进行，他们也打算把该变现方案作为重整计划的一部分。2020年8月3日，法院就要召开听证会，双方快马加鞭，就想着赶在这个时间前完成谈判。

卡门斯基没有想到的是，几乎板上钉钉的合法交易，将成未成之际，碰上了个半路杀出的“程咬金”！

2020年7月31日，卡门斯基获悉，总部设在纽约的投资银行杰弗里金融集团（Jefferies Financial Group Inc.）通知官方债权人委员会，他们有意按照每股0.3美元或者更高的价格，收购前述股份。这一出价，明显比卡门斯基的报价高。按照市场交易的基本法则，普通债权人肯定需要把手中的股票卖给出价更高的买家，只有这样才能实现其清偿利益的最大化。

卡门斯基着急了，立即掀起了一场阻击战。也就是在那天下午几个小时内，他的职业生涯遭遇了滑铁卢。

2020年7月31日下午，卡门斯基先是通过彭博社短信系统，给杰弗里金融集团的一个高级交易员发了条信息，告知其不要竞价；随后，他又分别给这位交易员和另一位分析师打电话。卡门斯基直截了当地告诉两位：他负责“我的特蕾莎”股票出售事宜，为此已付出350万美元的律师费，因此他认为大理石岭资本应享有排他性的购买权；另外，卡门斯基进一步指出，如果杰弗里金融集团不退出，他将利用官方债权人委员会联合主席的身份阻止杰弗里金融集团购买这些股票。卡门斯基还威胁说，大理石岭资本曾经是杰弗里金融集团的客户，但如果杰弗里金融集团一意孤行，大理石岭资本将不再与其做任何生意。

显然，卡门斯基的威胁发生作用了，杰弗里金融集团随即退出竞价。

如果故事就此打住，这可能只是个市场交易中黑吃黑的故事。但杰弗里金融集团基于其从业伦理，当即向官方债权人委员会的法律顾问和各个利益相关方，如实告知前因后果：其退出不是因为商业因素，而是因为卡门斯基作为他们的客户要求他们这么做。

当天晚上，卡门斯基就开始其掩盖计划。在与官方债权人委员会的法律顾问交涉时，大理石岭资本的律师改变了口吻，说卡门斯基没让他们退出竞价，而是提醒他们严肃认真地竞价。卡门斯基也着急了。当天晚上即联系前述交易员，试图与其统一口径。卡门斯基否认发生过前述对话，重复了大理石岭资本的说辞，说交易员有重大误解和错误。该交易员认为此举可能有违职业伦理，随即按下了电话的录音键。

在美国联邦调查局发布的调查报告中，卡门斯基在这通电话里，几乎声泪俱下："您为什么跟他们那么说?""您是否了解，我可能会进监狱?""我求您告诉别人，这是个重大误解。好吧？我将邀请您竞价。""这一切将会被送到检察官那里。如果您继续像刚才所说，我会被送进监狱……也许我应该入狱，但我求您别送我进去。"

2020 年 8 月 3 日，美国破产管理署就此展开调查。随后，卡门斯基向美国破产管理署承认，前述电话是巨大的错误；大理石岭资本随即也辞去官方债权人委员会主席和成员身份，并决定在清算后彻底终结。9 月 3 日，联邦调查局的侦探敲开了卡门斯基的家门，卡门斯基被捕。9 月 4 日，得克萨斯破产法院批准了尼曼百货的重整计划。

2021 年 2 月 3 日，卡门斯基决定认罪。5 月 7 日，美国联邦法院判处卡门斯基有期徒刑 6 个月，另外还有 6 个月的监视居住和罚金 5.5 万美元。掐指算来，他的 6 个月刑期，已经过去整整一个月了。

卡门斯基的悲剧，十分值得我们深思。

我国 2006 年《企业破产法》在制定时，同样也规定了债权人委员会制度。我国《企业破产法》第 7 章第 2 节，用 3 个条款规定了债权人委员会的构成、职责和管理人报告事宜。当然，我国的债权人委员会制度，无论是其组成、角色和职责，和美国第 11 章重整中的官方债权人委员会制度差别甚大。相比之下，我国债权人委员会更像是债权人会议的常设机构，债委会成员更多代表着各个类型债权人的利益，而不仅仅是普通债权人的利益。

尽管最高人民法院在 2019 年 3 月发布的《最高人民法院关于适用〈中华人民共和国企业破产法〉若干问题的规定（三）》中对债权人委员会的职责和议事方式做了细化规定，但就现有规范和学术文献看，我国破产界同行还未充分意识到债委会成员的信义义务，债委会履职合格与否还没有明确的评价标准，现行破产法和刑法设定的责任体系也还未顾及违反该信义义务的民事乃至刑事责任。但破产法的核心目标终究殊途同归，不管具体制度如何设计，设立债权人委员会的初衷应该是一致的，即应该服务于所有债权人的利益，而不是一己之私。卡门斯基案殷鉴未远，我国破产界同行也应引以为戒。

（本文首发于 2021 年 6 月 10 日澎湃财经频道“澎湃商学院”栏目。）

愿天堂里没有债权债务：悼念亚伦·卡特

2022 年 11 月 5 日，美国歌手亚伦·卡特（Aaron Carter）被发现在加利福尼亚州家中的浴缸意外离世，年仅 34 岁。

噩耗传出，不管是不是他的粉丝，都“竟无语凝噎”。

1987 年 12 月 7 日，卡特生于美国佛罗里达。他的这个家庭，似乎很有演艺细胞。大他几岁的哥哥尼克·卡特（Nick Carter），后来成为著名组合“后街男孩”的成员之一。他的孪生姐姐安吉尔·卡特（Angel Carter），则是职业模特。但与文艺范儿伴随的，则是扭曲的家庭氛围，家人之间互相指责、反目、攻击等，十分吸睛。

在幼年时，卡特就体现出极高的音乐天赋。他在 7 岁时就组建自己的乐队，但两年后因为音乐理念的差异，与乐队分道扬镳，选择单飞。9 岁那年，卡特在“后街男孩”的演唱会上做暖场演出，本来只是为活跃气氛，未料想却喧宾夺主，并因此一战成名。10 岁时，卡特即推出首张个人专辑。

从此开始，卡特以童星姿态横空出世。当同龄人可能还在爸爸妈妈怀抱里撒娇的时候，他已经开始像成年人一样工作，努力排练、专注演出，作品广受歌迷认可。在千禧年前后，卡特已经成为美国流行乐坛的顶流，在青少年中更是偶像级的存在。

卡特的前 3 张专辑《亚伦·卡特》（Aaron Carter，1997）、《欢乐派对》（Aaron’s Party，2000）、《天之骄子》（Oh Aaron，2001），累计销量高达 600 万张，获得嘉奖无数。后面的专辑，如《震翻天》

（Another Earthquake，2002）、《最爱亚伦精选集》（Most Requested Hits，2003）、《爱》（Love，2017），也是好评如潮。

第三张专辑《Oh Aaron/天之骄子》使他获得第三届 Teen Choice Award（少年选择奖）最佳男歌手。

对于卡特来说，在音乐的世界里似乎一切都很简单，一切都自然而然。他年少成名，在音乐的王国里他就是可以为所欲为的小顽童。他唯一需要做的，就是专注于音乐，在音符的流淌中挥洒无尽的才情。

但在世俗生活中，卡特却磕磕绊绊。尤其是2005 年之后，卡特成年，麻烦不少。他先是与《花花公子》封面女郎闪电订婚又闪电离婚，后来又因藏匿毒品被送进监狱。他的生活凌乱不堪，诸事不顺。

他面临的最大麻烦之一，就是长期拖欠个人所得税。青少年阶段，卡特的所有事务都由其父母亲自打理，母亲担任业务经理，而父亲负责商务开发。在 2003 年前后，卡特十四五岁，他在那个年纪已赚取数百万美元，当然也会成为纳税义务人。但是，他当时太小。

这时候的税收申报，应该由他的监护人代为履行才对。但卡特的父母却疏于这点，最终也为他的演艺生涯埋下了很大的雷。因为长期拖欠个人所得税，美国国税总局于 2009 年在其财产上设定了 100 万美元的税收留置权。

面对媒体，卡特直言不讳，“当我十三四岁的时候，我开始关注父母亲到底如何管理我的收入。我开始熟悉税务问题……从那时候开始，我就非常好奇，但是我的父母亲不喜欢这样。”卡特甚至对外表示，“我每天工作 10 到 11 个小时，但当我回到家里，却发现我欠了很多钱!”亲子关系的恶化，导致在 2003 年 12 月，卡特指控他的母亲侵吞了 10 万美元，随后请求法院解除母亲珍妮·卡特（Jean Carter）对他的监护权。

在物欲横流的现实世界，卡特实在还是那个不谙世事的孩子。他在生活上比较缺乏自理能力，花钱如流水，财务管理一塌糊涂。他不是没努力过。为了提高收入，卡特使尽浑身解数，包括参加 ABC 电视台的一档节目“与明星共舞”等各类综艺节目。只是，这些活动能够提高他的知名度和曝光率，但却无助于改善其财务状况。2013 年时，卡特已 25 岁。他债台高筑，演艺生涯能否继续也成为疑问。

最终，卡特成为大名鼎鼎的“负翁”。卡特的债务总额，媒体报道不一，大约在 250 万－350 万美元之间。在他的个人破产申请材料中，申报的负债总额是 2204654 美元。

最大债权人是美国国家税务局。卡特拖欠个人所得税 1307648 美元。尽管距离积欠个人所得税已达十年，但他依旧得面临这些债务。另外，他还拖欠美国运通公司信用卡债务 31166 美元、拖欠现场演出行业巨头 Live Nation Merchiandise Inc. 575340 美元，跟著名经纪公司怀特娱乐集团（Wright Entertainment Group LLC）也有高达 89000 美元的争议债务……

在这种情况下，如何摆脱债务重担、确保演艺生涯更上层楼，成为卡特面临的难题。

申请第 7 章个人破产，成为卡特不多的选项之一。为了确确实实拯救卡特的音乐生涯，经纪团队还对第 7 章个人破产、第 13 章个人债务重整程序作了比较专业的比较。他们认为，第 7 章个人破产因为要交出绝大部分个人财产，比第 13 章个人债务重整要更加极端，另外破产的记录也会在保留在个人信用记录中长达十年时间。但鉴于卡特已经一文不名，也没有包括房产在内需要保留的财产，申请第 7 章个人破产可以更迅捷地清理历史遗留债务。

在破产程序中，税收债务历来是“硬骨头”。通常情况下，通过第 7 章个人破产程序免除税收债务几乎不可能。根据《美国破产法》的规定，税收债务中，只有历史积欠的个人所得税债务，可能通过个人破产程序免除。另外，想要通过个人破产程序免除所得税债务，有严苛的要求：主观上要求债务人没有欺诈或者偷税漏税的主观故意；客观上，要求所得税发生的债务符合时间要件，即只能用于免除 3 年之前的历史遗留所得税债务。所幸卡特的历史遗留个人所得税债务，完全符合上述条件。

对于卡特来说，棘手的问题还有税收留置权的解除。第 7 章个人破产可以免除绝大部分债务，但并不能导致税收留置权被解除。按照美国税法，税收留置权在债务清偿或者留置权撤销前，基本很难被解除。但较之迫在眉睫的困境，卡特顾不上考虑税收留置权问题了。

2013 年 10 月 23 日，卡特正式提交个人破产申请。他因此一度成为媒体奚落的对象，公众也逐渐习惯在他的名字前冠以“前著名童星”的前缀，仿佛他的音乐生涯已经戛然而止。

据媒体报道，申请材料中卡特当时的财产只有8232.16美元，由此可以看到他当时有多拮据。他每月平均收入1998.75美元；每月平均开支2005美元，包括：购买食物600美元，购买食物150美元、购买卫浴用品65美元。

在申请材料中，卡特如实列举了他名下所有的财产：（1）1台61英寸平板电视，价值500美元；（2）2台苹果笔记本电脑、1台打印机、2个头戴式麦克风、1台迷你键盘控制器、1个便携式音箱、1把吉他、1个LV背包、1个粗呢包，总价值约2500美元；（3）1块百年灵手表，价值3750美元；（4）现金60美元，支票账户917美元，银行存款5美元。甚至，亚伦·卡特还在他的财产清单中列上了1只狗，价值0美元。

对卡特来说，申请个人破产带来的显而易见的好处，就是摆脱债务重担，拯救音乐生涯，让人生重回正轨。他的公关代表斯蒂夫·哈尼格（Steve Honig）对外表示，“卡特试图通过个人破产程序免除的绝大部分债务，都发生在十多年前；那时候，他还是个小孩子，也不能控制他的财务状况。”哈尼格还表示，“申请个人破产不是坏事；实际上，启动破产程序十分积极。对他来说，这正是他为了前进需要去做的事。”从这个意义上，个人破产程序确实让卡特的人生实现了“新生”。

只是，在个人破产程序终结后近十年，卡特的人生依旧未见明显起色。他逐渐成为媒体上各种负面新闻的主角：吸毒、双性恋、幼年遭遇姐姐性侵、演唱会上遭遇暴力袭击……

2020年，新冠疫情肆虐全球。在那过程中，亚伦·卡特与梅丽娜·马丁相恋，育有一子。这一度成为卡特生活中不多的亮色，甚至也被视为他回归正常生活的起点。但好景不长，两人分手，卡特也失去了孩子的监护权。

对于卡特来说，生活实在是过于艰难了！他匆匆离世，死因不明，甚至也没来得及留下遗嘱，让他身后待售房产的继承权成为悬案。

这几天，手机里一直在随机播放卡特的歌。卡特的歌曲风格多元，从说唱、流行到摇滚风基本都有，再加上他稚嫩的小奶音，听起来鲜艳亮丽，远不似他的人生那么艰难苦闷。

我一直在猜想，是不是上帝觉得有点闷，所以创造了这么一个小精灵，给了他精彩卓伦的音乐才华，让他从小就星光灿烂。直到有那么一天，上帝想清静一会儿，就顺手按下了静音键，从此人间再无卡特。

愿天堂里没有债权债务。安息吧，卡特！

（本文首发于 2022 年 11 月 20 日澎湃新闻财经频道“澎湃商学院”栏目。）

惊魂一瞥的破产法彗星：多诺万

在破产法领域，可能没几个人知道多诺万。

这还真不怪读者孤陋寡闻。在破产法领域，多诺万犹如惊鸿一瞥的彗星，短暂地照亮了漆黑的夜空。

在多诺万异彩纷呈的人生历程中，20 世纪 30 年代在破产法领域的小试牛刀，只不过是其人生腾飞的起点。如果把人生比作一趟旅程，那么多诺万在破产法领域的打拼，只不过是旅途中经过的一个小站。这个小站足够小，小到连多诺万的传记作者都可能会忽略它。

多诺万全名是威廉·约瑟夫·多诺万（William Joseph Donovan）。1883 年，多诺万出生于美国布法罗。早年，多诺万有意献身于宗教事业，但进入大学研习神学之后，多诺万放弃了牧师梦，寄望于成为律师。

1903 年，多诺万转学哥伦比亚大学，在拿到艺术学士学位后，成为哥伦比亚大学法学院的一员。在他的同班同学中，有一个同学叫富兰克林·罗斯福，不仅成为美国总统，也成为他人生巅峰期的顶头上司。

大学毕业后，多诺万回到布法罗，投身于律师业务。多诺万和他的团队以民事侵权索赔为主要案源，白手起家，后来还兼并了布法罗当地的其他律所。如果顺着这个轨迹发展下去，多诺万应该会成为一个优秀的律师。

第一次世界大战改变了多诺万的人生轨迹。

1916 年年初，他受到洛克菲勒基金会委托，前往欧洲游说英国和德国，要求两个交战国允许价值百万美元的救援物资运抵当时正在闹饥荒的比利时、塞尔维亚和柏林。

1916 年 6 月底，多诺万收到一份来自国务院的电报，要求他以“一号军团”少校的身份，前往得克萨斯州南部边境平息叛乱。

1917 年 3 月，多诺万干脆加入军队，接受军事训练，随后被整编入麦克阿瑟领导的 42 师。多诺万很快被派往法国前线，出生入死，身先士卒，骁勇善战，博得了“野蛮比尔”的诨号，获上校军衔。

因负伤而复员的多诺万，继续其律师生涯，也逐渐成为政坛新星。不久，多诺万成为布法罗和纽约西部的联邦检察官，在执行禁酒令、打击贩毒等方面不遗余力，名满天下。尽管也有丑闻，但媒体的聚焦足以让他获得全国性的知名度。

1923 年柯立芝担任美国总统后，多诺万在哥伦比亚大学法学院的导师哈伦·斯通出任司法部长。多诺万则成为斯通的助理，负责司法部的刑事调查，继续与私酒贩子斗智斗勇。1925 年 3 月，斯通成为最高法院大法官，他也被提拔为助理检察长，成为司法部的“三号人物”，也成为司法部日常运作的操盘手。

一成不变且乏味至极的机关生活，不是多诺万想要的，他想要的是可以纵横驰骋的战场。1929 年 3 月，多诺万离开司法部，在纽约新开了一家律师事务所。大萧条导致经济普遍不景气，也带来大量企业合并、收购及破产，这在客观上为多诺万在法律服务领域东山再起创造了商机。

在这个过程中，多诺万前期积累的知名度，让他有机会领衔对破产腐败问题的调查，在破产法领域留下了浓墨重彩的一笔。

在大卫·斯基尔撰写的《债务的世界：美国破产法史》中，提到多诺万在破产法领域掀起的惊涛骇浪：

1929 年，在大萧条之初，人们长期以来对于破产管理的积怨终于从纽约南区的一场有关破产法的大丑闻中爆发出来。当时，威廉·多诺万领导了一项地区法院调查，后来胡佛管理层又发起了后续调查，人们根据这两项调查得出了两个非常关键的报告，这就是 1931 年的《多诺万报告》（Donovan Report）和 1932 年的《萨奇报告》（Thacher Report）。

这一切，到底是怎么回事呢？

美国早在1787年的宪法中就规定了“破产条款”，制定统一破产法的立法权保留在联邦国会。但在近一个多世纪的时间里，全国性的破产法屡立屡废，整个19世纪大部分时间属于无法可依的状态。这种状况直到1898年《美国破产法》颁布，才得到大幅度改善，随着法律的稳定，破产市场越来越大，破产业务成为法律服务市场上的香饽饽，明星律师层出不穷。

但与繁荣如影随形的，则是混乱和无序。公众对于破产界的糟糕印象与日俱增。人们普遍认为，破产业务是一种极为肮脏的业务，充满权力寻租和不当交易，“当时的破产操作就像是低水平的闹剧。”

在当时的破产业务中，同行们更加青睐为托管人提供法律服务。这是因为在破产服务市场，债务人大多数付不起可观的律师费，而债权人因为有抵押物保障权益，往往也不需要太多法律服务。在破产程序中，赚钱的选择，要么是担任托管人，要么是为托管人提供律师服务。尤其是后者，其计费模式取决于提供法律服务的时长，操作空间大，收入当然也十分可观。

在这种情况下，破产业务就有了很多上下其手的空间。且看斯基尔的描述：

> 但是，在一些地区，破产法律师们很快就想出了一个办法来操控这套选任程序。破产法律师们了解到，大多数的债权人并不很积极地参与这个过程，因此破产律师得以通过获得债权人的代理投票权，通过选举自己指定的人来担任破产托管人。这样，托管人就可能聘请这名律师本人或者他的朋友来做托管人律师。更有甚者，有时破产法律师们完全绕过这个程序，直接安排自己担任债务人的财产管理人。
>
> 尽管财产管理人唯一的工作只是监督保管债务人的财产，一直到托管人被任命。但是，由于这些破产法律师充当了财产管理人的角色，他们常常拖延任命托管人，一直到他们几乎完成了管理破产财产的所有任务为止。人们非常痛恨这些做法，并攻击这些操纵破产程序的人是“破产帮”。

公众对于破产界的胡作非为怨声载道。按照联邦大陪审团的报告，在当时的破产业务中，“代理律师、财产管理人、托管人、资产评估人、监管人、拍卖人，以及美国联邦地区法院内部或者其管辖范围内的其他个人、协会或者公司严重滥用职权并玩忽职守。”纽约市律师协会向托马斯·萨奇法官提出申请，要求由联邦地方法院针对破产实务中的乱象展开调查。

多诺万上校成为领衔这个调查委员会的不二人选。

从1929年6月开始，在长达3个月的时间内，多诺万领衔的调查委员会，不仅每天都召开听证，还检阅了1000多个破产案件的卷宗，传唤了近4000名证人。这场调查的结果，可以说触目惊心——

这场调查共造成十二名律师受指控；一名律师潜逃并自杀；两名律师承认有罪并判处监禁；一名律师因为收买证人做伪证已经在服刑；四名律师从纽约律师协会辞职；四名律师被剥夺律师资格；还有一名律师受到公开谴责，另外有一些律师受到了惩处。合众国拍卖人和两名监管人受到指控，破产记录办公室的一名职员被开除，并试图自杀。在调查进行的过程中，一名联邦法官辞职。

《多诺万报告》发布后不久，托马斯·萨奇法官转任联邦司法部副部长。萨奇继续针对全国范围内的破产司法和实务展开调查，随后发布《萨奇报告》。尽管后者的细节远不如前者充分，但两份报告的结论基本一致，即破产实务中存在广泛的利益冲突和腐败现象，债务人对破产的滥用也司空见惯。

两份报告的发布，打响了20世纪30年代美国破产法改革的第一枪。相关改革的建议，如在司法部下面设立联邦破产署并担任公职管理人、设置监察人（examiner）并以公务员身份对每个债务人展开调查、监督托管人任命等，都在后续的立法中被制度化，成为美国现代破产行政管理体系的先声。

这一仗打完，多诺万就去政界、军界、情报界开辟新的疆土了。他曾代表共和党竞选纽约州长，但不幸铩羽而归。他热爱冒险，梦想着带兵作战，戎马倥偬，但各种机缘巧合，却始终奋战在看不见硝烟的战场。他不仅成为第二次世界大战期间英美沟通的秘密使节，也创建了战略情报局，成为美国情报体系的重构者。

有关多诺万剩下的故事，不需要我多讲。读者诸君翻开美国传记作家道格拉斯·沃勒的《美国中情局教父》《多诺万的门徒：“二战”时期美国四大间谍》两本书，就可以打开多诺万波澜壮阔的人生画卷。前者是多诺万的传记，主要展示了他多姿多彩的一生，尤其是第二次世界大战期间在情报领域纵横捭阖的壮举。而后者则讲了多诺万在情报领域的几位得力下属的传奇：艾伦·杜勒斯、理查德·赫尔姆斯、威廉·科尔比和威廉·凯西，他们在第二次世界大战期间跟着多诺万出生入死，在战后都担任过中央情报局局长。

多诺万一生转战多个战场，但真正扬名立万却是在情报系统。终其一生，他似乎都未意识到，他的性格太不适合波诡云谲的政坛，在政坛他是失败者。但多诺万在情报界，确实出类拔萃，无出其右者。

相比之下，多诺万在破产法领域的贡献反而昙花一现。20 世纪 30 年代，他在美国破产法领域掀起的惊涛骇浪，已经随着时光流逝而平息。但是，《多诺万报告》的改革“遗产”，至今依然生机勃勃。

斯人已去，但多诺万永远值得我们铭记和尊敬。那美好的仗他已打完，不是吗？

（本文首发于 2023 年 2 月 16 日澎湃新闻财经频道“澎湃商学院”栏目。）

一个韩国失信债务人眼中的张国荣之死

——读金劲旭《张国荣死啦》札记

“听说张国荣自杀了？”

当“我”忍受着刺鼻的烟味，在网吧的电脑上，收到离异的女网友发来这条消息，第一反应是不愿意相信。可能是谣言。这样的事情经常发生，说不定张国荣第二天就会召开新闻发布会辟谣。

这是一种奇怪的感觉：“与我连接在一起的世界风平浪静，静悄悄的。然而，在这个世界之外，却有一位外国演员亲手结束了自己的生命。”

“我”是韩国小说家金劲旭的短篇小说《张国荣死啦?》的主人公，一个无名无姓的失信债务人。

2002 年 4 月 2 日，“我”和妻子的婚姻走到尽头。“我”为父亲在银行的借款做了保证人。而且，“我”是在签字画押后，才告诉了妻子这一事实，事前没跟她商量。

“我”的父亲是一个小型建筑商。他动用银行贷款和退休金，建了一幢楼，想着依靠商铺租金收入安度晚年。不过这幢楼还没来得及完工，父亲就破产了。周边的居民，不断抗议，导致设计图也再三修改。为了补偿周边居民，父亲不得不收购了周边的老旧房屋。居民还抗议工程质量有隐患，可能导致房子塌陷……父亲对此束手无策。

妻子火冒三丈的原因，不在于“我”做了父亲的保证人，而在于事先没跟她商量。妻子强调的不是钱或者债务，而是信任。“我”的辩解苍白无力。

工程一再延期，材料价格飞涨，最终给了父亲致命一击。原来的工程计划一再扩张，最终吞噬掉了父亲，父亲亲手结束了自己的生命，为自己的贪欲和不幸画上了句号。

父债子还，天经地义。父亲身上的巨债，并未因为其死亡而消失，而是分毫不差地被“我”继承下来。“资本连坐制法网严密，穷追不舍。我束手就擒，成为信用不良者。”

对于“我”来说，父亲死亡后“我”就成为了催收对象。不但月薪被扣，银行和信用卡公司的催收人员都追到了“我”上班的公司。“他们好像是在严守一项工作守则，总是一身黑色西装，说是黑白无常也不为过。坐电梯时，见到穿黑西装的人，我就慌不择路，掉头奔向紧急出口。”无奈之下，“我”向公司递交辞职信，公司毫不犹豫就同意了。

背负巨额债务后，妻离家破，走投无路。一个惨不忍睹的事实，就是认识“我”的人仍然信任“我”，但银行卡和信用卡公司却失去了对“我”的信任，“如同张国荣的死，那不是任何人的错。”

“我”向妻子提出了离婚的请求。只有这样，才能保住我们按揭抵押买的房子。“我”不能连她的人生也一起毁掉。“我”把房子变更到妻子名下。妻子开始不愿意离婚，但当“黑西服”找到她的公司，她不得不接受了现实。“黑西服”一度怀疑我们是假离婚，在我们离婚后有段时间还经常出现在她的周围。

原来妻子提出，还清银行贷款前，我们先不要孩子。我们为了买房没要孩子，但最终为了保住房子，却离了婚。现在看来，不要孩子是对的。离婚那天，“我”把衣服和随身物品装进箱子，走出门外。妻子故作镇静，说那里还是“我”的家，随时可以回去。“我”很感激，但没有说谢谢。

我的网聊对象，一位离异的女网友，对于张国荣的电影如数家珍。巧合的是，13 年前《阿飞正传》上映那天，“我”、妻子、离异女网友居然在同一时间、同一地点看过这部电影。更为巧合的是，“我”和妻子结婚的日子、蜜月旅行地、蜜月酒店，跟离异女网友都完全相同，唯一不同是举办婚礼的酒店不是同一家。

我们结婚那天，是 4 月 1 日。看来，至少有两对新人在愚人节办的婚礼，最终都没有好的结果。

离婚后，“我”居无定所。为了购买勉强糊口的食物，“我”干过形形色色的工作。“我”没有耐心跟人说话，“我”打工的工作，比如在“广开土网吧”里收银，大部分都不需要跟人说话。

只有，偶尔在禅云寺漫步时，“我”才会留意到大自然一如既往，山茶花兀自开落，完全不顾“我”的自暴自弃。“我那不能归责于任何人的不幸，以及由此而来的愤怒，在四季常开的山茶花面前，竟然如此微不足道，我难以承认这一点。然而真正使我恐惧的，不是我的愤怒过于渺小，也不是我的不幸毫无意义，而是我害怕山茶花林，我怕不能像山茶花林一样不改其色。”

就这样，“我”和离异女网友在虚拟空间里，有一搭没一搭地聊着张国荣的电影，聊着张国荣的死亡，聊着中国的 SARS，聊着我们虚无缥缈的人生。

当“我”不想聊天了，退出聊天室，“我”回到单身公寓。警察正在等着“我”。“我”的屋里，除了一小块躺人的地方，堆满了杂七杂八的物件：搪瓷锅套件、高压锅、电饭锅、旱冰鞋、榨汁机、电吉他、婴儿车……都是全新的，甚至包装都没拆。

警察说，有人举报你窝藏赃物。警察问“我”：这些破玩意都是从哪儿来的？

“我”指着晶体管收音机。这些电台节目，都需要故事。“我”就把从各处听来的故事，整理出来寄给电台，得到了这些小奖品。为了获得这些奖品，“我”投稿的对象，既有《主妇时代》，也有《正午希望歌谣》。警察理解不了“我”为什么为了一些用不上的东西，费这么大劲。

其实，“我”也会为一些需要的东西写故事。比如，有一期《直播希望列车》的奖品，是野外充气简易床；他们需要经历失业和挫折的故事。

为了得到这张床，“我”把自己的故事和盘托出：一个男人，因为父亲破产，不得不从公司辞职，成为信用不良者，最后向妻子提出离婚；还有，在禅云寺茶花林中体会到的微不足道的恐惧感。

这不是听来的故事，这是“我”的亲身经历。然而，我没有得到那张床，我再也没寄送过故事。“那是我不能再放弃的最低限度的自尊心，跟世上的任何一张床都无法交换。”

张国荣的葬礼在一周后举行，“我”在网吧柜台上看了直播视频。因为 SARS，参加葬礼的人们都戴着口罩。这个时候，“我”收到了离异女网友的邮件，以

《阿飞正传》里的“无脚鸟”落款，约“我”见面。为此，“我”以父亲死亡为由向网吧老板请假，老板不仅准假，给“我”手里塞了10000韩元……

张国荣死了。很遗憾。这不是个玩笑。

如今，张国荣逝世已经20年。“我”，一个无名无姓的韩国失信债务人，到底怎么样了呢?

（本文首发于2023年4月1日澎湃新闻财经频道“澎湃商学院”栏目。）

当法官爱上管理人，有多少爱不能“胡来”？

2023年10月15日，美国得克萨斯南区破产法院法官大卫·琼斯（David Jones）宣布辞职。

琼斯本科毕业于杜克大学，随后在南方卫理公会大学获得硕士学位。先后获得杜克大学法律硕士和休斯敦大学法律博士学位，琼斯曾长期在得克萨斯州一家顶级律所做破产执业律师。

2011年，美国联邦第五巡回上诉法院任命琼斯为得克萨斯南区破产法院法官。四年后，琼斯成为首席法官。琼斯大力改革该法院大案要案审理流程，创设复杂重整案件审理小组，受到业界广泛欢迎。十多年后，随着破产大案要案在休斯敦的汇集，琼斯被认为是美国最忙的破产法官，休斯敦也成为与特拉华的威明顿、纽约的曼哈顿并列的美国前三名破产大案要案集散地。

这跟十多年前安然公司破产时的情境相比，绝对有天壤之别。当年安然公司破产时，尽管安然总部与得克萨斯南区破产法院就在一街之隔，但安然公司依然义无反顾地远赴纽约申请破产。

十多年来，琼斯逐渐成为美国破产司法界的顶流法官。他近年主持审理过的大型重整案件，包括切萨皮克能源（Chesapeake Energy）、杰西潘尼百货商店（JC Penney）重整、奢侈品牌尼曼·马库斯（Nieman Marcus）重整、床垫品牌舒达·席梦思（Serta Simmons）以及飞机部件供应商Incora等。受益于美国高度精良的破产调解体系，随着琼斯在破产司法界的崛起，他也成为全美各地最受欢迎的破产调解人。

有一则统计数据，可以说明琼斯在破产司法界的泰斗级地位。按照《金融时报》旗下财经信息平台 Debtwire 的统计，2020 年以来琼斯审理的债务总额高于 10 亿美元的破产案件，高达 17%；他的前辈和同事马尔维·伊斯格（Marvin Isgur），比例接近 14%。如果以全美 1 亿元以上债务的破产案件为统计指标，2016 年以来琼斯占 11%，伊斯格占 8%。不管怎么统计，两人所在得克萨斯南区破产法院，数据遥遥领先于后面的特拉华破产法院和纽约南区破产法院。

正是基于这些贡献，2023 年 3 月 30 日，《爱莫里破产发展学刊》编辑部将本年度的“杰出服务终身成就奖”颁发给琼斯。他因此成为美国破产法领域获得该殊荣的第 23 位得主，星光熠熠，万众瞩目。

然而，就这么一个顶流法官，却不得不主动辞职，黯淡离场。琼斯辞职，不是出于身体健康原因，也不是年龄太大或者业务能力有问题，而是因为他有绯闻，联邦上诉法院也启动了对他的职业伦理审查。

坊间吃琼斯的“瓜”已经有一段时间了。事情要说简单也简单，琼斯被爆出，和一位女性破产律师伊丽莎白·弗里曼（Elizabeth Freeman）有“浪漫关系”，两人共筑爱巢已有不短时间。

在 2022 年 12 月之前，弗里曼供职于杰克森·沃克尔律师事务所（Jackson Walker）的破产团队。工作期间，该所作为当地一家知名大所，曾代表不少大型企业在得克萨斯南区破产法院提出第 11 章重整。但该所在业界更为知名的口碑，则是作为包括凯易律师事务所（Kirkland & Ellis）在内的全国性大所在休斯敦的当地顾问。

琼斯和弗里曼的恋情一直处于地下。但最近有人针对琼斯提出起诉，认为他在 2020 年主持审理的海洋钻井公司麦克德莫特国际公司（McDermott International）破产案有问题。当时，凯易律师事务所代理该公司提出破产申请，而杰克森·沃克尔律师事务所正是当地顾问。

起诉人迈克尔·范迪伦（Michael van Deelen）原来是麦克德莫特国际公司的股东。范迪伦指控，在该公司破产案中，琼斯和弗里曼的恋情不仅构成了利害冲突，而且腐蚀了琼斯在该案的裁定。

在 2021 年知悉弗里曼和琼斯的关系后，杰克森·沃克尔律师事务所当即要求弗里曼停止执业，并停止在琼斯审理的案件中提出报酬请求。从 2023 年开始，弗里曼离职，并开设了自己的律所。

这段恋情曝光后，琼斯未掩饰，而是大方承认：他们的恋情已有一些年头，但他俩已达成默契，即弗里曼永远不会出现在他的法庭上。琼斯认为，因为他和弗里曼并未结婚，弗里曼也没有因为法律工作在他这里获得经济利益，因此他认为他们的关系不需要披露。琼斯强调，他从未明示或者暗示——当事人必须聘用杰克森·沃克尔律师事务所才能提出破产申请。

宣布辞职前，琼斯感到十分委屈。他和弗里曼已经同居，他们共同住在琼斯的房子里，由琼斯承担所有的费用。他振振有词表示："只有我们已经结婚，或者我们有共同的财产利益，这种情况下我才需要承担回避义务"，"我丝毫不担心我们的关系，我只是简单地认为，我有权利享有某种程度的隐私。我们约定她从来不会出现在我的法庭上，这足够了！"

琼斯希望辞职本身，能够转移焦点，让争议一了百了。

回头来看，在法官生涯中，琼斯在破产案件审理中既注重破产执业者的行为规范，也十分注重透明度和信息披露。比如 2020 年在威斯特摩兰（Westmoreland）破产案件中，琼斯就严厉批评该公司的咨询顾问麦肯锡未切实履行信息披露义务。最终麦肯锡因信息披露责任，在缴纳 800 万美元罚金后，与司法部和解。裁定批准该和解的法官，正是琼斯。然而，琼斯本人最终倒在信息披露上，是不是很讽刺？

琼斯和弗里曼的恋爱关系究竟是否影响了职业伦理？在见诸报端的言论中，美国学界也莫衷一是。乔治城大学破产法教授亚当·勒韦丁（Adam Levitin）认为，如果琼斯与杰克森·沃克尔律师事务所的一位律师有恋爱关系，他就不应该审理由该律所律师代理的任何案件，一个律师的利益冲突可以归咎于该所其他律师；否则万一当事人输掉官司，他们不会觉得是因为案件本身的原因，而是因为该律所与法官的关系起了作用。

琼斯辞职后，相关调查是否继续，还有待官方披露。10 月 23 日，受得克萨斯联邦法院首席法官兰迪·柯兰纳（Randy Crane）指派，得克萨斯联邦西区法院法官阿丽亚·莫斯（Alia Moses）同意审理所有涉及琼斯的诉讼。

但琼斯辞职带来的"后遗症"，依然在持续发酵中——

第一，将有超过4200个破产案件的审理工作，需要由琼斯的同事伊斯格、洛佩兹分担，这些案件绝大多数都是个人破产案件，但也有77个第11章重整案和1250个衍生诉讼案件。对于本来就忙到原地起飞的破产法官来说，琼斯辞职后剧增的案件负担，无疑是雪上加霜。

第二，休斯敦作为美国新晋破产核心地位，可能从此走下坡路。得克萨斯南区破产法院的“双法官模式”极大地提高了债务人申请重整的可预期性，也是腾飞的基础。但琼斯辞职后，已经从复杂重整案件审理小组退役的伊斯格法官不得不再度出山。就未来而言，伊斯格法官已履职19年，接近退休；而洛佩兹法官履职不过4年，还需要成长。这种审判力量的配备，势必会影响债务人做出抉择。凯易律师事务所已开始选择在新泽西破产法院提出破产申请；琼斯法官辞职后，实务界是否继续在休斯敦提出破产申请，肯定也会三思而后行。在琼斯宣布辞职后，美国破产管理署前署长克里夫·怀特（Cliff White）就公开表示，“至少在短期内，得克萨斯南区破产法院的吸引力将会下降。”

第三，美国破产司法的公信力受到怀疑。目前已有媒体报道，在弗里曼就职于杰克森·沃克尔律师事务所期间参与的部分大型重整案中，琼斯已批准她提交的100万美元以上报酬申请。另外，在琼斯和弗里曼恋爱期间，在洛佩兹法官审理的案件中，琼斯被指定为调解人，而弗里曼就曾是当事方的代理人。琼斯的辞职是否构成推翻其先前裁定的理由，还有待各方进一步博弈。美国破产管理署表示，至少在最近的某起破产调解案中有这种情况，该机构将依据法定职责履职，就合理性问题采取行动。

当法官爱上管理人，有多少爱不能胡来？不知道琼斯会不会黯然神伤，“常常责怪自己，当初不应该。”

（本文首发于2023年11月5日澎湃新闻财经频道“澎湃商学院”栏目。）

第五辑

枕　边　书

美国现代个人破产法为何异常宽松？

若要论对债务人的友好和宽容程度，放眼寰球，似乎没有任何一个国家或地区的个人破产法，能够和美国媲美。2005年《破产滥用防止及消费者保护法》通过后，随着破产门槛的提高，债务人可能会因为太穷而不能破产，这让美国现代个人破产法的亲民程度有所褪色，但即便如此，异常宽松的免责制度，依然让美国破产法在世界破产法之林中一枝独秀。

对于美国破产法对债务人的友好和宽容，托克维尔的解释很有代表性。托克维尔在《论美国的民主》中写道，“勇敢经营工业的精神，便受到这个国家人民的青睐和尊重。……把冒险经商视为一种美德的美国人，无论如何不会瞧不起冒险的人。……因此，美国对破产倒闭的商人特别宽容，他们的荣誉不会由于这样的意外而受到损害。在这方面，美国人不但与欧洲各国人民不同，而且与当代的一切商业国家的人民不同，以致他们在地位和需要上也与其他国家的人民毫无共同之处。”

托克维尔自1831年5月起，游历美国9个月。《论美国的民主》上、下卷分别出版于1835年、1840年。上述评述美国民众破产观念文字，就出自下卷第18章论述“关于美国和民主社会中的荣誉”中。

就破产法而言，托克维尔的论述，不完全符合19世纪40年代美国破产法的事实。在1898年破产法颁布前，美国联邦破产法一直立废交织，大部分时间处于无法可依的局面。这种背景下，各州既有的债务清理法律实践，基本是对当时英国破产法不同程度的照搬照抄。在当时，英国的个人破产法恰恰是以对债务人的严苛著称的。易安·杜菲（Ian Duffy）有本《工业革命时期伦敦的破产实践》（Bankruptcy and Insolvency in London during the Industrial Revolution），讲的就是19世纪30年代前后英国的破产法律体系：商人可以适用破产法（bankruptcy），通过破产程序，实现剩余债务豁免；但普通人陷入财务困境后，则会因为破产（insolvency）被关到债务人监狱里，享受不了破产制度带来的福利。托克维尔强调美国民众宽容破产商人是对的，但未说明针对普通债务人的羁押体系，容易让人产生错觉。如果穿越时空，让时光快进一个世纪，用托克维尔的论断评价美国20世纪30年代现代破产法，那就没有任何问题了。

那么，为什么美国现代个人破产法异常宽松呢？最近拜读莫妮卡·普拉萨德的《过剩之地：美式富足与贫困悖论》，收获不小。这本书聚焦的问题，是解释为何美国在生产过剩的时候，同时还有大量贫困问题。在普拉萨德的推理链条中，宽松的个人破产不可或缺。普拉萨德不是破产法专家，论述个人破产问题也不是她的兴趣所在，但这本书为我们追问为何美国现代个人破产法异常宽松，提供了另一种观察的视角。

农民利益集团的崛起与需求

普拉萨德指出，美国20世纪早期的金融管制，呈现出三个明显特点：破产不受约束，银行管制严苛，信贷便捷可得。这种特征并非偶然出现，与当时的政治经济环境密不可分。

美国内战后，农民要经营农场，必须要购买工具和生产资料。钱从哪儿来呢？当然是信贷。农作物留置权的发展、分期付款制度的创新，让消费信贷逐渐在美国崛起。让信贷唾手可得，成为美国民粹主义者的口号。

1893年芝加哥举办的万国博览会，集中展示美国生产实力，让欧洲社会为美国崛起感到惊恐。而在美国国内，负债则成为农业生产持续的动力：农民需要靠举债，来购买生产工具和生产原料，将原来撂荒的土地变成有利可图的农场，并靠出售农产品所得利润来偿债。

但是，美国的金融领域一直处于高度管制，国家层面稳字当头，迟迟未介入信用融资。据统计，1900 年时美国人中债务占收入的比例，仅为 4.46%；1913 年时，美国私人信贷占 GDP 的比重，远低于瑞士、丹麦、法国、英国及德国。金融领域的严苛管制，严重限制金融服务的多样化，也导致金融机构无法为市场提供流动性。

当时的按揭贷款，流行一种“气球贷”：债务人按年支付利息，在债务到期时偿付本金。有统计发现，因为通货紧缩的持续存在，在最多 5 年的贷款周期里，债务人实际支付的利率是名义利率的 2 倍。在这种高利率的情形下，债务人的偿付能力，是以某种预期的价格为前提。一旦市场无法为农民提供预期价格，违约在所难免。但是，市场毕竟要遵循价值规律，在严重过剩的情况下，物价怎么可能不下跌？

这种情况下，债务清理法律机制必须要有一种尽可能宽松的机制，否则只会把债务人逼上暴乱的绝路。1898 年《美国破产法》的颁布，正逢其时，也充分体现了各方利益冲突和博弈。

普拉萨德指出，1898 年的美国破产法，是商业利益集团和债务人代言人不稳定联姻的结果。而债务人群体的主要来源，则是广大农民。当时，围绕债务清理，形成泾渭分明的两派。制造商和投资商需要一部亲债权人的破产法，防止陷入财务困境的债务人，把有限的财产优先清偿高顺位债权人，比如债务人的家属和亲戚。但以农民群体为核心的债务人集团，则希望更为宽松的个人债务清理体系，确保每个人都能在债务重压下迅速金蝉脱壳。普拉萨德援引斯基尔的《债务的世界：美国破产法史》，指出 19 世纪 80 – 90 年代抵制亲债权人破产法的中坚力量，是代表农民利益的政党和民粹主义运动；农业州的立法者更为积极地宣扬民粹主义的观点，将破产法和金本位结合在一起，视为普通劳动者两大苦难来源。据说甚至有人打过这样的比方，金本位是“撒在毁灭庄稼上的种子，破产法是紧随其后的收割机和打谷机，使得高利贷者得以坐享大丰收的成果”。而且，由于美国联邦制的政治结构，亲债权人的共和党人必须要和这些民粹主义代表妥协，否则破产法不可能通过。普拉萨德确信，如果没有农民政党的压力，美国 1898 年破产法与其他国家同时期亲债权人的破产法不会有区别。也正是因为如此，鼓吹“新生”（fresh start）和超级免责的美国个人破产法，从 1898 年起就奠定其宽松的底色。

通货紧缩与大萧条

1916年，为鼓励生产，美国颁布《联邦农业贷款法案》，把19世纪中后期政府为农民提供贷款和担保的临时措施，变成常态机制。信贷的宽松，激发了农民的生产热情，也间接导致生产率大幅度提升和生产过剩。

第一次世界大战期间，农民们基于爱国心，种植超过4000万亩的庄稼；而战后美国从债务国变成债权国，出口价格上涨，美国农产品出口更为困难；在这个时间段，汽车、卡车、拖拉机逐渐替代马匹，过去用于饲料生产的3500万亩土地因而被释放出来。而战争结束后欧洲国家也开始报复式生产，防备下一次潜在战争的饥荒。

各种因素叠加，导致1921年开始，美国就陷入严重通货紧缩，消费品价格下降10%，其他物品批发价格和农产品价格跌幅达40%以上。每百斤猪肉的价格，从1919年的17.85美元，跌到1932年的3.83美元。物价的暴跌，摧毁了农民的经济来源，只有不到五分之一的农民收入能达到国家收入中位数水平。

而农民的经济来源一旦断裂，投资、贷款回收无望，一场债务人的暴力反抗箭在弦上。1933年1月，美国农业局局长警告，“除非农民的某些问题得到解决，否则我们将在最多12个月内，在农村看到一场革命。”

前述警告绝非危言耸听。美国债务人暴力反抗是有传统的，1786年爆发的谢司起义便是很好的例子。1933年春夏之交，美国农民们自发武装起来，全身心阻止抵押品赎回权的丧失，通过设置路障、破坏桥梁、损毁铁路、炸毁仓库等极端方式，阻止食品运输。在1933年4月，爱荷华州的暴民，差点处死一位判决支持抵押品赎回权丧失的法官。类似的暴乱在威斯康星州也有发生，先后导致数百人入狱。农民们拖欠还贷的同时，债权人这边的多米诺骨牌已经开始倒下。很多小型金融机构，因为缺乏抵押担保而纷纷陷入倒闭。持续下跌的价格，更让金融系统处于高度焦虑中。

这一场通货紧缩，带来三个问题的叠加：政府需要开辟税源，经济危机严重影响了税收来源；农民在大力提高现代化生产的同时，生产过剩，物价下跌，成为现代化生产的受害者；随着农民违约率的提高，金融危机岌岌可危，系统性风险一触即发。

普拉萨德指出，“这场危机再一次呼吁一种围绕着农业利益的政治合作，尽管无法特别成功地解决其他农业问题，但也是拒绝销售税的核心力量。”基于自身利益考虑，包括北卡罗来纳、路易斯安那和堪萨斯等棉花业、烟草业发达的农业州，反对财富集中，争取累进税，使得消费税保持在低水平。美国设立以增值税为核心的消费税的努力，先后于1921年、1932年和1985年进入立法议程，但均未取得成功。

1933年，罗斯福政府推出一系列涉及“三农”问题的改革措施：出台《农业调整法案》，让屠杀猪仔、摧毁棉地合法化，同时以政府采购和储存剩余产品来保障物价稳定；建立商品信贷公司，以市场价为农民提供贷款并以农作物做抵押，支持农产品价格稳定；出台《全国产业复兴法案》，鼓励产业建立竞争准则，鼓励政府、企业和工人建立谈判机制……通过这一些“组合拳”，试图避免生产过剩，控制过热竞争。尽管《农业调整法案》和《全国产业复兴法案》一度被最高法院判决违宪，但是价格支持计划、农业补贴计划已深入人心，很快卷土重来并绵延至今。

金融管制的宽松与房地产行业的崛起

在大萧条之前，美国的住房按揭贷款体系并未发展起来。由于金融领域的严苛管制，原有的住房按揭，首付款比例高达50%以上，贷款期限多为3－5年，固定利率很少，债务人平时还利息，贷款期限届满后一次性付清本金。这种方式对于债务人而言，违约风险很高，借新账还旧账成为常态，永远无法拥有房产的所有权。尤其是金融危机时期，银行放贷意愿降低，债务人很容易就丧失抵押品赎回权。这些缺陷导致住房按揭一直不温不火。

大萧条期间，房地产行业内外交困，雪上加霜。1925年住宅建筑许可量为50万套，1933年该数量降低到2.5万套；住宅的投资规模，3年内从680亿美元降低到176亿美元；而同一时期，抵押品赎回权丧失的数量，却增加3倍。

房地产行业的萧条，不仅影响上游原材料制造行业，也影响卡车运输等产业相关行业；据说在失业大军中，1/3是建筑工人；政府救济名单上排队的人员中，建筑工人家属数量高达1/3以上。

美国政府深切认识到，经济重建必须要从房地产行业起步。没有房地产行业的复苏，经济复苏将是镜花水月。

在这种认识下，胡佛、罗斯福大力推动住宅所有权体系，成为罗斯福政府房地产“新政”的核心：

第一步，推出业主贷款公司，允许债务人用抵押贷款换取政府债券，避免抵押品赎回权丧失，保障房地产市场的现金流。

第二步，1934 年颁布《国家住宅法案》，推出住宅改善贷款计划，由政府出面托市、造市，向市场提供长期、低利率、高杠杆的贷款方案；为打消债权人的顾虑，甚至还推出放款人保险计划，赔付额提高到损失的 20%。

第三步，1938 年联邦政府推出房利美，创建按揭贷款二级交易市场，加速按揭市场的流动性。

住房按揭贷款体系的改革，让先前的一切增长都黯然失色。这些政策实施后，变化立竿见影：在建工程从 1933 年的 93000 处，上升到 1937 年的 332000 处；20 世纪 40 年代美国住宅自有率，从之前的 45% 迅速上升到 65% 以上；单一家庭住宅按揭贷款占 GDP 的比率，从 1944 年的 8%，上升到 1965 年的 12%；消费贷款也从低于 GDP 的 2%，上升到超过 12%。

这些创新，让高负债成为美国国民的日常，信贷即正义的理念成为公众共识，尤其是 20 世纪 60－70 年代，如何让有色人种和女性成为债务人并受益于信贷民主化，是当时民权运动的突破口之一。

低福利国家需要信贷民主化，更需要宽松的个人破产法

20 世纪 60 年代中后期，美国社会开始出现结构性的变化。一方面，生产过剩的情形还在持续，社会物产极大丰富，“婴儿潮”一代逐渐成年并成为新生代的消费者；另一方面，金融市场的管制有所松动，州际金融机构崛起，以信用卡为核心的金融服务广受市场欢迎。信贷不再遥不可及，而是唾手可得，每一个美国人都生活在信贷民主化的光影中。

随着金融管制的松动，私人贷款量暴增。分期付款机制在市场上广受认可，这种临时性的信贷协议越来越流行。无论是收割机、缝纫机、钢琴、照相机、电冰箱还是汽车市场，分期付款都畅通无阻，完全颠覆既有的交易模式。另外，因为《高利贷法案》的存在，普通金融机构对小额贷款十分谨慎，在法律体系之外

运作的高利贷放贷人成为小额信贷的受益者。总之，人们对负债的看法也发生重大变化，信贷越来越容易获得。多重因素共同作用，居民负债率直线上升。

在应对20世纪70年代经济危机中，信贷民主化继续成为美国走出经济危机的重要途径。消费者、工商业者及政府向未来借债，寅吃卯粮，大大推迟经济问题的集中爆发。当时，美国金融领域出现的明显问题，就是债务人还在继续借款，但是因为经济危机冲击，宏观经济陷入困境，违约预期大为提高。

破产法需要顺应这一经济背景。1978年大修的《美国破产法》，规定了异常宽松的个人破产制度，创造出让世界侧目的超级免责体系。普拉萨德援引伊丽莎白·沃伦、杰伊·韦斯特布鲁克等破产界学者的研究成果指出，“研究破产的学者们长期以来就认为信贷具有提供福利的功能，而且在缺乏广泛福利的情况下，相对宽松的信贷以及通过消费者破产而免除债务的更简易的规则，这二者结合在一个制度之中，能够给那些需要帮助的人提供一种福利措施。”

另外，普拉萨德也援引斯基尔的《债务的世界》并指出，尽管美国在早期从英国移植破产法，但在后期发展理念却明显与英国有差异：一旦进入个人破产程序，英国债务人将面临官方接管人的详细调查，而且很难获得律师帮助，即时免责只有在极为特别的情况下才能获得，债务人想要借助个人破产实现金蝉脱壳，十分费劲；但是在美国，债务人无论是选择第7章破产清算，还是第13章个人债务重整，选择余地甚大。

有研究认为，信贷的便捷可获得，本身就是对美国福利体系欠发达的弥补，“对信贷的依赖程度越强，则福利国家的发展水平越低。”公众本该享有的社会福利，更多则需要通过宽松的信贷由个人消费来获得。在这种情况下，只有异常宽松的个人破产制度，才能够让个人乐于负债，且不惧怕债务。这种理念，让美国个人破产理念深入人心，年申请数量最高时高达203万件。

普拉萨德指出，在20世纪90年代之前，欧洲各国的个人破产法总体和英国都差不多，甚至很多国家就没有个人破产法，“通常破产的成本以及由此导致的麻烦是如此巨大，以致非企业公民实际上被排除在破产制度之外。更重要的是，破产在过去和现在都根本没有解除债务，因此站在小额资产债务人立场上看，就是无用的。”普拉萨德在仔细查阅美国破产法学家查尔斯·泰步的研究后，对之十分认同：欧洲各国在90年代中后期才普遍引入个人破产机制；但即便如此，类似美国这样的债务清理机制在欧洲依旧十分少见。美国绝大部分自然人都能享受立即且无条件的免责，甚至不受未来收入限制。这种对于债务人特别友好的破产法，在美国之外，即便同样秉持自由主义理念的英国、加拿大，债务人受到的限制远远多于其获得的便捷，难以望美国个人破产法之项背。

当然，破产免责的异常宽松，注定会引起债权人集团的反制。债权人集团绵延不绝的努力，最终促使2005年《破产滥用防止及消费者保护法案》通过。该法案实施后，破产免责的难度陡然提高，甚至经济学界的研究证明个人破产难度的提高本身很可能就是2008年国际金融危机的根源。但无论如何，时至今日，美国每年个人破产数量稳定在每年70多万件，整体看依旧是异常宽松。

（本文首发于2020年5月24日澎湃财经频道“澎湃商学院”栏目。）

破产审判为什么会越来越专？

2020 年 4 月 22 日，青岛破产法庭挂牌成立。这是我国一年多时间内成立的第 10 家破产法庭。在举国上下着力改善营商环境的大背景下，以破产法庭的设立为标志，我国 2.0 版破产审判专业化改革成绩斐然。

破产审判专业化：从 1.0 到 2.0

早在 2016 年，最高人民法院就推出 1.0 版本的破产审判专业化改革，推动全国范围内近百个清算与破产审判庭的普遍设立。2018 年《全国法院破产审判工作会议纪要》中，开篇就谈及破产审判的专业化问题，并且分别从推进破产审判机构专业化建设、合理配置审判任务以及建立科学的绩效考评体系等方面展开详细论述。破产法庭的成立，显然比设立清算与破产审判庭走得更远。

显而易见，破产审判越来越专了。这是为什么呢？从清算与破产审判庭到破产法庭，甚至到未来可能的破产法院，这背后的逻辑和奥秘究竟是什么？

美国学者劳伦斯·鲍姆在其新书《从专业化审判到专门法院：专门法院发展史》，全景式地呈现了美国司法体系专业化的过程。他考察的范围，涉及包括美国破产法院在内，几乎所有形形色色的专门法庭或专门法院，从外交到军事，从刑事到财税，从公司治理到商事法庭，应有尽有。这种全景式的扫描，使得鲍姆得以在事实层面对于美国的专门法庭或专门法院有十分详尽的了解，也足以支撑他探寻专门法庭成立背后逻辑的学术之旅。

通过这些考察，鲍姆断定：尽管跟政府、立法机构比，法院仍属于通才汇聚之地，但法院的专业化程度已呈现出不均衡但十分明显的专业化趋势。

为什么司法体系青睐专门法庭?

分工可以促进生产效率的提高，这是亚当·斯密在《国富论》中的重要发现之一。就人类社会治理而言，无论是立法还是行政，通过分工提供更为专业化的公共服务，也属常态。

但司法是一个异数。按照人们的日常印象，法官就是世俗世界的正义之神，可以处理所有领域的纷争，并不因这个纷争来自毒品交易还是破产衍生诉讼而有所差别。通才型法官和通才型法院，是大分工时代最后的遗留物，无所不能审，没什么不能判。法院理应是通才型法官汇聚之地，所谓专家型法官才应该是异类。美国乃至其他国家和地区，大部分司法系统都是按照这种理念构建的。

鉴于上述，鲍姆在这本书中想要探寻的核心问题，是为什么在美国通才型法院为主流的司法体系中，会有强烈的动力来推动成立专门法庭或法院的成立?

按照鲍姆的归纳，专门法庭之所以大行其道，核心因素有两个：

一个是“中性优势”。即通过案件的集中和法官的集中，提升特定类别案件审理的质量和效率。此外，“中性优势”还体现在统一的裁判尺度、专门法院审判效率的直接提升、非专门法院审判效率的间接提升、法官专业技能的提升等方面。“中性优势”的影响，好坏参半：在积极方面，法官可以毛遂自荐，法院可以设定标准，通过这些措施遴选出特定领域的专家型法官，提高相关法官在同侪中的自信心与美誉度；在消极方面，法官在专业领域故步自封，对其他领域的熟悉度会下降，在专精领域之外的水平低于非专门法院。总体而言，“中性优势”能够尽最大可能提高审理的速度与效率，但不会实质性影响审理的结果，在司法系统内部具有较强的说服力。

另一个是“利益取向”。即基于特定利益取向，立法机构和政府乃至背后的利益集团，需要将支持该利益取向的法官送上审判席，进而获得对审判结果的实质影响。如果没有专门法庭或法院的设置，对于利益集团来说，游说成本将十分高昂。因此，成立专门的法庭或法院、遴选心仪的法官，甚至直接委派符合利益集团的代表来主持审理，将通过司法程序，冠冕堂皇地间接获得想要的结果。由此，利益集团会特别热衷地介入专门法院法官的选任，并尝试通过特定法官来实现其“组织使命”。

按照鲍姆的分析，司法专业化对司法政策的实质影响，体现在两个方面：

一方面是法官长期在特定领域审理，会表现得比较自信，但也容易导致立场上的偏执和狭隘，比如对通才型上级机构认可度降低，自认为比通才型上级法院的法官更为渊博；

另一方面是司法专业化得益于利益集团的影响，也容易形成对特定利益群体的偏见，而且这种偏见会在同行间互相强化，裁判思路容易类型化。也就是说，专门法院的法官有可能通过专业审理强化自身的魅力，也容易形成某种隐而不显的合谋。当然，反过来不同利益群体的博弈，也会间接影响到类似专业法庭或法院的命运。

鲍姆认为，前述美国诸多专门法庭或法院，无论是隶属于联邦司法系统还是州司法系统，绝大部分都属于上述两种动力驱动的结果。上述两种动力中，“中性优势”更为明显，但专业化与实质司法输出的关系，也会让各个群体对于推动司法审判专业化乐此不疲。也正是因为如此，专业法庭或法院的成立往往显得随机、混乱，时代性特征明显，缺乏统一的论证和评估，也缺乏统一的顶层设计和规划，长期以来遭受着远多于普通法院的质疑。用鲍姆自己的话说，“司法专业化的发展，更多是诸多决策在不经意间促就，而非刻意规划达成。”

为便于进一步研究，鲍姆把司法专业化划分为两个维度：

一个是“法官集中度”，即特定法官审理特定类型的案件。这个维度基本根据案件类型或者特定诉讼当事人来划分专业化的领域。破产法院就是根据案件类型来划分领域的例子。

另一个是“案件集中度”，即在某一层次法院中，特定领域案件在有限数量法官手中的集中程度。

按照这种框架，破产法院属于案件集中度低、但是法官集中度高的专门法院。按照鲍姆的分析，破产法院在美国专门法院体系中，属于案件不多、法官不少的体系，其他大部分专门法院的案件数量相对都更少；但即便如此，专门法院控制的公共政策，对于经济和社会却有着实实在在的影响。

破产法院的特殊性

需要注意的是，美国破产法院的设立本身，与其他专门法庭和专门法院不同的一点，是法官利己主义的作祟。按照鲍姆的分析，站在利己主义的立场上，法官在决定是否设立专门法庭或法院时，可能会考虑的因素包括：是否有利于本人连任、是否会让本人的工作更简单而不是更难、是否有利于提高本人的荣誉感和被尊重感；而法官也更愿意将精力投入他们认为有趣、重要的案件上，尽力远离无聊、琐碎的案件。这一点会导致法官在面对案件时挑肥拣瘦，尤其是非专门法院会把不太想办理的复杂疑难案件，推给专业法官。

上述因素，是促进美国破产法院发展的重要原因。鲍姆即指出，“总体来说，联邦地区法官不想审理破产案件。他们认为这类案件没意义又不重要，还耗时耗力，最好都委托他人办理。”

基于美国宪法的“破产条款”，美国破产案件管辖权属于联邦法院。但这一条款在司法领域的落实，到1978年《美国破产法》修订时才正式固定下来。囿于美国破产立法的特殊性，按照1898年《美国破产法》，联邦地区法院内部设立公断人，公断人不属于公职人员，不由财政养活，而是通过自己的专业服务计件取酬，更类似于今天的破产管理人。1938年破产法修订中，公断人部分行政职能被剥离出来，交给法院指定的托管人或书记官负责。此后，直到1973年破产公断人才被正式收编，成为真正意义上的破产法官，获得公职人员待遇。

但在1978年《美国破产法》立法进程中，破产法官究竟能否获得其他联邦法官享有的终身待遇，却引发巨大争议，破产法官试图提升自身地位的努力，在破产圈内获得广泛支持，但也遭到以最高法院首席大法官伯格为首联邦法官的抵制。几经博弈，最终形成破产法官形式上具有联邦法官身份，但在指派方式、任职期限、待遇均跟联邦法官有所差别的局面。在美国法官体系特别是联邦法官的鄙视链里，至今破产法官基本处于最末端。

那么，中国破产审判的专业化与美国破产法院体系到底有没有可比性呢？鲍姆认为，大陆法系法官的专业化程度相对较高，是因为在大陆法系，法官在职业生涯初期就进入法院工作，通过类似公务员的晋职晋级系统获得提升，由此也导致大陆法系法官的地位相对较低，法官与行政官员之间界限不明显，法院也自然被赋予官僚机构特有的专业化特征。由此，公众更倾向于将法官视为公务员队伍的一部分。鲍姆据此断定，大陆法系的国家司法职业制度与英美法系的司法认可制度，有着天壤之别。仔细想来，的确如此，这也为我们比较中美破产审判的专业化，提供了另一种维度。

无论如何，美国破产审判专业化进程经过长达百年的进化，方形成今天的局面。尤其是司法实践中，破产法官对于债务人及其管理层的友好态度，以及破产法官在批准破产执业者报酬方面的大方程度，都成为吸引美国境内企业层面“破产移民”的重要因素，特拉华破产法院、纽约南区破产法院先后成为美国破产法院的明星法院，随着破产领域大案要案的汇聚而风头无两。美国破产法院在审判专业化进程中的成败得失，需要是其是、非其非，客观并冷静地审视。

在当前我国大力促进营商环境评估提升的语境下，破产审判的专业化在破产界内外，都带来明显的积极效应，未来还需要在实践中不断完善。破产法庭的成立，加上诸如单独绩效考核、府院联动等配套措施的出台，使得破产审判专业化改革更加如虎添翼，成效让人期待。而且，考虑到互联网法院、知识产权法院成立后在相关领域取得的积极效果和示范效应，破产审判专业化改革在不远的将来迎来以破产法院为标志的3.0版本，并不是完全不可能。

（本文首发于2020年6月11日澎湃财经频道“澎湃商学院”栏目。）

就个人破产致1855年的吉米·罗斯

尊敬的吉米·罗斯先生：

请原谅我很冒昧给您写这封穿越时空的信。我叫陈夏红，在太平洋彼岸的中国政法大学教破产法。现在是2020年8月。偶然获悉您的破产经历后，浮想联翩，黯然神伤，忍不住提笔。若有冒犯之处，还请海涵。

我是在赫尔曼·麦尔维尔先生的小说集《苹果木桌子及其他简记》中，看到您的经历的。麦尔维尔的《吉米·罗斯》在1855年11月发表于当时的《哈泼斯新月刊》。小说中提及，您曾在25年之前（也就是1830年）破产，而您也正是在1855年撒手西归。如果有错讹，还请您原谅一个隔代晚辈的无知。

我姑且相信，麦尔维尔所写关于您的一切，都是真的。

于您而言，1855年时，您尚未从25年前的破产中恢复元气，却似乎隐隐听到了命运丧钟的声音。除了那个我不知道姓名的“温柔姑娘”，给您送来果冻和奶冻，为您在小阁楼里泡茶，帮您在床上翻身，带来您驾鹤西去前最后一抹暖色外，我实在想不出这些窗外传来的喧闹，会在多大程度上引起您的兴趣。

按照麦尔维尔的叙述，您生在中等人家，俊朗高大，仪表堂堂，绝对是当时的高富帅，颇受女孩子青睐。而且您也从未在圣坛前发誓效忠于一段婚姻，来约束那广受钦佩和羡慕的自由。在25年乃至更久远之前，您通过经营高端、大宗的生意，赚了不少钱，足够您纵情享乐。这里请允许我引用一段麦尔维尔的叙述：

“有好一阵子，他的午餐、晚餐和宴席，相比聚饮之城纽约的任何一场饭局都毫不逊色。他异乎寻常的欢乐、鲜艳的服饰、火花四溅的机智风趣，连同流光溢彩的枝形吊灯、谈资无限的闲聊、法式家具，再加上他待人接物的热忱、他慷慨的性格和丰富饮食、他高雅的气派和美酒佳酿，以上这一切，又怎能不诱使众人争相涌入吉米好客的居所？每逢冬季大集，他是经理名单上首屈一指的人物。同样，在所有举办于园林之中、为当红演员们推荐餐具的展销会上，以及在所有举办于牧场之内、为掌权将军们推荐刀剑和枪械的展销会上，詹姆斯·罗斯先生也从不落于人后。另外，他还经常负责送礼，因为他很会说话，擅长甜言蜜语。”

从麦尔维尔屡屡提及的百老汇街头判断，您应该是在纽约。显而易见，您的才气横溢、您的风流倜傥、您的长袖善舞，让您成为您的朋友圈里的焦点。您恰像那中国宋代作家辛弃疾的《青玉案·元夕》：“东风夜放花千树，更吹落，星如雨。宝马雕车香满路。凤箫声动，玉壶光转，一夜鱼龙舞。蛾儿雪柳黄金缕，笑语盈盈暗香去。众里寻他千百度，蓦然回首，那人却在，灯火阑珊处。”如果时光就在那一刻永驻，该有多好啊！

然而，您的生意急转直下。两艘从中国驶回的货船，在新泽西州附近的桑迪胡克港口附近，被冬季的狂风刮沉，一夜之间您现金流完全枯竭。我不知道您有没有看过莎士比亚的《威尼斯商人》。如果看过，您会发现您的经历和安东尼奥特别像：如果没有货船的沉没，安东尼奥一定能够按时偿还夏洛克的高利贷，当然也可能就不会有鲍西娅假扮律师智取夏洛克戏码。按照所谓的墨菲定律，你越害怕发生的事情、越不想发生的事情，越可能发生。您游走商海几十年，想必不难理解这个道理。

麦尔维尔写道，“突然间，生意急转直下，疯狂挥霍的恶果随之显现。核账时人们发现，吉米仅能偿付不足四分之三的债务。缺额原本可以及时补上的——当然，这么一来吉米就身无分文了。”然而具体的生活容不得半点假设，沉船事故让您倾家荡产。

这一切多么不真实啊。小说中的“我”，在四五天前，还在您万众瞩目的豪宅里，看一位服饰华丽的女士为您举杯祝酒，“我们高贵的主人容光焕发，愿他青春常驻，万事如意！”在场的宾客们，深深沉浸在如此美好的祝酒辞中。大家一饮而尽，“我”也看到您诚实无欺的眼窝里泛着友爱、自豪、感激的泪花，天使般的目光扫视着周围闪闪发亮的脸庞，以及同样闪闪发亮、同样兴致勃勃的酒瓶子，“欢乐的氛围之中，他眼眶里积攒的泪水比他杯子里盛满的酒水还要多。”如果时光在那一刻停滞，让幸福的琥珀笼罩每一个人，现世安稳，岁月静好，那该多好啊！

据麦尔维尔叙述，接下来您的境况就没那么好过了。您的朋友圈里，都在流窜着您破产的消息。他们都煞有介事地低声耳语，八卦着您的飞短流长，仿佛他们从来就不是您的朋友、不是您的座上宾，从未吃过您的面包、喝过您的红酒。

只有“我”在寻找您。“我”去了您的住所，四五天前刚去过的豪宅，守门人说您不在，四十八小时前就离开，也不知道您去了哪里。“我”去了百老汇街头，向路过的熟人打听您的消息，他们都知道传闻不假，但没有人知道也没有人关心您在哪里。

“我”终于碰到一个生意人，他神秘地暗示，您可能从破败的家业中搜刮了一小笔钱财，然后跑到某个地方藏起来了。“我”还碰到一个富翁，他是您家酒会的常客，也是酒局中和您勾肩搭背的好兄弟，据说他因为您破产损失了 75.75 美元，但是他吃您的、喝您的，远超过此数额，他恶狠狠地对“我”说，“先生，吉米·罗斯是个无赖，是个彻头彻尾的流氓！可有些人还要当他的跟屁虫。”最终，“我”碰到另一个八卦男，他悄悄告诉“我”，您躲到了 C 街那所年久失修的老房子里。

麦尔维尔写道，在您大难临头时，第一轮压力来自您的债权人们。他们曾经是您相当牢靠的朋友。但现在，他们非要把您投入监狱。为了躲开他们，也为了躲开公众的视线，您不得不逃之夭夭，跑到荒弃已久的老房子里蛰居起来。“在那儿，他孤零零一个人，濒于疯狂……”

最终，“我”找到了您。然而您却不愿为我打开门。您说您谁都不信，害怕我们每一个人。您喝令我离开，甚至从门锁孔里拿枪瞄准了我。我大为惊恐，不得不撒腿就跑……

再见您，已经是 25 年后。您是个救济所外面的穷汉，是个只靠 70 美元存款所生利息生活的孤寡老人，是个每逢周末总想着去某座漂亮房子里蹭茶、蹭面包并在主人发怒前离开的老先生。甚至，没过多久，“我”就和另外两个摇摇晃晃的老家伙，排着队送您到坟墓。唉！

作为一个学习破产法的“青椒”，我一直想搞清楚，那个时候的您，还有您的同时代人，怎么看待破产这件事？或者说，在您1830年破产时，您那个时代的破产法，能够为您提供什么样的法律程序和救济。

对不起，我忽略了一个事实。1787年美国制宪会议的先贤们在《美利坚合众国宪法》里，写入“破产条款”，把制定破产法的权力保留在联邦。1800年美国通过了第一部破产法，但这部法律在1803年就被废除掉。而美国再制定破产法，则是在1841年到1843年、1867年到1878年，以及绵延至今的1898年破产法。这也就是说，在您破产的1830年，联邦层面破产事宜其实是无法可依的，您的破产，可能更多还是取决于纽约当地的破产习惯和规则。

可怜我对19世纪30年代纽约当地的破产规则和运行，一无所知。关于您破产的过程，麦尔维尔这个老家伙，没有写得很详细。我也不知道当时纽约州的破产法体系，怎么样才能保全您的尊严与体面。但从美国1841年才允许债务人申请破产看，我相信那不是一个让人舒服的过程。当然如果您要活在今天，哪怕是作为一个债务人，跟1830年相比也是幸福多了，什么“诚实但不幸”、什么“新生”，今天的个人破产，至少表面上看都是债务人的福音。

拉拉杂杂写这么多，言不尽意之处，多请海涵。无论如何，请原谅一个跨时空晚辈的无知，愿您在另一个尘世中获得幸福。

顺颂

康乐平安！

夏红

2020年8月11日

（本文首发于2020年8月12日澎湃财经频道“澎湃商学院”栏目。）

布罗代尔的破产法世界

2021年开年，我就掉进法国历史学家费尔南·布罗代尔的“坑”里了。

近段时间，我先读完布罗代尔的《资本主义的动力》（杨起译，牛津大学出版社2017年重版）。《资本主义的动力》是作者1976年在美国霍普金斯大学三次学术讲座的讲稿。在这三次讲座背后，作者已耗时25年，完成三卷本巨著《十五至十八世纪的物质文明、经济和资本主义》。尽管新作出版要在1979年，但此时作者的学术探险之旅已接近尾声。这三次讲座，正是对作者过去二十多年努力的高度浓缩和概括。在顾良、施康强译布罗代尔的《十五至十八世纪的物质文明、经济和资本主义》（商务印书馆2017年版）中，两位译者亦特别把上述演讲翻译出来，以“资本主义的活力”之名收录并作为译序。

读完《资本主义的动力》，我又按图索骥，翻阅完高可盈尺的《十五至十八世纪的物质文明、经济和资本主义》（顾良、施康强译，商务印书馆2017年版）、《地中海与菲利普二世时代的地中海世界》（唐家龙、曾培耿、吴模信等译，商务印书馆2019年版）以及《法兰西的特性》（顾良、张泽乾译，商务印书馆2020年版）等作品。

驱使我青灯黄卷苦啃布罗代尔的动力，是我对现代破产法起源及进化史的好奇心。为什么现代破产法会从1542年的英国开始？为什么16世纪以后各国的破产法进化会突然进入快车道？破产法的进化和市场经济、资本主义到底是什么关系？……这些问题常常让我百思不得其解，也让我常常有解开智识难题的冲动。

布罗代尔及其作品，会成为我们解码破产法进化史的“钥匙”吗？

简单的物质生活不需要太多破产

《资本主义的动力》第1讲的主题是“对于物质生活和经济生活的再思考”。

在本讲里，布罗代尔站在经济史的角度，阐释人类文明史上日常经济生活的产生与发展。布罗代尔从人口数量的变化和脆弱性谈起，进而讨论人类通过吃、穿、住、行构筑的基本物质生活，以及技术在人类物质生活中的重要性。而源于生产的丰富和技术导致的分工，货币和城市逐渐产生，不仅催生交换，也为人类文明带来现代性。

交换的频繁打破了农耕文明的宁静。流动商贩从农民中脱离出来，乡村市集带来早期的市场，而商铺的产生更是带来实实在在的市场经济。交易过程逐渐演化成绵延不绝的借债与放款的程序，信贷成为交易过程的血液和动力。随着钱庄的产生和金融的介入，流动商贩、商铺之上，又进化出批发商、交易会以及股票交易所。由此，低级市场经济的元素集市、店铺和商贩，以及高级市场经济的元素交易会和股票交易所，全部产生。布罗代尔借助欧洲在16世纪之后近四个世纪历史，以威尼斯、热亚纳、里昂、安特卫普、阿姆斯特丹、伦敦等城市为例，清晰地阐述地中海和大西洋周边经济生活的勃兴。

本讲浓缩的是《十五至十八世纪的物质文明、经济和资本主义》第1卷，即“日常生活的结构：可能和不可能”。在本卷，布罗代尔先后从人口、面包、饮食、住宅服饰与时尚、技术在能源和冶金领域的传播、技术革命和技术落后、货币、城市等8个方面，论述了当时欧洲的物质生活。本卷的核心任务，是勾画前工业化时期经济的活动领域，并掌握其全部广度和深度；或者更形象地说，在于“为世界过一次磅”，从物质生活的角度确认前工业化世界的潜力限度。

从破产法的角度，翻开本卷细看的话，近700页的正文中，布罗代尔只有两处提及破产。一处是引用《耕作者之友》，认为在耕地不大的情况下，用犁耕地并不合算，“这正是导致小农庄主破产的主要原因”。另一处是作者在论述货币时，提及约翰·劳的纸币政策的“破产”。

显而易见，这两种提法本质上都是从世俗意义上使用“破产”一词，法律意义上的“破产”在传统、简单的农耕文明时代，要么不存在，要么存在也只是微乎其微。

市场经济和资本主义才是破产的“温床”

《资本主义的动力》第2讲的主题，是“交换纵横谈”。

在本讲开篇布罗代尔就指出，市场经济处于传统物质生活和资本主义进程之间，“只是一个有些厚度与强度、有时却很单薄的夹层。”而在布罗代尔看来，15－18世纪经济史的主流，就是随着市场价格越来越穿越区际乃至洲际的地理空间，而呈现出连锁变化，市场经济领域在欧洲和全球都得到不断拓宽。

随着资本在再生产进程中作用的凸显，资本流动催生资本家登上历史舞台，资本主义也开始在市场经济的逻辑下暗自成长。由此，市场上出现两种形式的交换：一种是当地市场，集镇、商贩、少量中间商构成低级别市场交换的主要元素；另一种是远程市场，把当地生产者和遥远的市场联系在一起。

在远程贸易体系下，垄断逐渐产生，大批发商力量崛起，并自觉或不自觉地与当权者媾和在一起。他们仗着垄断或者权势，消灭几乎所有的竞争对手；而且，由于资本雄厚，资本家才有可能维持其特权，并包揽当时的国际大生意；如果资本不足，那么资本市场又会通过信贷和其他投资工具，为其提供雄厚的资本。

由此，商品世界被严格地等级化，从越来越专业的贩夫走卒到越来越强大的资本玩家，等级鲜明而又井然有序。尤其是金字塔顶端的资本家，完全可以跨界经营，并充当多重角色。用布罗代尔的话说，“他是商人，但从不只干一种行当，他随机应变，一会儿是船主、承包人、贷款者，一会人又是借款人、金融家、银行家，甚至是实业家或农业经营者。……从此之后，一切力所能及的好生意他都做。”

布罗代尔解释道：

第一，商人拒绝专业化，是因为在他所能够触及的范围内，没有任何一个行业可以一劳永逸地赚钱，也没有任何一个行业能够有足够的油水让商人将全部活动汇聚在一起。

第二，较之从事实体经济，商人更擅长的是通过资本的力量，让别人来生产。

第三，大商人经常更换活动领域，是因为高利润总是从一个部门转向另一个部门，“资本主义的实质就是随行情而变”。

第四，大商人的经营活动只有一种专业化倾向，就是归根结底都变成金钱交易，或者用今天的话说，变成资本运作。

由此，布罗代尔认为，在两种高低有别、错落有致的交换体系中，一种交换普通、无竞争且几乎透明，另一种交换高级、复杂并具有支配性。资本主义正是在后一种交换体系中生根发芽、茁壮成长，资本主义的原动力亦是来源于此。而随着资本主义的崛起，与国家政权的结盟，更使得资本家阶层轮番或同时依靠商业、高利贷、远程贸易、政府和土地等打造的组合，将其推向不可撼动的地位。

本讲浓缩的是《十五至十八世纪的物质文明、经济和资本主义》第2卷，即“形形色色的交换”。在本卷里，布罗代尔接续第1卷对15世纪以来近400年间物质生活的描述，从经济生活的角度，继续深度剖析当时的市场经济运行和资本主义的崛起，对交换的工具、市场与经济、资本主义在不同部门的体现、资本主义发挥作用的机制以及社会或“集合之集合”等问题进行了讨论。在系统论述15世纪以降市场经济运行的过程中，布罗代尔多次详细地论及在当时就已经广泛存在的破产现象，对此，后文将予以详述。

破产存在于经济世界，也存在于世界经济

《资本主义的动力》第3讲，主题是“世界的时序”。

在这一讲，布罗代尔不再如前两讲一样着眼于微观，而是将物质生活、交换、资本主义等各种因素整体拼接起来，将“资本主义、它的进程以及它的资财与手段和世界总体历史联系在一起”。

布罗代尔对于世界时序的拼接，是通过两个概念完成的：世界经济和经济世界。世界经济，泛指包含所有经济体的经济；经济世界是布罗代尔新造的词汇，指在全球形成一个经济体的情况下，地球上以地域为代表的区域经济体，这有点像我们今天说的“经济圈”、“经济带”的概念。

按照布罗代尔的设想，任何一个经济世界，都会体现出三个特征：

第一，任何一个经济世界都占据特定的地理空间。

第二，任何一个经济世界总要有一个极、一个中心，其代表为具有支配地位

的城市。

第三，每个经济世界，都分为延续的区域：心脏、中间地区和边缘地区。心脏地带成为物产、财富、人才、金融和交易场所的汇聚之地，中间地带则稍微差点，而边缘地带则几乎不值得一提。

但无论如何，站在任何一个时间点，一个经济世界都是多种形态的社会重叠与共存的局面，而资本主义也正是在这种按照规则分级的体系之下成长：外围地区养活中间地区，尤其是中心地区。

在上述分析的基础上，布罗代尔形成三个重要的判断：

其一，资本主义仍然建立在争夺国际资源、利用国际机遇的基础之上，也正是因为如此，资本主义以全世界为活动范围，向全世界伸展，鼓吹全球化与资本主义的发展逻辑一致；

其二，资本主义通常依靠法理上和事实上的垄断顽强坚持，完全不顾市场逻辑；

其三，资本主义社会并不涵盖全部经济，并不涵盖全社会。物质生活、市场经济和资本主义经济三层分野的结构，依然未过时。

由此，布罗代尔坚定地认为，资本主义是一种顶层经济，完全是一种从顶端或伸向顶端的经济活动中衍生出来的；资本主义作为一种垄断经济，较之商品输出，更多靠资金和信贷来触及和打开外部市场。

对于上述判断，布罗代尔列举 14 – 18 世纪欧洲及其周边的经济中心变迁为证：14 世纪 80 年代，威尼斯成为经济重镇；16 世纪初，中心从威尼斯迁到安特卫普；1550 – 1560 年荷兰、西班牙战争期间，中心回迁到意大利城市热亚纳；时隔不久，阿姆斯特丹崛起；1780 年 – 1815 年间，伦敦成为欧洲经济的鳌头；1929 年后，经济中心迁徙到纽约。

对于 14 – 18 世纪欧洲及其周边的经济中心变迁的原因，布罗代尔认为核心因素是经济危机，“每一次，中心的移位都是在斗争、对抗、剧烈的经济危机中实现的。通常，最终打垮已经受到威胁的旧中心并且确认新中心出现的，正是恶劣的经济气候。”因此在每一次危机中，对于经济的应对方略和能力，则成为决定经济中心是否变迁的核心因素，扛得过去经济中心依然在原地，扛不过去则经济中心流失。“总而言之，中心的形成、失落、再形成通常与具体、总体经济的历久危机联系在一起。”

《十五至十八世纪的物质文明、经济和资本主义》第 3 卷里，布罗代尔记述了多次不同经济体发生的破产事件产生的互相影响：

第一，16 世纪初期，随着安特卫普经济的繁荣和崛起，原来在意大利周边活跃的经济荣光不再，这给意大利商行带来灭顶之灾：1518 年，弗雷斯科巴尔第家族宣告破产；1523 年，瓜特罗蒂家族清理企业债务。

第二，1751 年 9 月大批商号的倒闭潮，给里窝那商业造成巨大损害，利克显示和普雷斯科特先生在彼得堡的破产，据说损失达 50 万卢布，这对里窝那也是个新的打击。

布罗代尔笔下的破产法世界

在《十五至十八世纪的物质文明、经济和资本主义》第 2 卷“形形色色的交换”和第 3 卷“世界的时间”中，布罗代尔在从横向剖析市场运行原理、从纵向论述世界经济大势的时候，有意无意地打开了他笔下的破产法世界。

在当时来看，破产已经成为市场经济中常见的现象，尤其是对于商人来说，破产的概念一点也不陌生。在布罗代尔收集的文献中，“破产”不算高频，但绝对不算罕见。在这本 740 多页的巨著中，“破产”一词几乎每隔三四页就要出现一次。布罗代尔笔下的破产世界，体现在如下几个方面：

一种是世俗意义上的“破产”。比如上文提及的约翰·劳纸币政策的破产，再比如 1557 年哈布斯堡王朝的破产。

另一种是经济意义上的“破产”，等同于倒闭、关门等。比如布罗代尔提到 18 世纪的马耳他，“杂货铺和零售商数量之多，以致任何人都不能完全有生活保障。他们只得欺诈顾客，要不就会迅速破产。”另外，布罗代尔提及 17 世纪的西西里岛零售商，“人们看到这些小本经营的店铺岌岌可危，清账时往往留下一大堆债务，破产更是家常便饭。”在 1802 年的法国巴黎，有人建议，“目前百业凋敝，成千上万的巴黎小商处在破产边缘。”这种破产比较司空见惯，甚至成为文学作品描述的对象，——有个叫约瑟夫·德·拉维加的商人，于 1688 年在阿姆斯特丹出版了一本题为《混乱中之混乱》的文学作品，里面暗示其因为参与郁金香投机，连接破产五次！在布罗代尔笔下，大多数情形下提及破产，都是指这种情形，毋庸赘言。

还有一种，是法律意义上的“破产”，这是真正的布罗代尔的破产法世界。这又展示出不同的维度：

比如个案。在一幅插图中，布罗代尔展示了 1770 年 6 月 28 日巴黎一家面包铺破产时的资产负债表。在图片生活说明中，布罗代尔指出，“巴黎的面包铺主人盖斯内先生谨向巴黎商事裁判所递交资产负债概括，按照当时的规定，他列出的债务有顺逆之分，我们今天则称之为破产人的资产和负债。文件共四页。这里翻印的第一页清楚地表明有一系列赊销。有的大债务人竟是高等法院顾问。外欠债务皆因赊购面粉。这家店主除铺子外还拥有一些‘工具’，一辆车和一匹送货的马，估价共 6600 里佛，其余动产约值 7400 里佛。读者请放心，面包铺主已同其债权人订立了协议。但愿他的主顾能及时付清欠账。”

比如系列破产浪潮与时代大势。布罗代尔在解释 16 世纪德国东部的崛起、莱比锡及其交易会的繁荣时，特别提及，纽伦堡和奥格斯堡是 1570 年破产事件背后的重要推手。这里面最惊心动魄的，是还有 1763 年七年战争结束后，在资本主义世界引发的破产浪潮仅仅在阿姆斯特丹，1763 年 8 月纳夫维尔商行破产、1772 年克利福特商行破产、1780 年 10 月旺·法埃林克商行的破产等等，“在阿姆斯特丹交易所起着摧毁信用的引爆作用”。

而此后，从阿姆斯特丹到汉堡，从伦敦到巴黎，引发了一连串的商业破产。先是汉堡的多家犹太商行发生破产，哥本哈根有 4 家商行破产，阿尔托那有 6 家，阿姆斯特丹有 35 家……到后来，阿姆斯特丹当地破产的商行已经高达 42 家，且“已经知道还有几家即将破产”。当时，这一波破产潮，使得社会也陷入动乱和恐慌，当局不得不动用武器来驱散暴乱者。当 1768 年英国与美洲殖民地关系恶化后，荷兰银行家也深感担心：“如果英国与其殖民地的关系恶化，由此引起的商业破产会使本国受到影响。”

比如跨境破产。布罗代尔在讲述远洋运输时，提及 1771 年南特的哈尔洛·孟肯豪塞合股公司破产：

“但财产直到 1788 年 9 月仍未得到清理。在债权人中有一个名叫威尔海米的“外国人”（我们对他的情形没有更多的了解），他在造船主已经出海的五艘船上拥有六十四分之九的股份（约等于 61300 里佛）。债权通常分为优先（第一位）

和普通（第二位）两种。人们找到了一些正当的理由，推翻布列塔尼高等法院的裁决（1783 年 8 月 13 日），而把威尔海米列入第二类，并得到商事院的认可（1788 年 9 月 25 日）。威尔海米大概未能收回他的投资。至于他是否保了险，这也不清楚。”

布罗代尔在描述远程贸易引发的跨境破产问题时，还讲了 1778 年底阿姆斯特丹的弗莱西内子公司破产引发的连锁故事：荷兰船雅各布·卡塔里纳号于 1778 年 11 月到达赛特，为当地的包税所运来 644 筐烟草，包税所立即支付运费 16353 里佛。船长盖格尔被介绍到赛特的马克·弗莱西内公司，他把包税所付款证交给弗莱西内公司，按照当时的商业惯例，请求弗莱西内公司通过汇票，帮助把运费汇到阿姆斯特丹。1778 年底，位于阿姆斯特丹的弗莱西内子公司破产，连累了赛特的马克·弗莱西内公司。盖格尔船长立即提起诉讼，起先胜诉，后来又败诉，“不但马克·弗莱西内显然缺乏诚意，而且破产者的债权人到处作梗。所有人都联合起来，对付中了圈套的外国债权人。钱款最终还是返回阿姆斯特丹了，但是拖延很久，而且七折八扣。”

比如破产审判机构。布罗代尔在介绍法国商事裁判所时，指出该机构是为解决商业争端特设的、最快捷的和旨在保护阶级利益的司法机构，“有关破产争端的问题后来也交由它处理”。

比如集团公司破产。布罗代尔述及美第奇家族的子公司体系和阿费塔迪家族的分公司体系，指出这种商业领域常见的子公司、分公司体系最大的优点在于，“当情况需要时，可用一纸文书使它们独立，以免某个地方分公司的破产由整个公司承担责任。”显然，在当时的商业世界，有限责任的风险隔离已经成为商业界的共识。

在描述土地作为财富保值增值手段的重要性时，布罗代尔用了两个事例，都与破产有关：一个是商人卢卡·代尔赛拉 1408 年 4 月 23 日从佛罗伦萨写给普拉托商人佛朗赛斯科·达蒂尼的信，“我曾嘱托您购买地产，如果今天还有可能，我买地的热情将会更高。买地至少不冒海上的风险，不会像商业公司那样蒙受诈骗，更无破产之虞。”另一个事例则是指土地作为破产财产处置时不像股票交易那么方便，“当威尼斯的提埃波罗·比萨尼银行于 1584 年破产时，清理地产既费时间，折价时还要吃亏。”

在讲述破产产生的影响时，布罗代尔也援引了1715年马赛人所做的论断，论及手工业者的流动尤其是破产的影响：“如果手工工场破产，就有工人迁往外国。”另外，破产对于小额出资人的影响也无所不在，布罗代尔举了1529年奥格斯堡的赫西斯泰特尔家族破产案件，指出这个企业的大部分出资来自于当地的小出资人。

比如困境企业拯救。布罗代尔举了安德烈的例子：安德烈是卡昂人，于1777年从父亲那里继承了一个濒临破产的花边制造厂。后来，他扩大购销范围，先后访问雷恩、洛里昂、鹿特丹、纽约等城市，摇身一变为商人，不仅经营花边，也兼营布匹、食品和皮毛，通过这种多元化经营理念，安德烈最终摆脱财务困境，避免了制造厂破产的命运。

比如政府破产或者国家破产的“雏形”，即官方财政的破产。在《十五至十八世纪的物质文明、经济和资本主义》第2卷、第3卷，布罗代尔先后提及爱德华国王的破产、西班牙财政的多次破产、亨利二世的财政破产等等。

透过布罗代尔对市场经济和资本主义交换秩序的分析，我们可清晰地感知到，破产是市场经济体系的孪生子，没有市场经济就不会有现代化的破产体系。

从破产法视角看布罗代尔的洞见与启迪

上文对布罗代尔在《资本主义的动力》系列演讲中的论述脉络进行了梳理。在这基础上，笔者又结合《十五至十八世纪的物质文明、经济和资本主义》中有关破产的部分内容，做了详细的介绍。

那么，布罗代尔的洞见，对于破产规则的产生究竟具有什么样的启迪呢？在我看来，布罗代尔的启迪与破产规则的产生之间，至少存在着如下命题：

第一，市场经济和资本主义是驱动16世纪以降破产井喷式出现的主要动力。按照布罗代尔的架构，传统的、低级别的市场，基本局限在物物交换或者简单的商品经济层面。在这种层面，无论是交易失败的风险，还是债务的集体清理，都处于一个相对初步的层面。正因为其处于初级层面，1542年英国《破产法》聚焦于对欺诈性破产的刑事惩罚，集中于对破坏规则者的根本性惩罚，而并未将破产作为商业世界的元素和商业交易的工具。只有到市场经济发展到一定程度，资本运作成为市场经济升级的驱动力时，市场交易的失败风险才会放大，商事社会才需要商业化的机制来处理债务集体清偿问题，也正是在这种情况下，现代化的破产法才会萌芽、进化，并逐渐具有商事法的色彩。

第二，商业交易越频繁，失败的风险和概率也越大，而破产规则正是为商事交易提供了一整套兜底性规则。这也是为什么现在破产实务中，大家普遍感觉到破产业务不好做的根本原因。几乎所有的难题，在常态经营中不好解决、不能解决，最后拖入企业破产程序，在破产中却必须解决。从布罗代尔的书中可以明显看出来，在 16 世纪以来世界经济发展格局中，破产在不同地区、不同时期都有，而不是某个地区、某个时间的“专利”。这也反过来证明了破产规则的有用性和强大生命力。而站在交易主体的角度看，破产规则也正为各方从事交易中潜在的失败风险，提供了最为稳定、有序的预期。

第三，16 世纪以来世界经济格局中跨境破产的频率和幅度，远高于我们平常的印象。即便在今天，人们总觉得跨境破产距离十分遥远，无论是规则供给、学术研究还是司法实践，跨境破产内容的占比都十分微小。正是因为经济世界的存在，产生了不同的法域和规则体系，包括破产在内的所有交易都受惠于此，也得益于此。一方面，因为规则壁垒，所有交易包括破产在内，都面临着重重难关，举步维艰；另一方面，正是这种规则的差异性，对于不同主体寻求差异化利益，提供了最佳的平台。在布罗代尔的笔下，涉及跨境破产的情形绝非个案。

……

横看成岭侧成峰，布罗代尔的著作及其思想就是一座开掘不尽的富矿。我们站在不同角度，总会有不同发现。破产同样如此。读完布罗代尔的这些大部头，并没有完全解惑，但我认为，布罗代尔及其作品，对我们解码破产法的进化史，提供了一个非常重要的切入点，不无启迪意义。

（本文首发于 2021 年 1 月 21 日澎湃新闻财经频道“澎湃商学院”栏目。）

破产司法的明天在哪里？

近年来，我国破产司法改革新政迭出。传统民事庭下内设破产组的模式还未完全绝迹，设立清算与破产审判庭已然成为主流；部分地方还在论证设置清算与破产审判庭，破产法庭又成为破产司法改革的新方向。

站在司法改革的角度，随着破产在国家治理中权重的提升，破产司法改革势必将成为观察司法改革成效和趋势的重要标本。而站在破产司法自身角度，不仅面临着民事庭、清算与破产审判庭以及破产法庭等模式的更替，也面临着如何拥抱人工智能时代的挑战。我们需要尽可能打开破产司法改革的想象力，及早未雨绸缪。

传统司法的物质形态，基于法官、法律和法院。这三大核心要素，共同营造出庄严、肃穆、冷峻、中立、公正、客观的司法形象。西方文化中形形色色的正义女神无不貌美如花，但现实中的司法却无不让人敬而远之。如何通过改善"司法触达"（access to justice）解决纠纷、控制纠纷、避免纠纷并改善法律状态，让法律赋予人们力量，让更多人能够便捷、低成本地实现分配正义，已经成为全球性问题之一。大势所趋，破产法领域不是世外桃源。

那么，破产司法改革的明天在哪里？

破产司法是否重要

我最近在读理查德·萨斯坎德的《线上法院与未来司法》。作者将眺望的眼光放在2039年，主张通过线上法院改善司法触达。作者坚信，线上法院将是未来所有司法体系进化的方向，并极富雄心地设计了一套全面且以技术革新为本位的线上法院计划。

萨斯坎德对传统法院多有诟病，认为其所具有的陈旧、孤傲、昂贵、迟缓、晦涩等特征，都会削弱公众对法治的信心。但作者丝毫未否认在日常纠纷处理中法院的重要性。但就破产业务来说，法院是否如此重要，有一定的商榷空间。

一方面，破产程序的司法属性，使其具有以国家公权力为后盾的公信力，这对于市场主体有很大吸引力。市场主体需要法院启动破产程序，激活以“自动中止”为代表的一系列法律效果，对债务人及债权人的权利作出明确限制，锁定债务的起止时间；市场主体还需要法院对破产衍生诉讼迅速裁定，防止衍生诉讼无限期地拖延程序；市场主体也需要法院监督破产程序的稳妥进行，把债权人的行为、债务人的行为和管理人的行为都纳入法院的监督轨道；市场主体需要法院最终批准清算方案或者重整计划，确保债权债务得到有序公平清偿。这些“需要”，使得法院天然地成为破产程序运行的“中枢”。

另一方面，破产程序以限制、约束和强制为底色，与自由、奔放、自治的商法精神相去甚远，这天然地会让市场主体对破产程序敬而远之。市场主体不想受制于《企业破产法》规定的一个个时间期限，因为错过任何期限都会导致权利受限；市场主体也不想受制于法律规范规定的强制披露义务，而更希望尽可能私密的方式完成交易；市场主体不想在法院的督责下把所有的过往和法律关系都弄清楚，很多时候更想把一些事实隐藏起来。

由此可见，市场主体既需要法院在关键时刻背锅、背书，但更想在法院的雷达之外完成交易。换句话说，市场主体眼中最理想的法院，不是事必躬亲的法院，而是“橡皮图章”——待当事各方从容且机密地完成交易和谈判后，由法院出面担保交易的合法性和可执行性。这一点，正是近年来预重整理念在国内流行并受到各界热捧的根源。

尽管有着上述矛盾心理，但在破产领域，没人敢说法院不重要。破产司法纵然面临着案多人少、效率低下、耗时耗力、成本高企、专业复杂等问题，但法院依旧是人们寻求破产正义的理想之所。

破产司法改革的方向

就我国方兴未艾的破产司法改革来说，最主要的方向是专业化和信息化。

2018 年 3 月最高人民法院发布的《全国法院破产审判工作会议纪要》（以下简称《纪要》），对这两个方向都有强调。

就专业化而言，《纪要》提出“审判机构专业化、审判队伍专业化、审判程序规范化、裁判规则标准化、绩效考评科学化”的“五化”方向。近年来成立清算与破产审判庭、成立破产法庭，均可视为实现“五化”尤其是审判机构专业化的实体措施。

就信息化来说，最高人民法院在推出破产重整信息网之后，也在《纪要》中特别强调：要充分发挥破产重整案件信息平台对破产审判工作的推动作用，要不断加大破产重整案件的信息公开力度，要运用信息化手段提高破产案件处理的质量与效率，要进一步发挥人民法院破产重整案件信息网的枢纽作用。

那么，我们对破产司法改革的想象，是否就该止步于此呢？在我看来，如何在我国当前既定破产司法改革思路中嵌入并拥抱线上破产法院的新方向，需要更详细的论证与考量。这个问题，我们可以继续顺着专业化、信息化的逻辑回答。

就专业化来说，从民二庭到清算与破产审判庭，再到破产法庭，短短三五年间实现如此剧烈的升级，可以说是了不起的成就。但就目前的破产司法领域的“客户需求”来说，这些成就依然杯水车薪。破产法庭案多人少的窘境，并未根本改观。破产案件数量节节攀升，但并未成为市场退出机制的核心。破产法庭尽管实现一定程度的人、财、物和办公空间的独立，也有了针对破产法官的绩效考核体系，但作为中级人民法院的下设分支，在体制机制上依然难摆脱行政化、地方化的约束。这也是为什么破产案件没有地方政府的支持几乎寸步难行，近年来各地乐此不疲的府院联动也是因此而起。但地方政府的支持，也必然伴随着地方保护和干扰问题。

专业化的理论基础可以追溯到亚当·斯密的社会分工理论。按照劳伦斯·鲍姆在《从专业化审判到专门法院》一书中提出的看法，司法审判越来越专业的动力有两个：一个是“中性优势”，更专业的机构和法官，意味着更好的裁判品质、更高的审判效率、更统一的法律适用；另一个则是非专业化会对裁判结果产生影响，博弈各方可能更精准、更低成本地把符合其利益的法官送到审判席上，进而获得更理想的裁判结果。

在社会分工和专业化大的浪潮下，政府机构分工越来越细，司法机构也难以自外于时代趋势。就专业化的未来来说，按照目前的逻辑，可以推演出下述方向：

其一，政府机构应新设破产行政分支，来提供专业化的破产行政服务；

其二，破产法庭的级别应予提升，尽可能打破行政壁垒和地方保护主义，使其成为跨省乃至跨区域的破产法院；

其三，破产法官应有必要的交流和流动，以促进破产法在中华人民共和国境内的统一实施效果；

其四，就破产案件管辖来说，应该允许和鼓励高级人民法院乃至最高人民法院直接管辖跨地域或者超大型的破产案件。

而就信息化来说，破产审判的信息化，距离萨斯坎德设想的线上法院，还有不少距离。信息化可以提高破产司法的效率，但不是线上法院，也无法满足线上破产司法的多元需求。按照萨斯坎德的逻辑，破产司法亦该拥抱线上法院的潮流，没有任何例外的理由和空间。

线上法院肇始于线上纠纷解决（Online Dispute Resolution）。当线上纠纷解决机制升级成线上裁判庭、线上纠纷解决器、电子法院系统乃至线上法院，法官和律师都需要适应这种像购物网站一样的正义获取方式。萨斯坎德认为，线上法院服务可以为简单、小额的纠纷提供线上评估、线上调处以及线上法官等各种服务，进而带来更广泛的司法触达，大幅度降低法院预算和当事人的诉讼成本。显而易见，线上法院简单、迅捷、廉价、高效，当事人不需要专业人士的帮助就可以实现目标，完全符合物美价廉的市场需求。

在其他领域，我国线上司法体系进步疾速。萨斯坎德也在书中为杭州、广州、北京等地的互联网法院点赞，杭州的陈辽敏法官被萨斯坎德认为是“中国法院技术的领军倡导者”。但就破产司法领域而言，我们基本还停留在信息化层面，距离线上破产法院还有不短的距离。信息化可能是设立线上破产法院的基础，但两者之间很难完全等量齐观。

但问题是，线上破产法院是否可能？线上法院是否适合处理包括破产在内的所有案件？另外，运营和维护线上破产法院的成本是否显著低于设置实体破产法院的成本？我们是否应该继续在深化专业化改革的同时推进线上破产法院的设立，还是直接把有限的资源都投入面向未来的线上破产法院？

或许有同行会认为，未来好遥远，眼下还是应该强调专业化；或许也有同行会认为，至少在当前，专业化成效卓著，线上破产法院究竟如何不得而知，所以应该齐头并进。但问题是，我们没法给一辆高速行驶中的汽车更换轮胎，我们也很难在专业化和线上化之间首鼠两端。无论是居庙堂之高还是处江湖之远，我们都应该思考如何应对即将到来的大规模技术革新。

专业化与线上化：冲突还是一致

走笔至此，读者或许也感觉到了，破产审判的专业化和线上化，隐含着某种矛盾：专业化需要我们在实体破产司法体系层面，有更精准的改革和设置，实现破产流程的优化，打通体制机制障碍；而线上化则需要我们彻底颠覆破产司法模式，告别实体法院，通过线上破产法院实现破产法的正义。而且，专业化和线上化都需要昂贵的成本，在可投入资源有限的情况下，两者之间更多的是零和游戏。

专业化本质上是一种“任务思维”，基于这种思维，再精密的工作流程和方式，都可以被拆分成一个个任务模块；而这些任务模式，有些可以交给机器完成，但也有一些则会被视为超出机器能力而保留在专业人员手中。尤其是当专业人员看到他们目前的任务中，有一些模块无法被机器或者电脑取代，就有了安全感。

坦率说来，专业化方向更加符合法律界的保守气质，更加便于同行对于不甚了解的线上破产司法断然拒绝，更加符合破产界同行当前的切身利益，也让破产界同行在熟悉的舒适区甘之如饴。因此，我相信如果做出二选一抉择，绝大部分同行会选择专业化方向。

究其本质而言，专业化代表着一种面向过去的改革思维，而线上化则代表着一种拥抱未来的进化思维。

当然，也可能有人认为，这两者之间压根就不冲突。毕竟算法就是正义的时代，最好的专业化就是线上化。萨斯坎德也意识到，世界各地的法院其实都面临类似的困境：法院既要引入各种各样的技术革新，还不能打断现有的日常工作。在专业化的舒适区内，一旦拥抱线上法院出现问题，几乎所有人都更倾向于在拥抱新技术方面做出妥协，而把新的技术部分地应用到旧的工作方式中去。这样的话，新技术只是如同信息化一样加速传统的破产司法，使得传统的工作方式更加流畅和便捷，但并未实现破产司法本身的根本转型。

在这个意义上，专业化天然地稳操胜券，拥护者众，而线上破产法院方案则需要决策者有眼光、有担当和敢冒险。

破产司法如何拥抱未来

如果超脱专业人员的切身利益，“结果思维”可能会帮我们做出更好的选择。

破产司法终究是一种以正义为产品的服务。债权人、债务人来到破产法庭，不是为了参观破产法庭，不是为了在茫茫人海中多看破产法官一眼，而是为了实现更高的清偿利益，并在这个前提下，尽可能实现其他多元目标。如果站在当事人角度抉择，或者允许当事人作出抉择，当事人对便捷度、清偿率、时间成本的关注，远远多于对破产法庭的位置与内设、对破产法官性别与年龄的关注。债权人、债务人更看重的不是破产法官或者破产管理人，而是破产专业服务带来的优质结果。也就是说，当事人更注重综合效率和效益，而基于效率和效益当事人肯定会站在线上破产法院一边，哪怕我们当前还有为数不少的“数字遗民”。

包括破产法在内，新技术已然改善了司法生态和面貌。以远程庭审为代表的视频技术进入法院，是大家看得见的司法拥抱新技术的成果。再比如，疫情期间视频会议成为主流的交流和办公方式，在破产领域也多有应用。近年来，破产重整信息网、阿里巴巴、京东等数字科技平台以及个别律师事务所开发的系统，为债权人会议提供了越来越多元的交流平台……但仅仅把破产司法的未来理解成眼下大家耳熟能详的技术，显然有点保守。

仅靠视频技术，更多只是远程庭审，远远谈不上线上法院。萨斯坎德认为，线上法院的功能至少需要有如下革新：

第一，线上评估。通过评估使得当事人的问题得到分析和理解，进而避免纠纷发生。在破产司法领域，线上评估完全可以和债务人的咨询联系在一起。该流程需要线上法院提供两套系统：一套用于评估侵害的性质，更侧重事实的复原和呈现；另一套用于提供实体法律指导，更侧重法律适用。在这个层析的线上司法服务中，需要具备必要的设计思维、产品思维乃至傻瓜思维，要让每一个当事人都便捷上手，不落传统司法过分依赖律师和法官等专业人员的窠臼。这就需要改变传统司法高高在上的冷酷形象，而应通过外行可以轻松理解的流程图、决策树、动画、图形、视频等等视觉符号，把正义送到每一个“用户”手中。

就破产领域而言，比如美国个人破产法实施中强制的财务咨询，又如我国《深圳个人破产条例》实施中深圳破产法庭、深圳破产管理人协会对债务人的普法和援助，再比如线上提交破产申请、预测破产后果等等，或许都可以通过线上评估完成。

第二，控制纠纷。通过线上法院的纠纷控制系统，让纠纷不再升级和恶化。在完成线上评估后，绝大部分用户可能会基于理性分析和计算，打退堂鼓；但对于决定进一步运用线上法院的用户，线上法院这个时候要发挥调解和处理的功能，由此用户和线上法院也会产生更详细的交互。

就线上破产法院来说，此时既可以由案件管理员推动没有线上破产法官介入的调处，引导债务人、债权人就清偿方案展开电子谈判，通过“双盲出价”系统，尽可能达成网络和解；如果确实需要线上法官介入，那么线上法官则会提供进一步的引导和司法服务。

第三，线上裁判。这个阶段线上法院的任务，是法官线上受理辩论和证据，作出判决，向当事人和公众发送判决结果。这个功能，实际才是传统司法机构的核心功能。但第一代线上司法可能由人类法官介入并做出裁定，在未来可能就需要机器人法官来发挥同样的职能。但无论如何，较之传统方式，司法过程不再同步进行，不需要所有当事各方都必须同时在线；诉讼不再充满对抗和火药味，而更多是对问题的解决。

就破产司法而言，线上破产法院此时也可以就是否受理破产申请、是否批准清算方案或重整计划等问题做出裁定，而这种裁定的约束力和执行力，与传统破产法官的裁定毫无二致。

未来令人浮想联翩。或许在不远的将来，我们需要的不仅仅是线上破产司法平台，而是各种新技术支撑下的新型破产司法，诸如物联网、机器人、人工智能等等，都将是破产司法的组成模块。

阿尔法狗可以轻松击败人类围棋高手，新闻机器人可以写出更快写出比专业记者更精确的新闻，破产法官和破产管理人凭什么就不能被破产机器人取代呢？毕竟对于清算方案和重整计划的审查和批准，大数据计算、分析、预测，较破产法官和破产管理人而言对于商业价值的判断要更为精确，也更加能够降低成本。

已有的线上债权申报、线上债权人会议已经在实践领域如火如荼地开展，似乎并没有表现出比传统面对面申报和召开债权人会议更为低效的问题。在这种情况下，破产法庭或者破产法院设在哪里并不重要，算法更为重要。

莎士比亚有句话常被引用：“我们要做的第一件事，就是杀光所有律师。”显而易见，线上破产法院的构建，不需要“杀光”所有的破产法官和破产管理人，但确实极有可能会减少对破产法官、破产管理人的依赖和需要。这不是线上破产法院自身的错，毕竟在人工智能时代，很难找到难以被替代的工种了。

萨斯坎德写道，“我理解技术带来的激进变革会引发不安，有时甚至带来更深的忧虑”。但破产司法的未来已至，我们究竟是在专业化方面继续深耕细作，还是从现在开始全面拥抱新技术，抑或是两者齐头并进、走哪算哪，或许需要朝野各方有更为明晰的共识和决断了。

在《线上法院与未来司法》一书的开头，作者把讨论的背景预设在2039年，距离作者成书时间恰好是20年。我们对于破产司法改革的理解、想象和导航，也应该以二十年后作为预测的基点。

（本文首发于2021年9月27日澎湃财经频道“澎湃商学院”栏目。）

破产界钟爱的凤凰，有何传奇？

如果要为破产法领域选择一个吉祥物，大概率会非凤凰莫属。

破产界同行总是下意识地把凤凰与重整联系在一起，“凤凰涅槃”“浴火重生”等词汇，往往也都是媒体报道破产案件时的高频词。在全国各地破产法研究机构以及破产管理人协会的徽标，往往是凤凰的各种变体。开谈不说凤与凰，读尽“破”书亦枉然！

那么，破产界如此钟爱的凤凰，到底有什么样的传奇呢？

最近拜读美国作家约瑟夫·尼格著《凤凰：神鸟传奇》，可以说大开眼界。尼格以研究各类神话动物见长，《凤凰：神鸟传奇》是他在研究狮鹫、海怪等各类神话动物之外的另一本力作。作者通过扎实的考据和文献爬梳，详细地梳理出了凤凰在全球范围内不同文化体下的历史。

《凤凰：神鸟传奇》的序幕，主要介绍了凤凰在东西方的起源——

按照尼格的考据，西方文化中的凤凰对应 Phoenix，可以追溯到古埃及的不死鸟：“混浊初开时的大海中，凸起一块陆地。造物主太阳神化身为一只不死鸟立于其上。此时，无尽的黑暗中出现了一缕神光。随着不死鸟的第一声啼叫，时间开始了。”这是埃及赫利奥波利斯大祭司们对宇宙起源最早的理解，不死鸟意味着开天辟地，意味着时间开始。

而关于凤凰最早的文字记录，则出自公元前 500 年希罗多德所著《历史》。希罗多德写道，古埃及赫利奥波利斯人给他讲过这样的故事：每过500年，就会从阿拉伯半岛飞来一种鸟，大小与鹰近似，羽毛金中带红，这种鸟会将其死去的父母用没药泡过，然后驼到赫利奥波利斯并安葬在神庙中。希罗多德的记录是否原创姑且不论，但作为西方凤凰神话的开端毫无争议。

尽管希罗多德笔下的凤凰与埃及的不死鸟相去甚远，但其共同起源地，让人们自然而然地把不死鸟当作凤凰的前身和可能的祖先。在希罗多德时代，人们对不死鸟的崇拜已经长达两千多年！

而在中国，凤凰历史也源远流长。作为祥瑞之鸟，据说只有圣人出现时凤凰才会降临人间，《尚书》《礼记》《论语》《诗经》中都有相关论述。按照传统观念，龙代表天子、皇帝，而凤往往代表王后，龙凤呈祥代表着最高等级的阴阳平衡。著名汉学家理雅各（James Legge）最早将《竹书纪年》中的“凤鸟”，翻译成英语里的Phoenix，从而让东西方神鸟相遇。而在民间，凤凰更多以雌雄形态出现，被视为婚姻和爱情的象征。

尼格认为，由于年代的差异，中国的“凤凰”要比西方同类早出现几个世纪。“当孔子绝望时，在埃及的赫利奥波利斯，人们还崇拜着不死鸟；只是希罗多德到访太阳城后，西方传说中的凤凰才得以诞生。”

《凤凰：神鸟传奇》主体，共分为五大部分。

且让我们顺着尼格的笔触，追溯下凤凰“传奇”的流变史——

第一部分为“古典时代的凤凰异象”。

尼格认为，“凤凰”一词最早来源于希腊语，而其变体则出现在公元前8世纪后半叶形成的《荷马史诗》，Phoenix既是阿喀琉斯导师的名字，同时也是腓尼基创立者和欧罗巴之父的名字，代表着紫色、深红色，而不是指代神鸟。但在后来的神话中，凤凰首先与长寿联系在一起，普鲁塔克甚至测算出凤凰的寿命是人类寿命的972倍。

而到希罗多德的《历史》中，希罗多德则通过其游记，把他在赫利奥波利斯一带旅行期间所听说的神鸟，命名为凤凰。希罗多德的道听途说，当然经不起推敲，但却让凤凰的形象奠基并固化。

到了古罗马时期，公元1世纪早期的奥维德，在其《变形记》中将凤凰植入文学形象：有一种神鸟，可以活500年，会在棕榈树上用香料筑巢，死后其尸体中又会生出一只鸟来，而且这只鸟几乎完全克隆死去的鸟，足够强壮时便会将鸟巢带到太阳神庙。因此其“凤巢”既是它的摇篮，又是父辈的墓穴。比奥维德稍晚但几乎同一时代的普林尼，更是借助罗马史料，指出凤凰每隔540年就会复活，而凤凰的复活实际上是源于死凤凰尸骨里长出的蠕虫。塔西佗在其《编年史》中质疑这种说法，但他并未否定这种神鸟在埃及偶尔现身这一事实。

在古罗马末期，埃及人赫拉波罗甚至在其作品中，把凤凰与债务偿还联系在一起：“要说明一位行者长久旅行之后归来，他们也会用凤凰作比。因为当死亡的时间来临之时，神鸟来到埃及已有500年。如果它按照命运的安排在埃及偿还完所负的债务，它的葬礼就可以按照宗教仪式进行……”

第二部分为“上帝之鸟”。

在这部分，尼格重点介绍了凤凰在不同宗教体系中的象征和作用。整体来说，凤凰从远古传说进入宗教领域后，成为犹太教、基督教阐释复活教义的绝佳载体。

这个时间段重要的文献，比如《圣经》中的《出埃及记》以及基督教更早的经书里，都有了神鸟凤凰的形象。在《塔木德》中，凤凰甚至在伊甸园和诺亚方舟上都找到了一席之地。按照圣克莱门特一世的解释，来自阿拉伯半岛的凤凰渐渐老去，在其香巢中死亡，然后又从尸体中重生，新生的凤凰则把父辈的尸体运到埃及太阳神庙，那里正是其父辈现身的地方。这一解释在形象上与信教者的复活，完全重合。

另外，尼格也从古英语诗歌《凤凰》和中世纪流行的各类动物寓言集、百科全书、诗歌和游记入手，分析了中世纪文学作品中的凤凰与教义交织的形象。尼格指出，尽管动物寓言集中引入说教的内容比较隐晦，但仍然浸透着通过凤凰讲述教义，引导人们获得拯救，进而传播基督教教义的使命。

第三部分为“文艺复兴时期的转型”。

到了文艺复兴时期，百废待兴，生机盎然，凤凰的形象也在人文主义学者的作品中，一改此前千余年基督复活论的静态象征物，而获得更加丰富、多元的象征意义。

将凤凰赋予人性的色彩，首功当推彼特拉克。彼特拉克在其诗歌作品集中，创造出“劳拉”的形象，也通过一行行诗歌，表达出他对“劳拉”持续一生但始终遥不可及的爱情。在彼特拉克的笔下，凤凰的孤独、死去和复活，既是劳拉感情的象征，同时也成为劳拉茕茕独立的象征，凤凰的独一无二、高贵、遥不可及，在彼特拉克笔下犹如他的劳拉。

另一位将凤凰拟人化的作家是乔叟。乔叟在其《公爵夫人之书》中，同样把梦中情人比作阿拉伯凤凰，“对我而言，她就是/神圣的阿拉伯凤凰；/世间活着的凤凰仅有一只，/所以模样如她这般，我从未得见。”

不管是彼特拉克还是乔叟，他们笔下凤凰都是孤独的、仅有的，并且都源于阿拉伯。当然，在文艺复兴时期还有很多其他作家和艺术家们，加入对凤凰形象的重构。比如大名鼎鼎的达·芬奇，就曾完成一部动物寓言集。其中凤凰的浴火重生让人印象深刻：“凤凰是坚贞品质的代表，从本性上理解其复活，我们知道，面对烈火的吞噬，凤凰坚贞不屈，之后又复活成原来的样子。”

同样出圈的，还有米开朗琪罗。尽管世人皆知他是大画家，但他的诗歌作品中也对凤凰形象做了淋漓尽致的刻画。拉伯雷的《巨人传》里，同样没有忘记用其嬉笑怒骂的笔触，给凤凰留下一席之地：与通说不一样的是，拉伯雷认为，凤凰共有 14 只，而古往今来的许多作家压根就没见过一只凤凰。

显而易见，文艺复兴时期的凤凰形象，其死亡、复活、独一无二的特许、五彩斑斓的颜色，都因袭于前人。而在人文主义思潮下，凤凰也有了更多拟人的色彩，不管是梦中情人还是国家女王，都可以被视为万里挑一的凤凰。甚至，博物学家们也加入了对凤凰的考据与论证中，凤凰成为这一时期博物学作品里的重头戏。

与人文主义思潮相伴随，凤凰越来越世俗化。最明显的体现，就是凤凰“飞入寻常百姓家”，在纹章、刺绣、衣物、钱币、装饰、商标、炼金术等方面几乎无所不在。甚至，在不同的作品中，凤凰既可以“阳春白雪”，隐喻着皇室新婚夫妇、圣婴耶稣、圣母玛利亚，又可以“下里巴人”，用来指代恋人、情欲甚至性欲。

第四部分是“挑战与质疑”。

随着启蒙运动的洗礼，人类对凤凰的认知也从迷信转变为求证。在这个过程中，鸟类学、哲学、博物学等现代人文和社会科学的兴起，发挥了重要作用。

鸟类学站在追溯凤凰原型的第一线。按照不同时期的鸟类学研究成果，与凤凰有关的真鸟有三种：

其一，天堂鸟。天堂鸟在不同地方称谓各异，神之鸟、太阳鸟等都是天堂鸟的别称。据说天堂鸟最早通过麦哲伦航海被引入欧洲。

其二，semenda 鸟。有一种说法认为，凤凰死而复生的故事源自于东印度群岛的 semenda 鸟，据说其嘴巴上有三个洞，死前会唱挽歌，而在着火的巢中死去之后，又化为蠕虫而复活。

其三，极乐鸟或者雨燕。

而在哲学领域，随着新哲学运动的崛起，宗教教义不再被奉为圭臬。在这种充满怀疑和批判精神的讨论中，《圣经》成为解构的对象，其中的凤凰神圣性也饱受质疑：第一，因为世间只有一只凤凰，所以它不可能按照上帝的旨意去繁殖后代；第二，凤凰是孤独的鸟，所以它不可能和其他成双成对的动物一道登上诺亚方舟。与这种理性精神一致，在新哲学运动的“书籍之战”中，托马斯·布朗和亚历山大·罗斯有关凤凰的辩论，洋洋洒洒，各抒己见，成为哲学史上一段佳话。

争鸣的结果，就是在 18 世纪启蒙时代，人们已经相信凤凰并不存在。但是，凤凰的虚构，并不影响凤凰成为装饰性或者象征性形象，反而在世俗社会更加普及。不管是保险公司还是美国早期的国家象征物，凤凰都与重建紧密联系在一起。

第五部分是“现代的重生”。

尼格认为，不管凤凰的存在真假与否，数千年来凤凰都担当着死而复生、焕发活力的象征。19 世纪之后，凤凰在文化意义上的复苏，正是对这种能力的终极验证。尤其是随着 19 世纪早期浪漫主义的崛起，人们开始重新追求那些已经被理性和科学驳斥过的概念，凤凰神话再次回归文学作品之中。

文学作品中，凤凰元素深受作家喜爱。安徒生、阿多尼斯、劳伦斯、乔伊斯等人的作品中，都有与凤凰有关的片段。而 J. K. 罗琳的《哈利·波特》系列小说，作为千禧年前后世界文坛的标志性作品，凤凰形象在其中贯穿始终，由此也成为新生代读者耳熟能详的符号。

在日常生活中，随着书籍、杂志的普及，凤凰在中产阶级中也获得了更大的存在感。在学术界，不同学者对凤凰的溯源研究也取得了突破性的进展，比较神话学甚至把凤凰和古印度《梨俱吠陀》中的猛禽联系在一起。

尼格指出，“如凤凰一般从灰烬中重生”成为俗语，凤凰几乎可以象征任何事物的复兴：“对于遭到毁坏，特别是被火焚毁的建筑物、城市乃至国家，其重建之后的形象或名称都可能选用凤凰。”1831 年希腊赢得独立、1849 年旧金山被大火焚毁、1864 年亚特兰大在内战中被烧、1871 年芝加哥大火、1940 年英国考文垂被炸毁、1995 年日本阪神大地震摧毁神户、1996 年威尼斯歌剧院失火、2001 年美国发生“911”事件……这些国家、城市和机构，都以凤凰作比，宣告重建。在全球范围内，人们不约而同地把凤凰当作复兴的象征。亚利桑那州干脆把一座城市命名为凤凰城，在机场、图书馆、工业园等各地，举目所及全是凤凰形象。

随着人类商业文明的发展，凤凰及其隐喻在商业社会更是广受欢迎。不管是剧院、保险公司、钢铁制造业、发动机行业、运输、赛马乃至咖啡馆，都奉凤凰为吉祥物，这些机构、企业、行业似乎都能借助凤凰的英名而获得一种神秘的影响力。

……

尼格的凤凰史，让人流连忘返。人类破产法文明的历史，既是债权人与债务人的关系史，更是一部债权人对债务人不断宽容的历史。破产制度诞生以来，破产法逐渐减轻对债务人的惩罚，越来越强调对债务人持续经营价值的维持和发现，和解、重整制度先后登上历史舞台。现代破产法更是把拯救理念宣扬到极致，似乎没有以重整为核心的拯救机制，都不好意思跻身于现代破产法之林。在这种背景下，深入人心的凤凰形象及其重建、复苏等象征意义在破产法领域广受欢迎，也就不难理解了。

（本文首发于 2021 年 12 月 21 日澎湃财经频道“澎湃商学院”栏目。）

破产业务与历史意识

春节期间，亲友相聚，酒酣耳热，其乐融融。偶尔回神，多以闲读为主。在漫无目的的浏览中，有一篇奇特的英文论文，引起我的注意。

这篇文章为什么奇特呢？最为明显的特征，是其行文不落俗套。该文并未按照提出问题、论证问题的传统思路，而代之以一份厚重的书单，以辑录、评点代替论证。另外，文章也未在学术期刊发表，而是在 2021 年 11 月 16 日最后更新后，直接发表在英文学界著名的社会科学研究网络（SSRN）上。

该文即约西亚·丹尼尔的《过去能教会今天的法学院学生、律师、法官和重组执业者什么？——关于债务与破产历史参考书目的注解》。①

这篇文章的要旨，即认为现在美国破产界，不管是律师、法官、重组执业者还是法学院学生，普遍都缺乏历史意识。历史意识的构建与破产法史的阅读密切相关，需要一份比较全面、科学的书单，但既有文献中缺乏这么一份书单。作者为了方便大家学习，遂自告奋勇列了一份囊括 23 本书的破产法经典书单，并为每本书精心撰写了推荐语。

丹尼尔何许人也？按照文章中的作者介绍，其身份为德克萨斯大

---

① Josiah M. Daniel, Ⅲ, "What Can the Past Teach Today's Bankruptcy LawStudents, Lawyers, Judges, and RestructuringProfessionals?: An Annotated Bibliography of Historiesof Debt and Bankruptcy", published online at SSRN, latest revised version on November 16, 2021.

学奥斯汀分校历史系访问学者以及文森·埃尔金斯律师事务所（Vinson & Elkins LLP）退休合伙人。

如此寥寥数语，显然不足以展示丹尼尔的多彩人生。早在幼年时，丹尼尔便在其祖父的书架上发现书籍的魅力，高中阶段即凭借历史学小论文获得嘉奖。随后，丹尼尔被南方大学历史系录取并获得学士学位。1973 年 – 1975 年，丹尼尔进入得克萨斯大学奥斯汀分校深造，获得历史学专业硕士学位。但囿于当时史学专业面临的就业难题，丹尼尔随后又转战法学院，在那里获得职业法律文凭，进而从 1978 年开始其长达 39 年的破产执业经历。

尽管破产法成为他持续终身的饭碗，但丹尼尔从未放弃他对史学的兴趣和热情。他积极在执业过程中推广自己倡导的应用型法律史，并把史学作为他分析法律问题的思维工具之一。除了在业余时间展开对诸多法律事件和人物的研究，丹尼尔甚至发起成立达拉斯律师协会的法律史讨论小组，前后组织历史学界和律师界同行完成 61 场讲座。退休之后，丹尼尔则完全回归到史学领域，不仅继续关于破产法史，也在继续撰写得克萨斯律师协会早期史、曾担任国会议员的达拉斯先贤海顿·萨姆纳思（Hatton Sumners）的传记。

用今天时髦的话说，丹尼尔简直就是被破产业务耽误的历史学家！但他本人并不这么看。在他看来，长达 39 年的破产执业经历，一方面让他能够在复杂的商业世界里，作为债务人、出资人、金融机构、债权人委员会、无担保债权人等不同类型客户的代理人，在每一个的破产程序中实现客户的目标。另一方面也塑造并提升了他的研究技巧、对文献的理解力以及退休后仍然保持一个历史学家的视角。

基于上述执业和学术背景，丹尼尔特别关注法学院学生、律师、法官和重组执业者的历史意识问题。他认为，破产界同行更加青睐于对破产法的法律与经济分析、近况描述、发展趋势、政策分析等方法，热衷于对法律应该如何规定以及法院应该如何裁定的讨论，对破产裁定中的历史分析和破产法史文献的参引却寥若晨星。而这种表象背后，则是破产法历史知识的匮乏。

丹尼尔指出，自从修昔底德以来，人们获取关于过去的知识不外乎两种方式：一种是通过历史事件中的个人经历直接获得；另一种则是通过传说、教学以及书籍而间接获得。

但在破产法领域，通过历史事件中的个人经历直接获得历史知识的方式，几乎行不通。这其中，最主要的原因在于，1978 年《美国破产法》颁布和实施以来的破产法史，当前包括律师和法官在内的破产界同行都是亲历者，这段历史呈现出未成文的特色；不管破产界同行现在是 60 岁、70 岁还是 80 岁，除了极个别亲历者可以通过回忆录或者口述自传来详论细节外，绝大多数同行对于 1978 年《美国破产法》颁布和实施以前的历史几乎都无从亲历。

对于年轻一代的同行，绝大部分人出生在 1978 年以后，甚至出生在 20 世纪 90 年代破产案件井喷时期，对于 1978 年《美国破产法》颁布和实施以前的历史更是绝对不可能亲历。在破产界弥漫的氛围是，越来越多的订阅邮件、博客等自媒体都聚焦于破产法院和巡回法院的最新判例，年轻一代同行越来越习惯于按照“突发事件”的方式来理解最新动态。丹尼尔由此判断，破产界的历史意识整体上比较匮乏。

丹尼尔坚信“太阳底下无新事”的道理，他认为对破产法历史的了解越精深，越有利于在帮助客户实现目标方面和代表客户参与具体案件方面发挥作用。丹尼尔进一步指出，对美国破产法的真正理解应该从其历史开始，而且在 21 世纪第 3 个十年来临之际，破产界同行足够幸运，可以通过阅读大量优秀的破产法史作品来获得知识。

读者大约已经迫不及待想看到丹尼尔的破产法书单了。经过对美国历史的多年研究，丹尼尔认为，信贷是美国商业主体必不可少的元素，也是普通美国人物质生活所系。正是基于此，国会和破产法院都通过破产法的立法和适用，对不能清偿债务问题做出不间断或持续的回应，而不是对现状做出颠覆性的改变。丹尼尔基于这种看法，展开他的破产法史书单：

第一类，聚焦于信贷在美国史上的核心地位。该类按照主体，又进一步细分为商业信贷类和个人信贷类。

商业信贷推荐书单包括：

（1）罗威纳·奥拉格里奥 2006 年作品《信贷的文化：在美国商业中嵌入信任和透明》；①

---

① Rowena Olegario, *A Culture of Credit: Embedding Trust and Transparency in American Business*, Harvard University Press, 2006.

（2）斯科特·桑德奇2005年作品《天生的输家：美国失败史》；①

（3）斯科特·尼尔森2012年作品《赖债者国度：美国商业灾难史》；②

（4）本杰明·克尔邦纳1990年作品《美国商业银行史》。③

个人信贷推荐书单包括：

（1）路易斯·海曼2011年作品《债务人国度：美国赤字史》；④

（2）欧文·米切尔曼1970年作品《个人财务：美国商业案例史》；⑤

（3）兰多尔·卡尔德1999年作品《融资美国梦：个人信贷文化史》；⑥

（4）刘易斯·曼德尔1990年作品《信用卡行业史》。⑦

第二类，聚焦于破产法体系下的破产和救济。推荐书单包括：

（1）皮特·克勒曼1974年作品《美国的债务人与债权人：支付不能、债务监禁与破产（1607－1900）》；⑧

（2）布鲁斯曼2009年作品《债务人共和国：美国独立年代的破产》；⑨

（3）爱德华·鲍莱森2001年作品《探索失败：美国南北战争前的破产和商业社会》；⑩

（4）伊丽莎白·汤普森2004年作品《南方债务人的重建：内战后的破产》；⑪

---

① Scott A. Sandage, *Born Losers: A History of Failure in America*, Harvard University Press, 2005.

② Scott Reynolds Nelson, *A Nation of Deadbeats: An Uncommon History of America's Financial Disasters*, Journal of American History, Vol. 100: 2, p. 479－480 (2013).

③ Benjamin Joseph Klebaner, *Commercial Banking in the United States: A History*, 1990.

④ Louis Hyman, *Debtor Nation: The History of America in Red Ink*, Princeton University Press, 2011.

⑤ Irving S. Michelman, Consumer Finance: *A Case History in American Business*, *Frederick Fell*, 1970.

⑥ Lendol Calder, *Financing the American Dream: A Cultural History of Consumer Credit*, Princeton University Press, 1999.

⑦ Lewis Mandell, *The Credit Card Industry: A History*, Twayne, 1990.

⑧ Peter J. Coleman, *Debtors and Creditors in America: Insolvency, Imprisonment for Debt, and Bankruptcy, 1607－1900*, Madison: State Historical Society of Wisconsin, 1974.

⑨ Bruce H. Mann, *Republic of Debtors: Bankruptcy in the Age of American Independence*, Harvard University Press, 2009.

⑩ Edward J. Balleisen, *Navigating Failure: Bankruptcy and Commercial Society in Antebellum America*, University North Carolina Press, 2001.

⑪ Elizabeth Lee Thompson, *The Reconstruction of Southern Debtors: Bankruptcy after the Civil War*, University of Georgia Press, 2004.

（5）大卫·斯基尔2001年作品《债务的多米诺：美国破产法史》；①

（6）斯蒂芬·鲁本2018年作品《失败之法：美国商事破产法纵览》；②

（7）玛丽·汉森和布兰德利·汉森2020年作品《破产在美国：20世纪的债务人、债权人和法律》。③

第三类，则是其他相关的重要作品。推荐书单包括：

（1）历史和重大事件委员会、美国第二巡回法院等1995年联合编著的作品《美国第二巡回法院破产和重整法的发展》；④

（2）阿莉西亚·杜威2014年作品《比索与美元：德克萨斯－墨西哥边境的企业家（1880－1940）》；⑤

（3）有关宾夕法尼亚铁路公司破产案的作品，共有3本：约瑟夫·道根和皮特·比才1971年作品《宾夕法尼亚铁路公司的遇难：美国史上最大破产案背后的故事》、罗伯特·索贝尔1977年作品《倒下的巨像：宾夕法尼亚铁路公司的倒闭与企业巨头的危机》以及斯蒂芬·萨尔斯伯里1981年作品《无计可施：宾夕法尼亚铁路公司危机背后鲜为人知的故事》；⑥

（4）爱德华·巴莱森2017年作品《欺诈：从巴纳姆到麦道夫的美国史》；⑦

（5）安妮·弗莱明2018年作品《债务人的城市：边缘财务的世纪》；⑧

---

① David A. Skeel Jr., *Debt's Dominion: A History of Bankruptcy Law in America*, Princeton University Press, 2001.

② Stephen J. Lubben, *The Law of Failure: A Tour Through the Wilds of American Business Insolvency Law*, Cambridge University Press, 2018.

③ Mary Eschelbach Hansen&Bradley A. Hansen, *Bankrupt in America: A History of Debtors, Their Creditors, and the Law in the Twentieth Century*, University of Chicago Press, 2020.

④ Committee on History and Commemorative Events, United States Courts for the Second Circuit, *The Development of Bankrutpcy & Reorganization Law in the Courts of the Second Circuit of the United States*, 1995.

⑤ Alicia M. Dewey, *Pesos and Dollars: Entrepreneurs in the Texas – Mexico Borderlands*, 1880 – 1940, Texas A & M University Press, 2014.

⑥ Joseph R. Daughen and Peter Binzen, *The Wreck of the Penn Central: The Real Story behind the Largest Bankruptcy*, Little Brown & Company, 1971; Robert Sobel, *The Fallen Colossus: The Great Crash of the Penn Central*, Beard Books, 2000; Stephen Salsbury, *No Way to Run a Railroad: Untold Story of the Penn Central Crisis*, McGraw – Hill, 1982.

⑦ Edward J. Balleisen, *Fraud: An American History from Barnum to Madoff*, Princeton University Press, 2017.

⑧ Anne Fleming, *City of Debtors: A Century of Fringe Finance*, Harvard University Press, 2018.

（6）克莱尔·普利斯特2021年作品《信贷的国度：早期美国的财产法制和法律机制》。①

上述图书中，有部分作品已有中译本，分别是：（1）卡尔德著《融资美国梦：消费信贷文化史》，严忠志译，上海人民出版社2007年版。（2）斯基尔的《债务的世界：美国破产法史》，赵炳昊译，中国法制出版社2010年版。（3）巴莱森著《骗局：美国商业欺诈简史》，陈代云译，格致出版社2020年版。

显而易见，这是一份让人叹为观止的书单。尽管还有一些更早期或者更经典的破产法律史作品未能囊括其中，但对于构建破产界同行的历史意识来说，已经完全够用。

读完丹尼尔的文章和书单，反思良久。丹尼尔所指出美国破产界同行历史意识匮乏的问题，在我国破产界同行中也显然存在，甚至更为严重。囿于我国的国情和传统，破产法史本身不过百年，其间多有断裂，积淀有限。在这种背景下，强调破产法历史意识的构建，不仅有助于法学院学生知识体系的丰满和完善，对于处在破产业务前沿的每位法官、管理人和参与者更好地理解破产法体系，更好地借助历史经验来指导当下的实践，亦有裨益。

法律和历史之间的关系密不可分。一方面，过去的历史指导甚至框定当下的实践，历史意识和历史知识可以帮助我们更好地理解当下的困境，也让当下的实践更加具有历史感、方向感；另一方面，当下的实践将成为未来的历史，这需要一代又一代的实践者心怀敬畏，如履薄冰，使命在肩。就破产法的进化而言，既需要我们尊重历史和传统，能够站在历史高度看问题，也需要充分意识到破产法治进程的每一步，不管是立法、司法还是执业，终将是历史的一部分。在未来的破产法史的撰写中，每一位破产界同行都在用自己的实际行动参与其中。这要求我们不光要有基本的敬畏感，也需要责无旁贷地承担起这一代破产界同行的历史重任。

（本文首发于2022年2月20日澎湃财经频道“澎湃商学院”栏目。）

---

① Claire Priest, *Credit Nation: Property Laws and Institutions in Early America*, Princeton University Press, 2021.

从"智能交通"到"智能破产"

这几天读完李彦宏的新书《智能交通：影响人类未来10－40年的重大变革》，从"智能交通"到"智能破产"的联想一直萦绕脑际。我隐约间看到交通和破产之间的一种隐秘联系。站在破产法的角度，我们可以借助"智能交通"启迪，提出"智能破产"的观念。

从"智能交通"想到"智能破产"，绝非突发奇想。一方面，如果我们把背负债务的市场主体比作汽车，把破产程序想象成道路交通，那么这种"破产交通"的核心目标，就是让市场主体出门上路，安全、快捷且低成本地抵达目的地，最终卸下债务包袱，实现东山再起。另一方面，交通需要面对道路资源稀缺、交通秩序混乱等问题，破产同样如此，司法资源稀缺，破产程序漫长，利益多元且冲突。

那么，"智能交通"对"智能破产"到底有什么样的启迪？我们可以借助李彦宏的分析框架，勾勒出"智能破产"的理想图景：

从"交通运营商"到破产运营商

李彦宏借助电信行业发展史，认为"智能交通"也需要树立交通运营商观念，把交通网络的规划、建设、运营、改进，从政府行为转化成市场行为。或许我们也可以借此提出破产运营商理念。债务清理和救济是现代市场经济体制的必要组成部分，但实现相关目标，除了传统的法院外，可以引入其他更为市场化的债务清理和救济服务提供者，根据市场需求、支付意愿、支付能力等因素细分破产服务市场。近年来，实务界对预重整的理念与模式趋之若鹜，欧盟对预防性重组理念的推崇，仲裁程序对破产越来越多的介入，都已清晰体现出市场主体对多元破产服务的需求以及破产服务主体日渐多元化的趋势。引入运营商理念后，未来债务清理和救济相关的非政府组织、仲裁机制、调解机制等等，都可能成为法院在破产服务领域的直接竞争者，甚至极端情况下法院也会成为破产服务市场竞争的失败者。这既会驱动破产司法持续改革，也会丰富破产服务的主体和内容。

从“交通信控”到破产信控

交通信号控制系统的本质，是道路交叉口的路权分配，在破产法领域，信控涉及两方面内容：一方面，破产程序具有流程化特征，任何阶段稍有不慎都会产生拥堵或堰塞；另一方面，在债务人主体涉及其他民事、刑事乃至行政程序时，不同程序的交叉和汇聚中也涉及何者更优的“路权”分配问题。近年来破产界同行在民刑交叉问题以及合并破产等问题上的纠结和争议，即是这种“路权”分配不清带来的必然结果。破产法领域需要信控设计者具有更加宏观的视野和更加清晰的价值顺位，不仅确保破产程序一路绿灯，更需要在破产程序和其他民事、刑事以及行政程序发生交汇时合理分配“路权”。

从“智慧停车”到免责监督

现代城市交通的痛点之一即“停车难”，智慧停车理念正是借助技术手段实现“最后一公里”自由。在破产法领域，个人破产程序中的债务人免责监督与“停车难”问题堪有一比，免责监督就是个人破产程序的“最后一公里”。在该环节，亟待明晰监督主体、程序和职责。当前我国设立破产行政管理机构的共识尚未完全形成，更需要强调破产程序的行政性，以解决免责监督这个破产法的“停车难”问题。

从“车路协同”到市场主体与破产程序的良性互动

李彦宏认为，不管单车感知系统如何先进、单车智能如何发达，通过摄像头无法完全解决自动驾驶的安全问题。比如，一辆车可以感知到前方大货车，但不太可能透过大货车看到前方有行人正在横过马路。“车路协同”理念旨在给每辆车开“天眼”，协助车辆在全视角状态下保障安全，疏导交通，高效分配道路资源。在破产法领域，促进市场主体与破产程序的良性互动，让市场主体能够提前感知并预判政策、法律变化等“前方路况”，提前做好最优选择，与“车路协同”想要实现的目标有异曲同工之妙。

从“智慧高速”到破产高速

就人类社会而言，高速公路十分便利，但面临投资大、周期长、维护难等难题。“智慧高速”理念主张推动人、车、路与环境之间的深度融合，通过数字化和智能化，实现智能、高效、绿色和安全四大特色目标。就破产程序而言，高效与低成本是第一位的。世界银行营商环境评估中“办理破产”特别强调时间和成本的重要性。想要压缩时间和成本，需要根据不同市场主体，设置简易程序与常规程序，合理分流；也需要提高破产程序的智能化水平，减少各个流程的阻滞，打造“破产高速”。

从智能汽车、自动驾驶到破产主体的智能化

随着人工智能技术的发展，车端智能和自动驾驶技术迎来飞速发展。自动驾驶纵然还面临科学思维和工程思维的路线之争，但其分级标准已越来越清晰，相关路网建设和法律法规政策亦正在调整。在破产法领域，美国 2005 年《破产滥用防止及消费者保护法》实施后，在个人破产程序启动环节强制要求完成财务教育；我国《深圳经济特区个人破产条例》实施中，当地法院和管理人协会也不得不拿出大量精力为债务人提供必要的咨询和辅导。这显然不是治本之策，如何提高债务人的专业知识储备、实现破产主体智能化，成为破产制度运行的关键问题之一。或许在不远的未来，越来越多的基础性咨询、辅导、文件生成、提交等基础性工作，可以交给法律机器人去完成，最终出现自动破产、“无人”破产。

从“智能地图”到破产地图

在当今社会，手机定位和导航成为日常生活的标配，智能地图日新月异。用户对地图的需求不外乎真实、准确、时效和交互。在破产法领域，破产法律制度及其配套措施共同成为“破产地图”这一基础级应用的构成元素。在破产法未来的进化中，立法机构和最高人民法院需要为市场主体提供车道级“破产地图”，

协调立法、司法解释、会议纪要、司法批复、通知、指导意见等各类路标，在破产政策和规范的真实、准确、时效和交互等方面花大力气。

从“出行即服务”理念到“破产即服务”

“出行即服务”理念（Mobility as a Service，MaaS）致力于树立“大出行”交通理念，消除交通运输系统中不同模式、不同运行商、不同平台之间的壁垒和竞争，为出行者提供更方便、更快捷、更经济的服务，实现多种模式、多种主体、多种利益的共存和融合。破产法领域也需要打造“破产即服务”（Bankruptcy as a Service，BaaS）理念，为市场主体提供一键式破产机制，着力打通从程序启动到终结的全流程，尽可能缩短时间、压低成本。这需要各环节、各主体贯彻包容性发展理念，互相开放数据和接口，实现全流域高效协作。

从“低碳交通”到低碳破产

长期以来，交通运输行业在环境污染和二氧化碳排放方面都占据着重要比重。我国提出“双碳”目标后，实现交通运输领域的低碳、绿色和环保成为行业创新的重大动力。破产法领域需要对“双碳”目标做出回应：一方面尽力降低破产程序中可能产生的碳排放与环境污染，另一方面更需要在破产政策方面，积极倡导绿色、低碳、环保理念，通过破产程序实现高排放、高污染企业退出市场，通过重整程序优化能源结构，推动产业结构变革甚至引领能源革命。

当然，“智能交通”对“智能破产”的启迪远非上述列举所能穷尽的，这些列举至多只是“智能破产”的最底层架构。各级法院近年来在推动破产审判信息化方面不遗余力，也取得了丰硕成果。但信息化更多是从线下到线上的转场，骨子里还是传统破产司法的架构。未来终究是“智能破产”的天下。

（本文首发于2022年3月27日澎湃财经频道“澎湃商学院”栏目。）

破产“游戏”的有限与无限

前几年，中国政法大学的教务管理相对灵活，我还能给本科生上课。在给本科生讲授破产法的过程中，我曾带领学生们一起玩过几次破产“游戏”。

课前，我会根据破产程序中可能出现的主体，准备好不同的桌签，精心设计好要讨论的案例。课堂上，同学们则通过抽到的桌签，扮演法官、债务人、债权人、管理人、职工等等各种角色，并按照破产法规则，通过激烈甚至惨烈的博弈后，尽可能实现参与破产“游戏”的预期目标。为了增加游戏感，我甚至会在讨论过程中，随机更换同学们所扮演的角色。这样，任何一个同学，前一分钟可能还在债权人的角度振振有词，后一分钟可能就变成债务人据理力争了；上一秒还站在法官的角度指点江山，下一秒就要作为管理人证明天价报酬多么具有合理性……

我的教学灵感，主要来自美国学者黛博拉·威尔逊的《石头汤实验：文化隔阂为什么如此顽固》。这本书中，记录了威尔逊在内华达大学开展的为期10周的文化模拟实验项目。作者把刚入学的同班同学随机分为两组：石头人组精于做手工，佛系躺平，无欲无求；商人组精于商业交易，锱铢必较，胜负心强。

作者发现，不管这些同学以前生活在什么样的家庭和文化背景中，但在实验中，逐渐都消除原有的习惯与特性，在组别内部迅速建立和认同新的文化，形成特定的话语体系，也越来越封闭。石头人组越来越率真豪放，交流必爆粗口；商人组则越来越温文尔雅，彬彬有礼。在实验最后，两组之间几近云泥之别，而且在面临冲突时互相敌视，拒绝和解。通过这个实验，威尔逊展示了人类社会形成过程中，文化如何在族群内外发挥作用，化敌为友、化友为敌。

受此启发，我也想通过实验或者游戏这种形式，确保同学们在游戏过程中加深对破产法的理解，强化每个人在参与游戏过程中的同理心。我的破产“游戏”虽不能追慕威尔逊于万一，但现在想来，还是有点意思。这两天，读完美国学者詹姆斯·卡斯的《有限与无限的游戏》，一下子又激起我对那些破产“游戏”的回忆。

《有限与无限的游戏》从哲学角度，讲了两种以自愿参与为前提的游戏：

一种是有限游戏。有限游戏的目标是取胜。一旦有了获胜者，胜者、败者都通过各种仪式确认比赛结果，然后就没有然后了，游戏到此结束。基于游戏不同，胜利的内涵千差万别，但参与者的共同认可、胜利结果毫无争议是有限游戏的标配。有限游戏有明确的时间界限、空间界限，也有明确的对手，很多时候也有明确的队友；除了外部限制，有限游戏还有通过游戏规则体现的内部限制。在有限游戏中，一方一旦退出，无论是自然死亡、红牌罚下还是自愿退赛，这个游戏也就进行不下去了。

另一种是无限游戏。无限游戏的目标是让游戏继续下去。无限游戏没有明确的起点，没有固定的时间期限、空间界限和数值界限，也没有游戏资格的问题。无限游戏的时间不是日常生活中的时间，而是内部创造的时间，这种新的时间观打造了一种完全不同的世界。无限游戏有暂停、有延续，但始终呈现线性乃至闭环状态，没有固定时长，也没有固定的空间，一个游戏就是一个世界。阻止游戏结束、让每个参与者都一直参与下去，是无限游戏的最大特征。

就两种游戏的界限来说，无限游戏里可能嵌套有限游戏，但有限游戏里不可能融入无限游戏。正如卡斯所说，“有限游戏无论输赢，在无限游戏参与者眼中都只是游戏过程中的瞬间。”

按照上述标准，破产“游戏”大概率属于有限游戏。破产“游戏”的规则主要是由破产法提供的，但更多是由民商法共同打造的“合同束”（按照科斯的观点，企业可以被视为各类合同的集合体）。对于债务人来说，必须要在特定期限之前偿还某笔债务，这就是一个有限游戏基于其规则而对债务人施加的限制。对于债务人的财产持有人来说，必须要向管理人履行交付义务，同样是基于规则的约束。法院希望能够在尽可能短的时间期限内审结案件，债权人希望有尽可能高的清偿率，债务人希望能够通过破产程序免除尽可能多的债务，管理人希望能够拿到尽可能高的管理人报酬……在破产“游戏”里，规则和目标都很清楚，胜负也很好判断。不管有没有实现预期，破产“游戏”有尽时。

从有限游戏的视角看破产，无疑会让纷繁复杂的利益交织，变得相对清晰。一旦明确每个参与者的核心关切，那么在游戏规则允许的范围内，在尽可能尊重破产“游戏”参与者核心利益的前提下，确保各方相向而行，平衡方方面面的利益和诉求。俗话说，“能用钱解决的问题都不是问题”。在破产“游戏”中，绝大部分问题基本都是能用钱解决的，关键问题是在诉求无限、钱有限的情景下，如何实现各个参与方的利益平衡，进而追求所有参与方对游戏结果的共同认同。

但我们也可以尝试从无限游戏的视角看破产。从无限游戏的视角看破产，不是说让破产程序永不结束。任何一个破产程序，本质上都是有限游戏，这个游戏必须有时间边界。时间成本对于破产“游戏”的参与各方，都是一个非常重要的考量因素，理论上破产程序时间越短，各方的成本相对越低。正因为如此，时间因素也是衡量一个法域破产法先进与否的重要标志，例如，世界银行营商环境评估“办理破产”中一个重要指标就是时间，各国破产法改革无不以缩短破产程序的时间、提高破产程序的效率和效益，作为改革追求的目标之一。

从无限游戏的视角看破产，更多的是寻求单个程序的有限性与破产“游戏”本身的无限性之间的平衡。这种平衡，可以从多个维度展开——

就内部参与者而言，需要自身来承受破产“游戏”的结果。既包括债务人、债权人，也包括投资人、收购人等等。对于破产“游戏”的内部参与者，没有人会是永远的债务人，也没有人会是永远的债权人；不会有人永远是投资人，也不会有人永远是买家。风水轮流转。债务人重整成功，否极泰来，就可以在其他破产程序中扮演更强势的角色；债权人、投资人、收购人稍有不慎，一笔失败的交易就可能被拖进破产程序。更不用说，还可能有各种各样的主体基于特定考虑，在合法、非法或者灰色的限度内启动破产程序。由此，对于内部参与者而言，需要恰当处理单个破产程序的有限性与破产“游戏”本身无限性的平衡。

就外部参与者而言，不需要由自身承受破产“游戏”的结果，更多扮演游戏主持人、裁判者、服务者的角色。破产“游戏”的参与者，主要包括法院、管理人，也包括审计、评估等机构和破产资产的交易平台。或者从本质来说，外部参与者更像是破产“游戏”的旁观者。因此，明晰角色定位、忠实履行职责，完成破产规则赋予的义务，是外部参与者最重要的任务。这个时候，要谨防外部参与者心不在焉，更要防止外部参与者入戏太深。

显而易见，在破产“游戏”的有限和无限之间，立法机构扮演着主要规则制定者的角色。如果想要让破产“游戏”一直玩下去，立法进程中的想象力和预判力就十分重要。这需要一种顶层设计的意识。我们首先需要从微观层面，关注破产“游戏”的有限性，确保每一个破产程序都尽可能以低成本、高产出的方式结束。我们更需要从宏观层面，关注破产“游戏”的无限性，跳出破产看破产，认识到破产与宏观经济的关系，认识到破产具有的政策性、工具性特点，注意调整破产与财政政策、金融政策等治理工具的协调关系。只有顶层设计注重打造破产“游戏”的生态，打通破产“游戏”的产业链，破产“游戏”才能持续地玩下去。

破产“游戏”是一种有限游戏，但我们需要在有限中寻找无限。

（本文首发于 2022 年 7 月 6 日澎湃新闻财经频道“澎湃商学院”栏目。）

破产法为什么难以国际化

在全球化背景下，国际经贸往来频繁，国际市场的“玩家”亟待协调一致的债权债务清理规则。按说，在这种情况下，破产法应该是世界范围内最有可能实现统一的法律。但是，实际情况恰恰相反。在市场经济相关部门法中，从市场准入、市场交易秩序维护到市场退出机制，破产法往往是国际化程度最低的部门法。

在国际层面，尽管长期以来国际范围内有过数度努力，但屡战屡败，破产法领域目前还没有全球性的国际条约或者公约。而且，目前几乎看不到突破有望的迹象。而在各国国内法层面，各个国家的破产法，从行业准入到裁定承认、执行协助，更是在每个细节都打上了“封闭”的烙印。即便近年来采纳联合国国际贸易法委员会《跨境破产示范法》的法域越来越多，但其数量比例在全球经济体中，依然不到三分之一。各法域的跨境破产法，基本各行其是，小心翼翼；而各法域的破产法更是南腔北调，各有章法。

这是为什么呢?

我原来一直猜想，导致破产法难以国际化的核心障碍，可能是国家主权因素。因为司法权是国家主权的一部分，涉外破产司法同样涉及国家主权在破产法这个细分领域的实施。为确保国家主权在破产法领域不被消解或损害，各个国家在破产法领域采取相对封闭和谨慎的策略，也无可厚非。按照这个推导链，破产法的国际化必须要静待各国主权观的变化，否则只会是缘木求鱼。

读完德国经济学家古斯塔夫·冯·施穆勒的《重商主义制度及其

历史意义》一书，颇有启迪。重商主义可能是解释破产法为什么难以国际化的另一个重要维度。

施穆勒出生于1838年，逝世于1917年，其学术巅峰主要在19世纪50年代后。在亚当·斯密之前，西方经济学界主流思想是重农主义和重商主义，而施穆勒则属于重商主义阵营中的主力。20世纪伊始，随着德国在两次世界大战的战败，英美诸国的全面崛起，英语世界经济学领域话语权的强化，德国学术影响力式微，那些作品尚未来得及翻译成英语的德国学者，包括施穆勒在内，逐渐成为小众经济学家。与此同时，重商主义逐渐成为经济学领域的“老古董”。

就思想脉络而言，施穆勒属于德国经济学中的历史学派，而且属于承上启下的中坚一代。我们更耳熟能详的马克斯·韦伯，属于施穆勒之后历史学派的末代传人。后来，韦伯学术兴趣转向社会学，成为社会学的奠基人之一，历史学派则逐渐衰落，乏人问津。

历史学派的兴起，与德国发展史有很大关系。在英国等通过工业革命崛起后，德国作为一个后发展国家，如何举全国之力“赶英超美”，困扰着每一个人，也为每个学者所关注，“铁与血”成为德国发展的重要驱动力。以举国体制为根基的重商主义，既是英国崛起的“密码”，也是德国崛起的“密钥”。历史学派则以档案、史料、调查为核心，深入论证了重商主义的正当性。

在《重商主义制度及其历史意义》中，施穆勒以经济演化为核心，言简意赅地勾勒出了重商主义的发展史。施穆勒认为，在经济演化中，经济生活与政治生活密切关联，在经济发展中，起引导与控制作用的都是政治组织。政治组织本身就像统治政治生活一样，也决定着经济结构和制度。按照施穆勒的观察，在经济演化的每一阶段，不管是乡村经济、市镇经济、领地经济还是民族国家崛起后的国家经济，都有政治力量的主导，也基本按照政治视角有所侧重。

重商主义模式下的经济发展，往往体现出如下特征：

一方面，市场相对封闭。在特定范围内，占有市场是核心目标。贸易保护主义是一种常态，外来者进入市场要付出昂贵的成本。保护工具五花八门，包括但不限于货币、交通、税收、信用、财政等。通过构建一个封闭的系统，让同胞获益、让外部的竞争者受损，整个体系都关注市场和垄断规则。

另一方面，在民族国家崛起前，重商主义的政策体系体现为对小经济体核心利益的关注；但民族国家崛起后，重商主义与时俱进，具体体现为对外封闭，对内则走出领地邦国小圈子，形成更大范围的联合体，千方百计打通内部贸易壁垒，统一法律，实现内部市场的统一，同时通过大规模的经济改组，以富强为目标，追求经济和政治的统一。

在亚当·斯密的学术世界里，重商主义是一个被批判的对象。在自由主义市场经济体系下，重商主义意味着更多的行政干预、市场垄断和低效。但毋庸讳言，近代各国的崛起，无不是靠着重商主义体系积攒的家底。如果没有重商主义的支撑，工业革命在英国能否发生、能否释放出巨大的能力，都会是一个未知数。

站在重商主义视角下反思破产法，有一些问题就略显清晰了。

破产法是民商事交易中兜底性的法律机制。正是由于兜底性，在民商事法律关系的重新安排问题上，破产法往往表现得比较保守，也正是由于其具有兜底性，破产法才可能成为民商事法律关系最后的堡垒。不管前端的保护机制如何设计，如果破产法能被轻易击穿，那么交易主体的利益保护机制就形同虚设了。

这就是在国内法层面，破产法往往比较有惰性的原因，破产法通常以对既有民商事法律规则的尊重为原则，而以对既有民商事交易规则的改变为例外。甚至可以说，不到万不得已，破产法并不想干预或者改变既有的民商事法律关系。

在国际经贸中，同样如此。尤其是在民族国家崛起的背景下，破产法往往成为一个国家或地区交易主体在民商事交易中最为重要的保障。假如一个国家的国际私法承认所有的外国私法规则，但在破产程序中如果不予承认和协助，那么外国私法规则依然难以对本法域内的债务人财产发生效力。反过来，不管能否实质性地给予外国破产程序和管理人帮助，每个法域都希望本法域破产程序在域外畅通无阻，破产裁定在域外得到自动承认和执行，对所有位于域外的债务人财产都有效力。

显而易见，破产程序往往会成为贸易保护主义的利器。一方面，大多数法域都对处于境外的债务人财产，表现出觊觎和贪婪；另一方面，对境外的破产裁定和管理人承认和协助的请求，都表现出勉强和拒绝，设置了层层门槛。在这种情况下，破产法的国际化无异于缘木求鱼。这就很能解释，为什么各个法域的破产法在国际化问题上，不管表面如何宣扬，但在采取实质性措施时，大多举棋不定。

当然，在破产法的国际化层面，近年来也有一些乐观的迹象：联合国国际贸易法委员会推出了《破产法立法指南》，尽可能引导各国实现破产法的“大一统”。一些包括国际破产协会（INSOL）在内的国际性破产专业机构，交流越来越频繁，共识越来越多。欧盟跨境破产机制的制度构建和影响力，也正在实践中与日俱增。另外，世行新近推出的新营商环境评估体系（B – Ready），亦在指标设计中，专门强化了跨境破产的重要性，这在未来势必会引导各个国家破产法“相向而行”。

但乐观的迹象取代不了骨感的现实。在可以预见的未来，破产法的国际化依然会举步维艰。最根本的理由，依然在于这种以重商主义为底色的国际经贸观念并未改弦更张。表面上，每个经济体都在宣扬开放与融入，但民族国家和区域经济发展依然是主流，互相完全开放兼容的破产法，不见得带来实质性的经济效益，还可能会让市场经济的“侵略者”长驱直入。在这种情况下，破产法只会成为区域利益的“保护伞”，而不会成为促进国际经贸往来的“润滑剂”。

（本文首发于 2023 年 6 月 18 日澎湃新闻财经频道“澎湃商学院”栏目。）

公司崛起与破产进化

2021年秋季学期，我将为中国政法大学研究生开设一门“民商法专题研讨”课程。这不是一门新课，但于我而言，却是一个全新的挑战。这三四年在中国政法大学给各类学生讲过几轮破产法，尽管每次都战战兢兢，全力以赴，但整体知识和观念短期内不可能全部更新了。我内心一直有个自我挑战的冲动，那就是从破产法逆流而上，在破产法的框架下梳理民商法的脉络。开设这门课，给了我这样的机会。

基于上述背景，当我看到北京大学出版社2021年7月出版的《公司简史：一种革新性理念的非凡历程》，眼前不禁为之一亮。两位出身《经济学人》的作者，约翰·米克尔思韦特和阿德里安·伍尔德里奇，在两百多页的篇幅中，用专业而可读的文字，言简意赅地梳理了公司崛起史。

掩卷沉思，站在破产法的角度看，公司崛起与破产进化简直就是一块硬币的两面。两者貌似没有交集，但在市场经济中逐渐崛起的公司，总是会时不时地推动破产制度突飞猛进。我们以往可能没意识到的是，破产制度的真正进化，与公司的崛起史几乎保持同步的节拍。

无限责任，破产有罪

现代公司制度诞生于19世纪中叶。但人类从事商业交易的文明史，却可以追溯到公元前3000年前的美索不达米亚平原。这上下五千年的历史，很多著作已经为我们做了展示，早期史比如大卫·格伯雷的《债：5000 年债务史》，晚近史比如布罗代尔的《地中海与菲利普二世时代的地中海世界》和《十五至十八世纪的物质文明、经济和资本》，毋庸多言。

在现代公司制度诞生以前，市场交易主体的核心类型是商人，在商个人基础上衍生出合伙。不管是商个人还是合伙，其核心元素都是无限责任。

用米克尔思韦特和伍尔德里奇的话说，“对于投资者和债权人来说，风险永远都是一样的。”这个时候的商业经营，需要面对巨大的风险和不确定性。能够共同在商海出生入死的“战友”，基本都沾亲带故。在熟人社会里交易，市场主体的信用、信誉、口碑就十分重要了。米克尔思韦特和伍尔德里奇也注意到，“由于合伙人需对各自的债务负责，因此大多数仍然信赖亲友”，“考虑到对破产的惩罚可能是监禁，甚至是奴役，组织的所有成员都必须绝对彼此信任。”

由此，我们也很容易能够理解为什么人类早期的破产法，更多体现出严苛和惩罚的一面，更多把破产视为债务人对债权人甚至其他投资人的故意欺骗。在破产的情形下，债务人的主观恶性远远大于潜在风险，破产更多被视为债务人欺骗债权人的手段。从该理念出发，破产者将被严惩不贷。

16－17 世纪，特许公司在欧洲大陆崛起，其中以东印度公司为典型。这类市场主体的核心是远洋拓殖和贸易，既需要巨大的物力和财力，同时也面临着巨大的不确定性。商事制度需要想办法既让公众愿意投资，又能够将投资者与失败风险隔离开来。

在这种情况下，商事制度有了两个巨大的进化：第一，作为投资凭证的股票，可以在市场上交易；第二，有限责任理念开始萌芽，把投资者和风险隔离开来。两位作者写道，“殖民化的风险极大，从投资者那里筹集大笔资金的唯一途径就是保护他们。”由此，站在破产法的角度，市场主体面临的最大风险就是市场主体的破产风险，有限责任理念的适时萌芽，让投资者可以仅以投资为限承担责任，而不用受市场主体破产风险的侵袭。

但需要注意的是，在特许公司时代，特许公司并非纯粹的商事主体，而是政府、军队、侵略者、市场主体等等多元角色的复合体。因此，即便特许公司经营失败，应对这种失败的方法里面，政府的“工具箱”里，破产法可能是最不重要的选项。

这也启发我们：破产法只是商业社会里营业失败时的分险分担机制。它不可能解决非商业问题，也不应该赋予更多解决社会问题、经济问题甚至政治问题的职责。这有点像我国20世纪80年代的国有企业改革，当时的国有企业更多是政府的缩影、更多的是行政权力的末梢，这种情形下破产法只能作为向经营者施加压力的工具，而不能作为债权债务清理机制。

有限责任和新技术，带来破产法的大变革

从1750年到1862年，随着特许公司时代的告一段落，商事主体呈现出辞旧迎新、日益多元的特征。除了商个人，合伙企业和各种形式的非法人公司外，股份公司也到了破土和萌芽的阶段。

然而需要注意到的是，基于前述的信任和熟人社会问题，股份公司并不受早期实业家的欢迎，大家更青睐的方式还是合伙。有限责任“在某种程度上被视为一种弱点而非优势，因为它弱化了合伙人的承诺”。但非有限责任的弊端也很明显，尽管大西洋两岸的商业仍然根植于合伙，但这并没有让合伙更完美。用米克尔思韦特和伍尔德里奇的话说，“非有限责任限制了公司的融资能力。主要合伙人甚至是继承人的过早死亡往往会扼杀公司……合伙关系根基不牢。商人们之所以坚持此种公司形式，是因为他们不喜欢政府介入他们的私人事务。”

在这个背景下，英国和美国成为现代有限责任公司发展的热土和摇篮。尤其在美国，随着商事交易中政府角色的退隐，铁路行业迎来突飞猛进的发展，而与此同时，“达特茅斯学院案”确立了政府遵守契约、不得随时变更特许的义务，各州也通过更为宽松的公司法来吸引市场主体的安家落户。

这段历史，放在人类历史的长河中可能不值得一提，但对破产法的进化来说，却几乎是开天辟地的时刻：

第一，铁路行业的飞速发展极大促进工业文明的发展，重整机制在市场中产生。铁路行业作为资本密集型行业，对于集资能力有极高要求。铁路本身不仅促进其他商业发展，铁路本身就是商业。在铁路行业的带动下，证券交易、评级、债券、交叉持股、并购等新事物，都如雨后春笋般涌现，公司制逐渐细化，所有权和控制权分离成为常态。铁路行业的崛起，也使得破产制度更加注重市场主体的拯救。

1875年后，仅仅在美国，就有超过700家铁路公司破产，这些公司名下的铁路占全国铁路总量的一半以上。传统的破产清算模式对于铁路公司几乎爱莫能助，让困境企业的铁路和火车变成废铜烂铁变卖分配，不符合商业的逻辑。这导致在铁路公司破产中，以市场创新为导向，按照衡平法的理念创造出衡平接管体系，进而为现代重整制度在1898年《美国破产法》的正式诞生埋下伏笔。整个20世纪，几乎成为重整的世纪，全世界破产法几乎都在美国化，美国式重整制度风靡全球，与铁路行业的催生不无关系。

第二，美国各州在公司法律制度的竞争，没有改变破产法，但改变了破产司法。各州在公司法领域“互拼下线”或“逐底竞争”，极大地刺激了公司法的想象力，也为各州公司法的“争奇斗艳”打下基础。在这个过程中，新泽西、宾夕法尼亚乃至特拉华州、纽约，先后都成为新公司趋之若鹜的好去处。

这个事实未能直接改变破产法，但是改变了破产司法。在美国，破产法是联邦法，破产法院也是联邦法院，但是市场主体可以通过“选择法院”（forum shopping），来选择最友好的破产法院、最专业的破产法官。恰好各州的公司法，为市场主体与当地建立法律联系，创造了各种各样的连接点，有连接点就意味着有管辖权。这也是在美国破产法史上，也会出现特拉华现象、纽约现象的根本因素。

第三，有限责任制度在争议中产生并发展壮大，和解制度成为新选择。人们认为，有限责任会把做生意的风险强加给供应商、客户和贷方，会吸引最底层的人来投身商海。但也有人为有限责任强烈辩护，认为拒绝让商界使用有限责任这样的商业工具，本身就是保守的象征。

但不管如何争议，1856年英国《股份公司法》的颁布和实施，让公司制度迎来新的纪元。破产法应该是理解有限责任最重要的维度，这里甚至都不需要加上之一。而且，这个时间点同破产法发展的节拍也是大体协调的，也是差不多在这前后，和解制度作为破产清算制度的有益补充，成为各国破产制度供给的标配，我国1906年《大清破产律》、1935年《民国破产法》和1986年《企业破产法（试行）》，甚至包括2006年《企业破产法》，也都坚定不移地拥抱了和解全球化的大势。

新时代，新公司，新破产

从1862年开始，公司乘着有限责任制度的东风，进入迅速发展的轨道，巨无霸型的公司开始在全球范围内崛起，现代管理理念从奇技淫巧开始成为基本的商业技艺，现代大学也开始回应商业文明的发展并在课程设置上做出改变。今天我们耳熟能详的很多大公司，基本都是这个阶段的产物。

随着资本的整合，劳动力整合也成为商业和社会互动中出现的新事物。早期的劳动法还停留在权益争取和保障阶段，此时，劳工阶层不仅崛起，也在各个方面产生重大影响，劳工同盟、劳工联合会等都成为商业交易中必须要妥善面对的对手。

如何合理回应职工需要，是风起云涌的工人运动中经营者必须要考虑的问题。而随着企业社会责任理念的增长，各种各样的公司也开始更有智慧地安排职工福利、保障职工权益。也正是因为劳工阶层集体谈判能力的增强，破产法中对于职工这一特定类型债权人的重视也得到前所未有的强化，职工对破产程序中的参与、破产清算中职工债权的优先顺位，不仅是政治正确，也是多元利益博弈中达成的一种妥协。时至今日，各国破产法中都对职工债权处理留出“自留地”，职工问题也成为影响破产案件走势的重要元素，这都是这种趋势下的必然之举。

人类进入20世纪后，公司的这种飞速发展趋势丝毫没有止歇的迹象，尤其到20世纪末回头看，新技术和新理念轮番驱动商业模式的进化，公司制度也越来越多元：跨国企业越来越多，而像苹果这样的新企业也能乘着新技术的东风拥有全球消费者，地球的扁平化、公司的无边界已然成为现实。这不仅导致离岸公司的崛起，对于破产制度来说，也带来两个新的方向：

一个方向是集团公司破产。随着商业模式的进化，大型企业集团成为商海求生的重要法宝。而集团公司的破产，则需要在现有一个主体、一个程序的基础上，合理解释公司法理论和破产法理论，通过合并破产程序来妥善处理同一公司旗下的债权债务关系、财产关系。

另一个方向是跨境破产。随着贸易全球化时代的来临，几乎任何一单交易都会将天各一方的主体联系在一起。在这种情况下，破产程序开始出现越来越多的跨境元素和趋势。在这种背景下，诸如欧盟这样的政治经济联合体一直在促进欧盟内部破产程序的协调和统一，而像联合会国际贸易法委员会这样的主体，也在20世纪90年代推出《跨境破产示范法》，更加温柔地引导各国破产制度妥善回应跨境破产问题。

手倦抛书，午梦悠长。阅读《公司简史：一种革新性理念的非凡历程》，思考破产制度，确实令人浮想联翩。数百年公司崛起的历史，无时无刻不再推动破产法律制度的进化。这也提醒我们，破产法律制度并不是一个“针插不进水泼不进”的独立王国，而需要随时紧跟商业社会的脉搏，作出与时俱进的革新，常变常新。惟其如此，破产法才能在商业世界获得应有的地位，发挥合理的作用。

（本文首发于 2021 年 8 月 12 日澎湃财经频道“澎湃商学院”栏目。）

监狱里的债务人

看到哈利·波特著《牢影：英国监狱史》出版的消息，我着实期待。作为一部英国监狱史的专题著作，不太可能对债务人监狱忽略不提，毕竟当年英国监狱对债务人的囚禁是人类破产法史上一段漫长的历史。

果不其然！

英国究竟从何时开始拘禁债务人，已经无从考据。按照波特的《牢影：英国监狱史》，债务人首次出现在监狱里，是在1155年前后。当时如果拖欠市政债务，会遭到拘禁；当时的舰队监狱已用于“专门关押欠王室钱财的人”。1177－1179年间，伦敦主教理查德·菲茨尼格尔表示，那些无法或更可能是不愿向财政部缴款的穷人，有可能会被逮捕并扭送到公共监狱，直到治安官查扣其财产或者他们补缴欠款。尽管进了监狱，但债务人还是高人一等。他们不会与其他囚犯关在一起，也不会被戴上枷锁或者关进地牢。1236年新门监狱取代舰队监狱，成为重刑犯和市政债务人的主要羁押场所。

不到一百年后，被送到监狱的债务人越来越多。这里面的动力，既有拖欠市政债务会被拘禁传统的影响，但更主要还是为了解决商人之间的拖欠问题。

按照当时的交易习惯和法律，如果商人之间拖欠债务，救济措施执行起来缓慢且繁琐。为对冲风险，商人们不得不推迟带着商品去英格兰交易的时间，贸易受到实质性影响。用今天的话说，拖欠风气严重影响着大英帝国的营商环境。

爱德华一世加冕后，开始着力解决这些问题。1283 年颁布的《阿克顿 · 伯内尔条例》规定，如果债务人拖欠商人款项且财产不足以清偿债务，拘禁是最终的惩罚手段；对于无偿还能力或者不愿支付欠款的债务人，即便在查扣其财物抵债后，也可能会被判处有期徒刑；对于那些在监狱里不能养活自己的债务人，债权人有义务提供面包和水以便确保债务人不死于饥饿，但这些面包和水最终也会转化成新的债务，要求债务人在获释前一起偿还。另外，1285 年颁布的《商人规约》也规定，如果发现有未能偿还债务的人，则应将其送往镇上的监狱；另外，该法还废除债权人为债务人提供面包和水的恩惠。1352 年，爱德华三世颁布的新法，允许债权人个人拘禁债务人。这个时候已经不问债权人“姓”公“姓”私，只要有债不还，不问青红皂白不问是非曲直，债务人都会锒铛入狱。是时，伦敦的舰队监狱、王座法庭监狱和马夏尔监狱，都专用于拘禁债务人。

当时监狱里的债务人，有着“高人一等”的传统。1383 年路德门监狱建成后，把大门入口上方的优质囚室，专门用来关押伦敦市内因为债务、非法入侵和藐视罪而被捕的自由人。当债务人来到这样的监狱里，不仅被养尊处优，甚至乐不思归。波特写道：“路德门监狱内相当安逸，至少大家都这样认为——这也引发了大家对‘软’监狱的抱怨和牢骚，并一直持续到今天。1419 年，市民们抱怨说，这里太舒服，管理太宽容，以至于囚犯们更愿意留在里面而不偿还债务。”在雷丁郡监狱，债务人可以决定是否允许相对有钱的重刑犯与其共用一床。即便在 18 世纪，新门监狱依然保留着专供债务人进出的大门。

在很长一段时间，英国监狱都是产业化运营。监狱需要通过收押囚犯，获得相对丰厚的利润。对于监狱管理者来说，监狱里的债务人越多越好。只要债务人不逃之夭夭，大家就可以睁一只眼闭一只眼，安心做监狱里的小生意。如果债务人逃跑，后果很严重：狱吏可能会身陷囹圄，债务人背负的巨额债务也要由狱吏来偿还。

在各种机制的合力下，在大约不到 70 年的时间里，拘禁债务人成为解决债务问题的首要手段。波特写道，“死在监狱围墙之内比获得释放还要容易。要证明没有欠债是一件很昂贵的事情，而债务人通常都囊中羞涩，而并非顽固不化。唯一能减轻他们痛苦的办法就是靠着施舍或遗产得到一笔钱财，从而获得解脱。”

偶发的自然灾害和意外，总是加剧负债，也让更多债务人进入监狱。14 世纪中叶，黑死病侵袭英格兰，世道艰难，举债和拖欠越来越普遍，拘禁债务人的做法也越来越普遍和严厉。男女老少身陷囹圄越来越司空见惯，尤其是因为民事纠纷和债务问题。1666 年 9 月 2 日伦敦大火后，因为瘟疫、火灾和荷兰战争等天灾人祸造成的建筑损毁、存货毁坏和贸易中断，让更多人陷入赤贫，大量曾经殷实的商人稍不留神就会成为监狱里的债务人。据说到 18 世纪末期时，监狱里 3/5 的囚犯都是债务人。

当时社会的普遍观念，就认为无论是对罪犯的惩罚、威慑，还是对债务人的胁迫，拘禁债务人都是一种必要的辅助手段。据波特介绍，在 16 世纪之后，随着监狱理念的强化，对于大部分伦敦人来说，终其一生，多多少少都会被拘禁在监狱里一段时间，有的甚至长达多年。他们有的是因为轻罪被拘，但更多却是因为欠债。相关名人也不少，比如剧作家托马斯·德克尔，就因为欠债先于 1599 年被关进“禽鸟拘禁所”，获释后不久因为另一笔债务，又被关在王座法庭监狱近七年时间。

面对监狱里人满为患的现实，统治者偶尔会大发善心。1388 年英王理查德二世就替新门监狱的所有债务人偿还了债务，成为向监狱慈善捐赠的典范。1666 年伦敦大火烧毁了不少债务人监狱，时任舰队监狱的典狱长杰里米·维奇科特爵士，甚至出于慈善的目的，收留了许多无家可归的债务人，并自己出资购置房产，用作监狱复建前债务人的临时居所。但这种昙花一现的善意，解决不了问题。

随着人文主义思潮的传播，拘禁债务人问题得到越来越多有识之士的关注。比如约翰逊博士就指出，“将任何一个人监禁在暗无天日的监狱里，对国家来说都是一种损失，对债权人而言也没有任何好处。”

时势造英雄。当整个社会都在债务重压下摇摇欲坠，总需要有人站出来振臂一呼。作家丹尼尔·笛福，就用自己的亲身经历和后来的作品，写下了拘禁债务人的斑斑血泪。另外，作家查尔斯·狄更斯，也在作品《雾都孤儿》《小杜丽》等作品中提到债务人监狱的悲惨生活。这些文学作品对激发公众同情、凝聚改革共识，起到重要作用。

1712 年 9 月，英国颁布《破产债务人救济法》，有关拘禁债务人的刑罚体系改革慢慢启动。此后有不少债务人据此申请释放，并在走完法律程序后回归社会。

1729 年，各阶层对监狱问题更加关注。保守党议员詹姆斯·奥格尔索普提出动议，要求组建专门委员会，调查英格兰所有监狱的状况。奥格尔索普之所以对此问题如此上心，是因为他的朋友、建筑师理查德·卡斯特尔因欠债而被关进舰队监狱。卡斯特尔拒绝向狱吏行贿以便调到可以通风的牢房，结果他被关进天花肆虐的债务人牢房，最终惨死在狱中。奥格尔索普为友复仇，要求彻查。但各方博弈后，最终只同意在奥格尔索普的主持下，调查伦敦的几个债务人监狱。

奥格尔索普一行以舰队监狱为突破口，对伦敦市内主要债务人监狱做了深入调研。调查报告发布后，舰队监狱典狱长托马斯·班布里奇也因此惹上官司，他剥削债务人的公开秘密被公之于众。但调查报告并未能产生更大、更持久的影响力，狱吏的主导地位一如其旧，债务人依然受到重刑犯般的虐待。

1773 开始，慈善家约翰·霍华德开始他的监狱调查事业。在贝德福德郡监狱，他发现每个债务人在释放时，都要缴纳 17.4 先令的释放费，另外还要额外给狱吏 2 先令的好处。在访问卡迪夫郡监狱时，他站在刚被腾空的地牢里遭受良心震撼：一个囚犯因为 7 英镑的债务，在那个地牢里待了 10 年，最后绝望而死。在约克城堡，他看到有一座专门为债务人修建的监狱，通风良好、环境卫生，为约克郡争得了荣誉……他将所见都记录下来，并提出许多合理的建议。他试图通过他的努力，改变债务人、不法之徒和重刑犯们的生活，并以此让自己的生命更有意义。

霍华德的努力，在一些方面取得了回响。1775 年里士满公爵重建霍舍姆监狱，即听取霍华德的建议，在防止疾病传染方面做了大量的改革，尤其是债务人和重刑犯被分开关押，确保每个重刑犯都有一个单人牢房。1791 年格洛斯特监狱重建时，决策者亦听取霍华德的建议，出于规范囚犯的社会能力考虑，应该把债务人和刑事犯分开拘禁。在近二十年的时间里，霍华德的努力护佑着刑罚改革的幽光，最终使之燎原英伦大地。

改革需要契机和共识，但公众却等不及了。1780 年 6 月 2 日之后的一周，“戈登暴动”席卷英格兰。随着暴乱四起，几乎所有的监狱都受到暴乱者冲击，大量被拘禁的债务人成为暴乱的受益者，有人目睹债务人被释放、监狱被烧掉。

刑罚改革的曙光，很久之后才照耀到债务人监狱。在改革初期，新门监狱始终未受到改革精神的影响。1811 年时新门监狱拘禁着 396 名重刑犯和 233 名债务人，过度拥挤问题一直没有解决。1823 年的《监狱法案》作为英国史上一项纲领性的狱政改革方案，并不适用于伦敦的 3 座主要债务人监狱以及 150 多座地方监狱。地方监狱继续发挥原来的功能，拘禁候审犯、债务人和死刑犯。1865 年《监狱法案》颁布后，据统计当时的英格兰、威尔士共有 126 座地方监狱，拘禁着 14.5184 万人。

1869 年，英国颁布《债务人法案》，除了拖欠公共罚款或费用的债务人外，该法彻底叫停逮捕并拘禁债务人的做法，伦敦最后一个专门拘禁债务人的监狱，即王座法庭监狱，也被永远关闭。此时此刻，英国债务人监狱即将走到历史的尽头，再也没在波特的《牢影：英国监狱史》中受到关注。

一个国家如何对付债务人，与该国的文明程度密切相关。通过哈利 · 波特《牢影：英国监狱史》中有关拘禁债务人的飞鸿雪泥，重温人类破产法史上那段幽暗史，深感文明的进化来之不易。

（本文首发于 2022 年 12 月 4 日澎湃新闻财经频道“澎湃商学院”栏目。）

债务之“魔桶”，文学的“富矿”

美国小说家伯纳德·马拉默德真是高手。

当我偶然读到《魔桶》，很快便被其“魔性”打动。

马拉默德的作品数度获国家文学奖和普利策文学奖，也曾被改编成电影，他本人是20世纪最重要的美籍犹太作家之一。

马拉默德1914年生于美国纽约，父母是俄罗斯裔犹太移民。他出身社会底层，早年经历坎坷，青春期赶上“大萧条”，往后又赶上纳粹崛起、第二次世界大战。成年后，他也只能在社会底层摸爬滚打。即便在俄勒冈州立大学获得教职，也因为没有博士而只能做点教辅工作。到1986年驾鹤西去时，马拉默德已经成为美国文坛顶流。

这些背景，深深影响着马拉默德的作品。他对底层人物命运的精细把握，体现在字里行间。他的文字，既有孤独、贫穷和不幸，也有乐观、悲悯和幽默。通过他的文字，马拉默德成为“不幸者的人道主义代言人”。

《魔桶》中收录的13篇短篇小说中，有几篇是借助债务展示出“魔性”的。

其中一篇是《账单》——

潘内萨夫妇用他们全部3000美元的积蓄，盘下街上小卖部。他们不想投奔女儿，只想维持生计，不过分操劳。他们的目标顾客，是那些常去超市购物又忘记油盐酱醋的邻居。他们的常客之一，是清洁工威利。

威利每次光顾，都以闲聊为主，购物为辅，单笔消费从未超过5

毛钱。有一天，威利边聊边拣，不知不觉装了价值3美元的货物。但是他兜里只有5毛钱，沮丧万分。潘内萨安慰他，这算什么，剩下的什么时候还都行。潘内萨认为，什么事都得讲信用，买卖和其他事一样，“说到底，信用就是我们都是人，如果你是真正的人，你就应该相信别人，而别人也要信任你。”

当然，他在一两天之内就还上了赊欠的2.5美元。俗话说，有欠有还，再欠不难。潘内萨也再度承诺：只要他愿意，他赊欠什么东西都可以。

短暂的赊购，没有影响潘内萨的小店，却激发起威利的购物欲，他为不必付现金而开心。他对如何偿还债务毫无计划，但对赊欠充满快感。哪怕兜里装着10美元现金，他也选择赊欠。为了制止妻子约束赊欠、督促还款的唠叨，他给妻子买了一件连衣裙。

威利逐渐赊欠成瘾。每次赊购都不低于2美元，有时候高达5美元。每次，潘内萨一样样清点、记账，潘内萨太太一样样为他打包。有个细节描写：“每次威利来到店里的时候，潘内萨总是把账本打开，用舌头舔舔指尖，翻过一些空白页，翻到中间，找到威利那一页。”但潘内萨夫妇从来没直接跟威利讨过债。

旧账未清，又欠新账。当账单累积高达83美元时，马拉默德写道：“潘内萨抬起头，微笑地问威利什么时候能还账。”但从那天起，威利就玩起了失踪。

威利和他的妻子讨论过还债事宜。“我拿什么来还？我这一辈子哪一天有过钱?”妻子越催促，威利越恨潘内萨夫妇，他发誓永远也不还！

偶尔良心发现，威利也想还债。他以上帝的名义发誓，哪怕是一点点还，也一定要还。在梦里，他已经把一元一元的纸币用橡皮筋捆在一起，送到潘内萨先生的面前，“给你，小老头，我敢说你根本没想到我会把钱还给你，别人也未必会想到，甚至连我自己也没敢想。”

有一天，威利收到了潘内萨太太的信。信中说，丈夫病了，但家无分文，问威利能否先还10美元。威利把信撕成碎片，然后躲进地下室。

次日，威利把大衣送到当铺，当了10美元。当他准备去潘记小卖部还债时，看到他家门口停放着灵车，两个黑衣人从楼里抬出一个小棺材。潘内萨死了，潘内萨太太也投奔了远嫁的女儿们，只有那笔债务还在。

还有一篇是《借款》——

莱义布夫妇经营着小面包店，每天都顾客盈门。

有一天，店里来了一个陌生人。他叫考驳茨基，是莱义布年轻时的好朋友。15 年前，两人因为 100 美元借款而发生争执，就此分道扬镳。他们的缘分因借款而中断，也因借款而延续：这一次，考驳茨基想借 200 美元，为逝世 5 年的妻子立碑。

考驳茨基早已预付 50 美元买下那块墓地，墓基上刻着朵拉之名。但因为没有墓碑，那块墓地依旧空空如也。这让考驳茨基感到羞耻。他最担心哪天去公墓时，墓地已被夷为平地。5 年来，考驳茨基不是没有努力过，但各种不幸导致未能凑齐余款。

当年的不快早已忘却。莱义布有心答应，与妻子贝蒂商量。贝蒂不愿意。“我们是穷人，没有那么多钱。”当着考驳茨基的面，两口子吵了起来。

最后，贝蒂深受触动，但脱口而出的依然是她的苦难……这时候，面包炉里发出焦煳味。考驳茨基和莱义布互相拥抱，共同哀叹逝去的青春，就此分别。

例如《怜悯》，我们看到马拉默德对“破产”的利用——

波兰移民卡利什到美国后，攒了两三千美元。他用这笔钱，从逝去的邻居那里盘下一家杂货店，但生意一直不好。有一段时间，卡利什给罗森的公司打电话要求贷款，促成贷款业务员罗森和卡利什的相识。

罗森劝卡利什趁早搬离，但卡利什并未听劝。两个月后，卡利什想要把店铺卖出，却没有买主，他们只能呆在家里挨饿，一天都不花一分钱，日子一天不如一天。

“申请破产吧。”罗森苦劝卡利什。卡利什既不忍心看到所有的资金都血本无归，也担心接下来的失业。最终，当卡利什下定决心申请破产，但还没等到他把店铺拍卖出去，卡利什就一命呜呼。

在葬礼之后，罗森继续劝卡利什的遗孀艾娃，让她带着 1000 美元保险金，带着孩子们远走高飞，让赊店员把店铺接过去，否则最终什么也得不到。

艾娃不听规劝，而是用保险金进货、装修店面，试图通过橱窗的重新布置吸引新主顾来。顾客依然很少，生意毫无起色。

不出几个月，艾娃的 1000 美元即告花光。告借无门，艾娃不得不来求助于罗森。而罗森为她争取到“无息贷款”，因为他自掏腰包支付了利息。艾娃努力工作，期待着好转。

在小说的后半部分，罗森各种帮艾娃，然后被艾娃各种拒绝。罗森建议艾娃跟他住一起节省房租，或者干脆嫁给他，或者冒充她先夫的朋友分期还债，甚至写下遗嘱、确定艾娃为受益人后选择自杀……然而这些，都被艾娃拒绝。

还有比如《哀悼者》，债务成为“助推器”——

在租住十多年的公寓中，凯斯勒每月按时缴纳房租。但他饱受看门人伊格内斯的嫌弃。在看门人的怂恿下，房东格鲁伯准备把凯斯勒扔到街上。

此刻，格鲁伯“正为财务问题而发愁”。如果能够把凯斯勒赶出去，不仅可以通过便宜油漆省几个钱，而且通过转租，至少可以多收 5 美元的房租。

但凯斯勒走投无路。即便被扔在大街上，最后还是被好心的邻居们抬了回来。格鲁伯气急败坏，“这房子是我的，可现在这个房子快倒塌了。我现在债台高筑。不管是哪个住户，如果他不爱护它，他就得走。”

为了赶走凯斯勒，格鲁伯不惜启动司法和执法程序，最后甚至下定决心把他送到贫民院。这种折磨，一直到他最后良心发现。

……

读完《魔桶》，怅思良久。显然，马拉默德是一个很善于用债务驱动小说情节发展的高手。债务把债权人、债务人牢牢绑在一起，为源源不断的故事、冲突和悬念提供了广袤的舞台。想起小时候村里戏台上的对联：“三五步走遍天下，七八人百万雄师。”债务正是这样的戏台。

马拉默德笔下，主角基本都是债务人。这些债务人，基本都属于“诚实但不幸”的类型。他们纵然千人千面，但共同点是卑微、可怜，骨子深处不乏倔强和乐观。不管债务的重担是否即将压垮他们的血肉之躯，但他们总是倔强地活着；在每一篇作品背后，总有人性在债务的暗夜里发出幽光。

走笔至此，我想起另一副对联：“借新账，还旧账，借账还账账还账；拆东墙，补西墙，拆墙补墙墙补墙。”一旦打开债务这个“魔桶”，再拙劣的作家也都能才思如泉涌。讲真，债务世界真是一座值得小说家发掘的富矿。

（本文首发于 2022 年 6 月 23 日澎湃新闻财经频道“澎湃商学院”栏目。）

在债务的天堂里

在获得2021年度诺贝尔文学奖之前，阿卜杜勒拉扎克·古尔纳在中文世界里可以说默默无闻。

1948年，古尔纳生于现属坦桑尼亚的桑给巴尔岛。在非洲被殖民化过程中，桑给巴尔很长时间是英国保护领，由信仰伊斯兰教的苏丹统治。1964年革命后，苏丹王朝被推翻，新政权关闭学校，古尔纳留在当地毫无希望。于是他带着400英镑，和弟弟于1968年远走英国，颠沛流离，先后就读于伦敦大学、肯特大学。1985年后，古尔纳进入肯特大学执教，主要研究后殖民文学。教学之余，古尔纳勤奋且高产地投身于文学创作，先后出版作品十余部。其作品曾三度入围布克奖，古尔纳本人也曾担任过布克奖评委，在文学界广受认可。

古尔纳摘取诺奖桂冠一年后，上海译文出版社集中译介了古尔纳的作品。首批5部作品中，让我眼前一亮的是其成名作之一、长篇小说《天堂》。

《天堂》像是古尔纳的自传，但又做了很多文学化的改编。古尔纳的父亲原来是一名贩卖印度洋鱼干的商人，他的童年记忆也只和家门口的海岸线有关。

1984年，古尔纳被允许首次重返桑给巴尔。有一天，他站在窗口，目送父亲进入清真寺，他突然意识到，当年英国人在桑给巴尔建立保护领时，他的父亲也还只是个孩子。

古尔纳在接受《纽约时报》采访时，讲到了《天堂》的灵感之源：他“很想知道当外来的陌生人占据生活时，对于一个孩子来说这种认可意味着什么”。

《天堂》的主人公优素福，一个来自东非海岸斯瓦西里的花季少年。他出场的时候只有12岁；而当小说结束时，也才不过17岁。他的父亲欠了别人钱，然后他就被作为“抵押物”，交给债权人阿齐兹做债奴。这部作品表面上，便是借助优素福的眼睛，看到了非洲大陆上一个光怪陆离的债务世界；而深层次的意涵，则是借助孩子的眼睛展示非洲殖民化的进程。

阿齐兹原先只是个在桑给巴尔周边做生意的小商人，以跟原住民做生意为主营业务，把牲畜、木材运过去，把布匹、工具、烟草和鱼干运回来。后来，他成功取得海上巨商遗孀的欢心，喜结连理，也由此扩大经营规模，成为陆上贸易的佼佼者。

阿齐兹以精明著称，甚至有点狡诈、残忍。《天堂》中借助不同角色之口，这样的描述比比皆是。比如哈利勒告诉优素福，“老爷精明透顶，所以生意总是做得好，很快就会回来”，“等他回来时，也许会带回另一个小男孩。或者是小女孩。”再比如侯赛因跟哈米德所说，“他已经毁了多少人？他让你不断赊账，等到你入不敷出，他就拿走一切。这就是他的手法。”“我听说如果他的搭档们无力支付，他就带走他们的子女作为抵押。就像奴隶制时代。这不是正人君子的行事方式。”

《天堂》构筑的债务的世界里，存在多组或明或暗的债务关系。整部小说，不啻多组债务关系织就的“万花筒”：

第一组债务关系，存在于优素福的父亲和阿齐兹之间。优素福8岁时，双亲从南方搬到卡瓦小镇，开了一家旅店。他父亲为了发财和出名，曾经尝试过各种生意，开旅店是其最新的营生。当时，德国人打算修建一条通往内陆的铁路，在卡瓦设站，卡瓦小镇因此迅速繁华起来。但后来铁路线调整，小镇一落千丈，旅店生意也每况愈下。他父亲逐渐债台高筑，债权人便是阿齐兹。当然，在少不更事的优素福眼里，阿齐兹永远是“叔叔”，气质优雅，香气扑鼻，每次临别还不忘给他一块10安纳硬币。终究，他父亲无力清偿债务，于是他便作为“抵押物”被带走，成为阿齐兹的债奴。

随着优素福的成长，他慢慢理解了自己作为人质的角色。他知道自己被抵押给阿齐兹，以确保他父亲可以偿还欠债。优素福曾梦想着父亲生意有起色，然后来赎他。然而，直到优素福在17岁时获悉父亲的死讯，这笔债务都未能清偿。

第二组债务关系，发生哈利勒的父亲和阿齐兹之间。哈利勒家的故事和优素福家很像，但是悲剧降临的时间要更早一些。优素福抵达阿齐兹家后，哈利勒已成为可以指导其新生活的“师傅”。哈利勒的父亲原先在姆里马海滨开了一个小店。大儿子想靠捕鱼为生，他为了帮助大儿子购买渔船找阿齐兹借了钱。但渔船不久后触礁，大儿子的生意失败。而哈利勒的父亲店面太小，根本还不起阿齐兹的债务。在阿齐兹设定的宽限期届满后，哈利勒和他家收养的妹妹阿明娜，都被阿齐兹派人接走。

但在这组债务关系中，阿明娜和哈利勒还有差别。阿明娜7岁时就被交给阿齐兹，直接抵偿部分债务。而哈利勒则是“抵押物”，在阿明娜长到可以成亲的年纪，他即可以恢复自由；或者在阿明娜长大前，如果他父亲能偿债赎回，他也可以恢复自由。只是后来，父亲去世，母亲带着哥哥们去了阿拉伯，哈利勒一直给阿齐兹帮工，阿明娜则成为阿齐兹的小老婆。阿明娜嫁给阿齐兹后，阿齐兹成了他名义上的妹夫，父亲的债务被免除。但这只是理论上的，哈利勒、阿明娜和阿齐兹还得生活在一起，亲情并未改变债务关系的本质。

前面这两组债务关系，只是债务“天堂”的主干。这也是阿齐兹商业模式的核心：一方面，阿齐兹随时有人可用；另一方面，如果急需用钱，他可以牺牲一些债务人筹集。

随着《天堂》故事的发展，更多组债务关系铺陈开来——

在优素福17岁之际，阿齐兹发起又一次商业远征。他被安排随行，负责照料阿齐兹的起居。这次远征的运夫和护卫多达四五十人。为了满载而归，阿齐兹一反平日精明，不得不将一部分利润抵押给其他商人，甚至也被迫从印度债主那里借了很多高利贷。因此，第三组债务关系，发生在商人阿齐兹和他的债权人们之间。

第四组债务关系，发生在阿齐兹与以放高利贷为业的印度商人之间。在《天堂》里，印度商人主要以高利贷为业，专门借钱给那些从事象牙和奴隶贸易的阿拉伯人，被斥为“榕树商人”。在以往，阿齐兹有足够的经济实力为自己的远行提供所需的一切，所以无须向印度放贷人借贷。但在最后一次远行时，印度商人也成为他的债权人。在远征返程途中，一个老朋友问阿齐兹：你挣的钱够支付印度人吗？阿齐兹耸了耸肩。这暗示着不祥的后果。

第五组债务关系，发生在阿齐兹和他的生意伙伴哈米德之间。阿齐兹和哈米德之间是合伙关系。当哈米德仅仅作为走私物的储存点时，他对阿齐兹的经营方式并未有任何不满；但当哈米德看到阿齐兹的商队，听到他举借高利贷的消息，立刻出现重感冒症状。个中原因无他，“他仍然是生意的合伙人，一旦失败，他的所有财产和物品都将归属于债主。”

这次远征并不顺利。一个又一个部落，既潜藏着商机，也隐藏着风险。每经过一个地方，都要为当地苏丹奉上贡品和礼物。在持续的博弈中，阿齐兹耗去大量商品，武力冲突、伤病也造成一些人员伤亡，而经商机会却总是虚无缥缈。“他们被迫一路散财，货物量已经大减，却几乎没做任何生意。”

这也是第六组债务关系生长的背景。第六组债务关系，发生在当地苏丹查图和其他商队之间。按照查图的叙述，在两年多前，当地来过一支和阿齐兹一样富有且打着做生意旗号的商队。他们拿走金子、象牙和一些上好的兽皮，但因为没有足够的货物可以交换，请求先让他们回去，承诺会带上所欠的货物回来。但他们一去不返。这笔债务也成为查图仇视阿齐兹商队的根源。在查图看来，阿齐兹商队必须要拿货物来偿还同行的欠债。即便在武力袭击后的谈判中，之前被拿走的东西的价值、他们欠了多少，依然是核心议题之一。最终，欧洲人抵达小镇，阿齐兹方才借欧洲人的威势要回部分被扣押的货物。

远征回程时，选择了另一条相对安全的路线，但商业机会也更少。当时他们已减员四分之一，路上破财消灾加上查图的抢劫，所带货物折损近一半。

阿齐兹回家后，面临的巨额债务。首先是商队的运夫和护卫们，他们只有得到报酬后才会离开。另外，“络绎不绝的客人”也静候偿债。这些客人都是一副挂念的样子，可以无所事事地陪着阿齐兹很长时间，“有时，一两位客人拿出笔记本，匆匆地记些什么，或者逛到主屋旁的库房。”哈利勒知道，“他们是来啄食老爷的骨头的”。

这些客人里，有人苦等，有人离开，阿齐兹门前空地上的客人越来越少。但在优素福眼中——

阿齐兹叔叔还在跟债主和其他商人谈判，但队伍里的人渐渐变得厌烦和难以对付。他们拿着凭据来找他，上面写有他们最初与商人达成协议的条款。……他们收下商人给他们的钱，还收到一份商人欠他们多少钱的凭据。阿齐兹叔叔对每个人都作了解释，不会有承诺的利润分成。事实上，他很可能不得不另找渠道借钱还贷。……有些人迟迟不收凭据，把争执留到后面，但最终都不得不接受商人的条件，否则就什么都没有。

这是阿齐兹商队的最后一次远征。阿齐兹依然在努力同债权人们商谈和安排还债事宜。此行损失惨重，所有的债权人也都得分担损失，但最沉重的担子也都落在了阿齐兹身上。好在他足够精明，不会被独自套住，印度人也损失了很多钱，以致他们别无选择，只能帮助阿齐兹。

尽管作为债务人的阿齐兹此时已然山穷水尽，但他还是留有一手。正如哈利勒告诉优素福，"老爷会去找那些欠他钱的人收债。他总是留有一手。这是他的方式。即使他的境况看起来很糟糕，他这里走走，那里转转，很快一切都会重新好转。他甚至可能去拜访你爸爸。他们会彻底两清，然后就不用再拿你做抵押了。你爸爸会还清自己的债务，老爷也会偿还他的，然后你就自由了。"

但是，优素福从阿齐兹口中得知了父亲亡故、母亲不知所终的信息。在阿齐兹决定带上他"这里走走，那里转转"前，优素福决定追随德军而去，故事也戛然而止。《天堂》里多层交织的债务关系，也随着优素福的远去而留在那里。这些债务永远留在了"天堂"里，永远没有偿还。

古尔纳的文学作品，多以后殖民时代的难民以及其背后身份、文化冲突作为主题。从这个意义上说，债务问题非他的专长。但是在《天堂》里，古尔纳依然为我们编织出了一幅多层次的债务画卷，为我们理解非洲大陆被殖民化的进程提供了另一种维度。

（本文首发于 2022 年 9 月 29 日澎湃新闻财经频道"澎湃商学院"栏目。）

被放纵的欲望，被放任的债务

这几天阳性高发，我也不幸中招了，只能靠闲读度日，顺便读完日本作家角田光代的小说《纸之月》。

以前读过角田光代的《坡道上的家》，借助一个女性陪审员的眼睛，直击中年女性的辛酸与崩溃，印象深刻。作为第二次世界大战出生的新锐作家，角田光代特别善于以女性身份写女性，聚焦夫妻、亲子、婆媳等多重家庭矛盾，用细腻的笔触梳理中年女性的无奈。

近年来，日本中年女性群体相关的社会问题越来越突出。日本记者斋藤茂南曾写过“日本世相”丛书，其中有《妻子们的思秋期》《饱食穷民》等。对战后大发展背景下日本中年女性的孤独、购物狂、暴食症等问题，斋藤茂南观察深刻。

角田光代的《纸之月》也是这种新世相的体现，只不过用了文学化的表达手法。

梅泽梨花生于1961年，本姓垣本。她从东京某两年制大学毕业后，曾进入信用卡公司做销售。1986年，梨花25岁时经同学介绍，与梅泽正文相识、结婚，由此随夫姓，成为全职主妇。

王子和公主并未从此就过了幸福的生活。两人一直没孩子，感情也算不上好。在日常生活中，夫妻之间交流很少，沟通困难。互相之间哪怕一句玩笑话，最后都是柔软的刺。到后来，两口子分居，形同陌路。

为了自救，梨花努力重返社会。1990年6月，梨花在若叶银行铃挂台分行找到一份兼职业务员工作。她的工作主要是拜访客户，代表银行收取现金、递送客户在银行的存折或者文件。梨花努力上进，深受客户信任和同事赞赏，在三年后拿到全日工工作机会。

有一天，梨花在拜访客户平林孝三时，偶遇他的孙子、在读大学生平林光太。梨花和光太二人之间年龄差距不小，生活工作并无交集。但阴差阳错，他们逐渐互相熟识。1995 年 1 月，一场宿醉之后，两人的关系也捅破了最后一层窗户纸。

工作和感情都迎来新生，这让梨花内心升腾起一种“万能感”。这种感觉，解锁了她内心潜藏已久的购物欲。她成为百货商场女装部的常客，动辄五六万日元的消费，根本不在话下。她也不管用得上用不上，就是要通过买买买来填补内心的空虚，寻求在丈夫那里得不到的认可和满足。

就在这个时候，她内心的道德规则也在软化。当她第一次临时“借用”客户的存款，尽管只有 5 万日元，尽管这笔钱随后立即偿还，但还是打开了梨花在自己的钱和客户的钱之间随意腾挪的“潘多拉魔盒”。

随着交往渐深，梨花也了解到：光太为他的导演梦，欠了近 150 万日元的债务，部分来自同学亲友，大部分来自民间借贷。梨花爱心泛滥，主动承担了堵窟窿的重任。

梨花没钱，她也只能去“借”。第一笔钱“借”自平林孝三。平林孝三交给她 200 万日元，委托她存为定期。梨花收了钱，但没入账。相反，她从银行拿出空白预存单，复印了 30 份，然后委托印章店代刻了副行长的名章。回家后，她用家里的打印机不断尝试，最终打印出粗看足可以假乱真的存单。她把盖假章后的假存单交给存款人，然后从平林孝三托付的款项中，拿出 100 万日元交给平林光太还债。1995 年 10 月，梨花再次伪造存单。这次的受害人是山之内夫妇。他们拿出 50 万，打算给孙女存为定期。这 50 万到手后，梨花很快又交给平林光太。

从 1995 年到 1996 年秋，梨花就伪造了两次存单，非法侵吞的客户存款也只有这 250 万日元。梨花是发自内心“借”这些钱，她想着要还这些“借款”。她也打算就此收手，用自己的努力还上这两笔巨款。甚至，她还专门准备了一本笔记本，详细记录下借钱金额、虚假定期利息等。

梨花欲罢不能。面对有老年痴呆迹象的客户名护玉江老太太，梨花故伎重演，“借”到了老太太托付存定期的 500 万日元。

梨花觉得她似乎有花不完的钱。她频频带着平林光太进入男装店豪购，全部刷信用卡，而且还都是一次性付清。光太提出要去阿姆斯特丹参加电影节，开口借12万日元，但梨花一下就给了50万日元。

1997年5月，日本黄金周，将近“十连休”。梨花突发奇想，想要整整十天都要和平林光太过二人世界。她在赤坂的一家高档酒店，订到蜜月套房，连价格都没问。她不仅贷款为光太买了车，平日里极力维持着纸醉金迷的生活。几乎每个周末，梨花和光太都来到酒店的蜜月套房。等到蜜月套房住腻了，她又在1998年4月初以每月28万日元的价格，租下位于二子玉川的公寓。梨花还拿出一大笔钱，购置了全新的家具、家电，连瓷器餐具都是全套名牌。

黄金周之后，梨花伪造存单越来越频繁。她向客户“借款”的金额也越来越大：50万、70万、100万、200万日元……她根本记不清这些钱都买了什么、花在哪里。1997年6月，梨花干脆购买了一台家用彩色复印机，专用于存单制作。随着时间的流逝，梨花再也算不清“借”了客户多少钱。

这个“借钱”的游戏，有过一两次败露的机会，但阴差阳错，总是能让梨花逃过一劫。她一直在小心翼翼物色对她极度信任、不会细看存单的客户，极力避开年轻客户，避开那些生性多疑并会仔细确认利率变动的老客户。为了防止露馅，她还特别要求银行不寄送交易报告，要亲自呈送。

1999年底，梨花的“借钱”连续剧到了终点。

是年春，山之内夫妇突然提出要提前取回给孙女的存款，帮儿子儿媳买房。山之内夫妇的存款开始只有50万日元，后来又50万日元、70万日元累计，最终高达350万日元。这些钱早被梨花挥霍。梨花再三努力，说服山之内夫妇等到5月中旬定期到期时再取。

为了借新账还旧账，梨花开始“制造”理财产品。她在伪造的定期存单上，别出心裁地加印“超级黄金”字样，许以更高的回报率，然后作为理财产品推销。这次又让她成功了，几单下来她再次成功地骗取270万日元。到了山之内夫妇约定取款的日期，还差80万日元，梨花走向民间借贷的取款机。

1999年7月，诺查丹玛斯预言说世界将会毁灭。实际上，不管世界会不会毁灭，但梨花的世界已经山穷水尽。光太有了新女友。梨花和光太感情犹存，但激情退却，一地鸡毛。梨花如同行尸走肉，继续奔波在客户、银行、家和民间借贷之间。只有公寓房租、汽车贷款定期从梨花的账户扣除，确定她和光太还有联系。

2001年春，梨花的丈夫回国。她为了继续伪造工作，在家附近租了个一室公寓，存放电脑、打印机等作案工具。此时，梨花已经心力交瘁，她也厌倦了这种生不如死的生活。

2001年7月，银行通知梨花休10天假，一切尘埃落定。9月8日，梨花和丈夫飞往泰国普吉岛休假。几天之后，一条头条新闻传遍大街小巷：若叶银行位于郊区的一家分行，有位41岁的合同工盗用了约1亿日元公款。

当然，《纸之月》中，除了梅泽梨花，也有若干副线，展示着欲望与债务交织的乱象——比如牧子。牧子是梅泽梨花的前男友山田和贵的前妻。牧子渴望优厚的生活，总是在抱怨家里收入低，老公没能力。牧子把对优厚生活的理解，转化成无休止给孩子买新衣服，三四个月就花掉100万日元。为了偿还信用卡，牧子不惜求助于民间借贷，借款总额将近200万日元。经过律师的努力，这笔债务总额减到150万日元。山田和贵东挪西凑总算还清，也为他俩的婚姻画上句号。

再如中条亚纪。亚纪是梅泽梨花的朋友。婚后，亚纪屡屡因为无限度购物而刷爆信用卡。生完孩子后，她变本加厉，商场里的东西不管是否必要，只要视线所及，她几乎全部能买回来。她老公收走家用信用卡后，亚纪故态复萌，用自己的名义办了信用卡，购物越来越疯狂，家庭公共开支账户入不敷出。为了偿还信用卡，亚纪开始去民间借贷。有一天她丈夫发现这个秘密后，偿还了民间借贷的全部贷款，也提出离婚请求……

掩卷沉思，唏嘘万千。对于这样一个社会问题，显然不全是个体的责任。这些中年女性，有值得同情之处，过度消费和如山债务最终毁了自己和家庭。当被放纵的欲望与被放任的债务交织，这注定是一条不归路。

（本文首发于2022年12月29日澎湃新闻财经频道“澎湃商学院”栏目。）

《瓦尔登湖》边上的债务记录

在大多数人心目中，梭罗的名著《瓦尔登湖》就是世外桃源的同义词。现在，《瓦尔登湖》光在售的中译本，就不下二十种。大家都尝试在《瓦尔登湖》中享受岁月静好，找到诗与远方，梭罗几乎被视为美国版的陶渊明。

这很可能是一种误读。在梭罗的时代，债务的重压几乎与每个人都如影随形。这一点，梭罗在《瓦尔登湖》中有记录，梭罗的传记作者则揭示更多。转型时代，债务重重，每个人都不容易。

1817 年 7 月 12 日，梭罗出生在美国马萨诸塞州的康科德镇。他小时候家境并不宽裕。在他出生之前，父亲一直在还债。在美国独立革命前，梭罗家族就移民来到波士顿。祖父早逝，梭罗的父亲在 14 岁那年就成为家里的顶梁柱，不得不辍学，“一边赚钱应付无休无止的债主，一边希望能复制父亲在商业上的成功。”梭罗出生的时候，他父亲在商业领域屡败屡战，总算还清了所有的债务。

1833 年，梭罗考入哈佛。在哈佛期间，梭罗也注意到了高等教育给家庭带来的债务负担。他后来在《瓦尔登湖》中写道，“即便是穷学生也在研习政治经济学课程……最终的结果是，就在他阅读亚当·斯密，阅读李嘉图，阅读萨伊的时候，却将父亲拖入了无可挽回的债务泥淖。”

从哈佛毕业后，梭罗回到康科德，成为小镇文化人。在他追寻文学梦想的过程里，他的精神世界迅速扩张，与爱默生、霍桑等文坛名流来往密切。但在现实的世界里，他始终在为生计发愁，穷困潦倒。

梭罗成长的年代，美国社会正在经历从农业文明向工业社会的过渡。田园牧歌般的生活固然充满诗意，但债务已然成为当地人日常生活的一部分。在《瓦尔登湖》中，梭罗曾写道，康科德农夫为了得到农田和房产，要么因为抵押而背上债务，要么就拿佣金购买房产，因为债务的暴增，农田本身已经成为巨大的负担。"我询问土地估价员之后大为吃惊，因为镇上到底有多少人没有负债而拥有土地，他们当即也说不出十二个来。"

随着工业文明的高歌猛进，康科德也一天天喧闹起来。1844 年 6 月，火车开过康科德。康科德火车站附近的农田，也被规划成房地产建设用地出售。房地产的开发，让越来越多的邻居变成债务人。梭罗在《瓦尔登湖》中有段评述：据说绝大部分，超过 97%，肯定亏损，对于商人来说，"他们的大部分亏损并非金钱方面的实际亏空，仅仅是因为不便背信爽约，也就是说，真正垮塌的是道德水准"，而剩下的 3%，也难以拯救自己的灵魂，"因为与那些实实在在的破产者相比，他们并非破产，而是陷入了堕落。破产和拒付是一方跳板，我们的文明大多借此腾空而起，翻着筋斗，却由野蛮人站在缺乏弹性的木板上挨饿。"

梭罗渴望离开小镇，住在湖畔，成为职业作家。在梭罗看来，抵押贷款已经让许多同乡命悬一线，只有在湖畔离群索居，既有可能摆脱债务的枷锁，也可能为文学作品的诞生提供世外桃源。

1845 年 4 月初，梭罗以 4.25 美元的价格，买下了附近爱尔兰工人即将废弃的棚屋，然后拆卸、修建，在春夏交替之际完成了他在瓦尔登湖畔新家的营造。为这套房子，他实际支付的成本是 28.125 美元。这笔开支还不如他在哈佛大学期间学生宿舍一年的住宿费。较之镇上动辄七八百美元的抵押贷款，显而易见这是一笔非常价廉物美的消费。

瓦尔登湖畔的好日子并未持续太久，梭罗就因为负债而进入监狱。他的债权人是税务部门。梭罗从 1842 年开始就没有纳税。按照当时的法律，每个 20 岁以上的男性，都要缴纳 1.5 美元的人头税。出于政治理念，尤其是对奴隶制的深恶痛绝，梭罗不赞成缴纳人头税。

1846 年 7 月 23 日，梭罗从瓦尔登湖回到镇上办事。他在路上碰到了税务官萨姆·斯特普尔斯，后者正打算跟梭罗清清欠税。斯特普尔斯告诉他两个选择：

要么缴税，要么入狱。梭罗选择了入狱，“我现在就可以入狱。”

就这样，梭罗在他29岁那年，因为欠税而成为监狱里的债务人。这段经历，梭罗在他的名作《论公民的不服从权利》中详细讲过。在《瓦尔登湖》中梭罗也指出，“只因为它在参议院议事厅门口像倒卖牲口那样倒卖男人、女人和孩子，只因我不认可这样的权力。”梭罗认为，缴纳人头税已经异化成维护公民权的手段，作为个人不应该助纣为虐。当时的政府在蓄奴问题、印第安人等问题上的政策，都与梭罗的政见不合，他认为他的纳税行为只是怂恿政府去奴役民众、射杀墨西哥人、掠夺印第安人的土地。

好在梭罗在米德尔塞克斯县的监狱里没有待太久，第二天一早，因为有人替他垫付了税款，梭罗就恢复了人身自由。

但梭罗对债务的观感，可谓字字泣血。在《瓦尔登湖》开篇，他就写道，“本书的某些读者，我深知你们无力偿付虽已下咽的果腹之食……此情景我经见既多，自然非常清楚；总是债务迫身，设法拉点生意摆脱债务——债务啊，那由来已久的泥潭，拉丁语称之为aes alienum，亦即‘别人的铜板’；气息奄奄地苟延残喘，最终葬身于别人的铜板；每每承诺还债，‘很快的，就明天’，但今天人都死了还没有偿付……”

梭罗深知没有债务对于身心自由的重要性。在另一篇散文《漫步》中，梭罗讲述了漫步的条件，不仅要有能够欣然告别家人并不再打算谋面的勇气，而且也要清偿债务、立好遗嘱，万事利落，毫无挂怀。

轰鸣的火车汽笛，正在日甚一日地打破康科德的宁谧，瓦尔登湖畔的森林也一天天成为铁路枕木和蒸汽机车的燃料。家里的经济状况十分拮据，梭罗为了养家糊口，他做过园丁、木工、涂料工，后来受惠于铁路事业的发展，梭罗成为当地赫赫有名的土地测量员。另外，除了靠测量维生外，公共演讲逐渐也能为他带来零零散散的收入。

他为了出版处女作《河上一周》，不得不接受出版社苛刻的条件：不要印刷费，但先印1000册，销售额用来支付印刷费；如果书卖不出去，梭罗必须填补所有的花销。这很像是现代社会的一份对赌协议。

1849年5月26日，《河上一周》正式出版。这本书并未迎来文学批评圈子的好评，市场反响也平淡无奇，他只挣了15美元。1853年10月28日，未售出的

706册《河上一周》寄到了梭罗家里。梭罗把书拖到阁楼的卧室里，忍不住自嘲："我现在有900册藏书，其中超过700册是我自己写的。"为此，梭罗陷入债台高筑的境地，直到1853年11月支付出版社最后一笔290美元的债务，他用了整整4年7个月时间，才还清拖欠出版社的出版补贴。

《瓦尔登湖》在1854年8月出版后，刚开始的销量十分喜人，首印2000册，很快便售出千余册。但两个月后，销量几乎停滞，4年后出版社库房里还有几册。《瓦尔登湖》出版半年后，梭罗的身体也开始每况愈下，并在不长的时间里，加速走向人生的终点。

1857年的经济危机，对每个人都产生了巨大的影响。那是艰难的时刻，每个人都失败了。整个北方的生意都破产了，造成了大规模的失业和城市地区暴动，而大萧条也蔓延全球，持续到南北战争之时。

梭罗的身体尚未完全恢复，他家的石墨生意在经济危机的影响下越来越差。他们的客户常常没有能力付账，代之以毫无价值的欠条。大萧条正在把他们家的生意一点点榨干。

在1857年10月14日的日记中，梭罗写道："古往今来可有这样的秋天？可是，商业却陷入了空前的混乱和危机。举国上下，商号银行纷纷停业倒闭……我相信，蟋蟀跟我一样，也未曾将运道和幸福系于纽约银行的关停倒闭。它提供的保障薄似萨福克银行的纸张，我们又怎能心存指望？这种银行就是阴沟，寄望于它会血本无归。要我说，还是以简约和知足为本，将它存入这些乡间银行。一枝黄花虽已萎谢，却未像破产的银行那样一蹶不振。"

在1858年的米德尔塞克斯县的年度农业展销会上，梭罗演讲的主题是"1857年的恐慌"。

经济和信心尚未从大萧条中恢复，家事、国事、天下事，却事事揪心。1859年，梭罗的父亲撒手人寰，他成了一家之主。他不能再随心所欲地生活，而是要学会做个商人。他接管了家里的石墨生意，及时提交账单、催讨欠款、支付员工和承包商的工资，管理订单和每一笔款项。为了处理好这些事情，他专门购买了一本《商人的辅助和法律指南》，改进工作流程。随后，美国内战爆发，更是将整个社会拖入战争的深渊。在这种困顿中，1862年5月6日，梭罗在寂寥中撒手人寰，享年45岁。

他只有在讨要稿费时，才是个债权人。沃尔斯在《梭罗传：完整的一生》中，记载过好几段梭罗并不成功的讨要稿费的经历。然而，作为一个刚刚出道的小作家，他的稿费本身不多，而且欠付的稿费大多要不回来。

终其一生，梭罗并没有过几天好日子。他的笔下有名作《瓦尔登湖》，但他所闻所见所经历的，多与债务有关。梭罗可能永远也想不到，他生前债台高筑，身后却靠自己的文学作品名满天下。

（本文首发于2023年4月18日澎湃新闻财经频道“澎湃商学院”栏目。）

现代破产法为什么强调“第二次机会”？

近五十年来，世界各国的破产法都进入一个十分强调“第二次机会”的时代。回顾这段历史，重整的全面普及、细化和深入，无疑是其中的主旋律。细言之，从重整的预重整、从上市公司重整到中小企业重整、从个体重整到集团重整……重整制度可以说花样百出，不一而足。

现行美国破产法，无疑是“第二次机会”的代表。1978 年《美国破产法》在既往经验的基础上，全面升级第 11 章重整程序。即便在个人破产法领域，2005 年《破产滥用防止及消费者保护法案》的通过，也让原本以破产清算和免责为本位的个人破产法，颇具有争议性地进入重整的时代。

在现代破产法中，“第二次机会”理念风靡全球。2019 年欧盟通过的《预防性重组指令（第 2019/1023 号）》，其序言第 1 条、第 4 条中，均提到了“第二次机会”。该指令序言第 1 条宣布立法宗旨，即在不影响职工基本权利和自由前提下，该指令旨在移除成员国法差异导致的障碍，以便确保：

（1）陷入财务困境但有拯救价值的企业和企业家，都能够通过成员国的预防性重组框架来保持继续经营；

（2）诚实但支付不能（insolvency）或者过度负债（over - indebted）的企业家，能够在合理时间后，从对债务的全面免除中受益，并因此获得“第二次机会”；

（3）改进涉及重组、破产和债务免除的既有程序，尤其注重缩短其期限。该指令序言第 4 条确认了一个事实，即在给予陷入财务困境的企业家“第二次机会”方面，不管是在免责考察期的长度还是免责条件方面，欧盟各成员国差别确实太大。

在欧美社会之外，大量发展中国家也在以重整制度为圭臬，全面革新各国的破产法。与此同时，联合国国际贸易法委员会在破产法趋同方面的努力，让“第二次机会”理念接近成为全球性标准。

过去十多年间，世界银行营商环境评估也以重整为核心设计“办理破产”指标，也为全球范围内各个经济体围绕重整展开互“卷”提供了重要动力。

那么问题是，现代破产法为什么特别强调“第二次机会”？

最近拜读美国学者劳伦斯・弗里德曼的《选择的共和国：法律、权威与文化》，可能为这个问题找到部分答案。

弗里德曼是斯坦福大学终身教授，美国当代著名法学家，在比较法与法律文化学研究领域享有世界级的声誉。这本《选择的共和国：法律、权威与文化》是其代表性作品之一。

在弗里德曼看来，以个人主义和消费经济为核心元素的现代化，创造了“选择共和国”；在这种经济模式驱动下，选择文化在欧美诸国的国家社会制度及法律制度中，都占据着重要地位，影响深远。按照弗里德曼的观点，选择的背后，既是制度的丰富、权利的勃兴，也是宽容理念被广泛接受后顺理成章的后果。当选择文化席卷全球，破产法自然难以置身“化”外。

弗里德曼提出，破产制度是现代社会对抗不确定性和风险的“保护伞”。这个观点，是弗里德曼通过历史比较发现的。

弗里德曼指出，“在 19 世纪或早一些时候，生命的脆弱程度是我们现在难以想象的。……工作、生活也充满了不确定性和风险。没有贷款担保，没有补贴，也没有预防和处理灾难的公共计划，破产制度也尚未成熟，济贫法调整范围狭小而粗暴。人们终日在充满灾难的阴影中生活，与饥饿和贫穷相伴。”在这样的氛围下，“虽然社会允许甚至鼓励某些冒险活动（主要是经济方面的），但它也会相当严厉地惩罚失败者。”

而到了 20 世纪，社会观念与时俱进，对于选择的需求与日俱增，对于那种不可逆转甚至剥夺未来选择权的选择，同仇敌忾。社会观念的变化，推动了法律的革新。在破产法领域，“第二次机会”成为一种原则。弗里德曼论述道：

在破产法领域，境况不可逆转性的原理在字面上不怎么重要，但在实践中却十分重要，这是推动第二次机会被承认的动力的商业形式。如果没有破产制度或者其他一些类似的制度安排，那么一个由于经营失败或者其他原因而债台高筑的企业家，也许就无可避免地完全被毁了。

破产制度是一种复杂的法律安排。它的目标之一就是确保无论破产企业还余下多少财产，这些财产都要在债权人之间公平分配。但是，它同样也让破产者有一个干净的、全新的开始。破产是现代法律理念的一个必然组成部分。当然，它产生与商业相关；曾几何时，它是为商人而不是为大多数群众保留的特权。但是在现行制度下，大多数普通人都可以从债务中完全脱身出来，然后像一个新生儿一样再次出现。破产制度至少可以追溯到 19 世纪；1898 年通过的、现在仍然有效的美国破产法确立了一些全国适用的准则。

为了上述这段论述，弗里德曼可谓下足了功夫。在这段论述的脚注中，弗里德曼既列举了查尔斯·沃伦 1935 的名著《美国史上的破产》，也提及彼得·克勒曼 1974 年的佳作《美国的债务人与债权人：支付不能、债务拘禁及破产（1607 – 1900）》。就美国破产法史而言，这两本佳作可谓是开山的经典。

在弗里德曼看来，“失败者的正义”概念的崛起与流行，与破产法律制度与“第二次机会”的紧密结合遥相呼应。弗里德曼指出，“失败者的正义”作为民主观念的核心，与“安全网”理念互为表里：“安全网”作为经济上的缓冲带，成为福利国家的基础；而“失败者的正义”既是社会性的缓冲带，也是针对个人的缓冲带，它以寻求权利和提出主张中的失败者作为适用对象。弗里德曼特别指出，从概念和后果上，“失败者的正义”与破产、失业补偿等法律安排之间，具有可比性。

当然，破产并不必然等于“第二次机会”。弗里德曼很清醒地指出，“……比如前文提及的破产制度，它作为一个偏向第二次机会的例证，显示出境况不可逆转性是多么不受赞同。但是，没有人会经历了破产程序而毫不受损。并且，在某种程度上破产制度自身就是第二次机会的对立面：它是债务之剧的最后一幕；它意味着贷款之门永久关闭了。在某种意义上，损失和债务会变成不可逆转的负担，选择必须在破产和毁灭之间做出。”

即便如此，“第二次机会”理念依然为现代破产制度注入活力，甚至成为指导现代破产制度进化的元规则。如果没有“第二次机会”理念的勃兴，可能现代社会的债务人，还只能在破产清算与和解程序之间犹豫和徘徊。正是在“第二次机会”的刺激下，破产制度进入选择的时代，越来越多的债务人都可以量体裁衣，选择一款性价比最高的破产程序，通过“第二次机会”获得经济上的新生。也只有从“第二次机会”的原点出发，才能够理解为什么破产清算作为破产法的底层制度依然存在，但其重要性却大大降低；才能够理解为什么不管是个人、企业、地方政府乃至国家，都试图在重整制度的护翼下，依托“第二次机会”东山再起。

宋代诗人杨万里诗云，“万山不许一溪奔，拦得溪声日夜喧。”现代破产制度与“第二次机会”结合，恰恰是这种历史趋势的体现。我国《企业破产法》修订工作方兴未艾，大到理念、中到制度、小到措辞，都需要尽可能寻求共识。毫无疑问，深刻理解“第二次机会”，无疑会为相关制度的革新和建构提供底层逻辑。

就此而言，弗里德曼和他的选择文化论，还有他在选择文化体系下对现代破产制度的精准评析，都会为我们提供必要的参照。

（本文首发于 2023 年 12 月 20 日澎湃新闻财经频道“澎湃商学院”栏目。）

后记

和破产法虚度的时光

收录在这本书中的大部分文字，是我在澎湃新闻财经频道“澎湃商学院”栏目所开专栏“破产法的温度”2019－2023年间文章的汇集。最终能凑够一本书，需要感谢“澎湃商学院”主编蔡军剑先生数年如一日的催稿。没有他的催促，专栏产量一定会更低。

尽管人类世界已经进入元宇宙时代，但作为纸质书的深度爱好者，我还是乐于将这些在茫茫网海流浪的文字汇编出版。这样做既有仪式感，也能给它们一个完整的“家”。除尽数收录前述时间内发表的专栏外，也收入了几篇较早发表但《破产法札记》漏掉的专栏，以及个别应其他媒体约稿而完成的“课外作业”。

过去三年，疫情肆虐，国计民生皆受影响。我们常生活在对病毒的恐惧中，特殊时期里生活被折腾得七零八落，往事不堪回首，每个人也都很不容易。这种背景下，不太成体系的阅读和写作，始终是艰难时世里用来对抗不安、驱遣寂寥、支撑内心的重要力量。这些文字的绝大部分灵感，都来源于这种零零散散的阅读和思考，只有个别文字是在会议发言提纲的基础上补写而成。因此，尽管每篇文章自有主题，但所有文章放在一起，却没有比较整齐划一的体系。每篇文字都体现着特定时间我关注和思考的重点，放眼望去，东一榔头、西一杠子，写啥是啥，到哪是哪。不见得很有章法，但绝对诚实。

较之于严肃规整的学术论文，我比较沉迷于随笔文体。随笔和专栏尽管也需要大量的文献支撑和修辞技艺，但不需要像学术论文那样在论证和体例上墨守成规，更不用在超级漫长的发表周期里度日如年。学术论文当然也有其魅力，但随笔和专栏能够让我享受“书生意气，挥斥方遒”的快意，也让我在题材和体裁方面多了更多的选项。这是一份读书人的自由。我常常想起王小波在《红拂夜奔》序言里的话，“这本书里将要谈到的是有趣，其实每一本书都应该有趣，对于一些书来说，有趣是它存在的理由；对于另一些书来说，有趣是它应达到的标准。”对我而言，每一篇专栏存在的理由和应该达到的标准，有趣都是首要的。

当然，有趣的背后，仍需有用。这种有用，更多是知识之用、观念之用。不见得能够立竿见影地转化成实务指南，但在观念、思想层面，多少能够给人以启迪。《桃花源记》云：“林尽水源，便得一山，山有小口，仿佛若有光。”我希望我的每一篇文章，都能够给读者带来“仿佛若有光”的感觉。

这些文字，为过去的作者们而写。学术事业的可贵之处，正在于薪火相传。这是一种“特权”——借由阅读，我们可以穿越时光的隧道，跨越空间的阻隔，与每一本书或者每一份文献的作者神交和对话。这个世界上似乎还没有哪种工作，能够让人足不出户但知交天下。我笔下的每一个字，无论传达出什么样的信息和情绪，无不得益于对已经出版和发表的伟大作品的阅读。我笔下的文字，或有时而不章，或有时而可商，但无论如何，这都是向学术史上先行者们致敬的习作。不管是以脚注的方式注明出处，还是在行文中交代来路，我都想让这些先行者的学术生命，通过他们的作品在学术圣殿里获得传承与永生。

这些文字，为现在和未来的读者们而写。写作犹如修炼，青灯古佛，暮鼓晨钟，两耳不闻窗外事。然而在写作过程中，我心中时刻都端坐着读者。写作是一种纸上的对话。换句话说，写作也给了作者和读者对话的“特权”。不管读者来自现在还是来自未来，我希望这些文字能够让您心有灵犀，让您莞尔一笑，让您心有戚戚，让您稍觉治愈。人海茫茫，相遇不易，这些文字可能让您我相遇在黑暗的海上，并在交会的瞬间互放出璀璨的光亮。

这些文字，亦为过去、现在和未来的自己而写。人到中年，大局已定，不能兼济天下，但可独善其身。正好放马南山，心安理得，顺势而为，适时躺平。我本岷县布衣，前二三十年劳心劳力，早无华发，最终能够在“四十不惑”之际求得躬耕于学术田园的自由，专职读书码字，传道授业。需要为稻粱谋，但不需要点头哈腰；无大富贵，但也能实现买书自由，已颇为知足。通过阅读和思考，上天给了我一双慧眼，可以把这破产法的世界看得清清楚楚明明白白真真切切，达到曹雪芹所言“世事洞明皆学问，人情练达即文章”的境界。当然，这是主观期待，客观上距离这个标准差得远，每一篇文字都是通往完美境地的修行。

鉴于此，这些文字既是一个人的自言自语，更像是“对影成三人”品鉴来自比利时的精酿啤酒。走笔至此，突然想起了郑智化的经典老歌《星星点灯》：“星星点灯，照亮我的家门，让迷失的孩子，找到来时的路；星星点灯，照亮我的前程，用一点光，温暖孩子的心……”在我的眼里，每一篇文字都是照亮家门和前程的“星星”。

今天这个时代，戾气弥漫，观念分裂，常识稀缺，共识更是少见。在破产法领域，回到常识、传播常识，也是一种稀缺的品质。我生性散淡，“苟全性命于乱世，不求闻达于诸侯”，乐于做一个破产法常识的传播者。老家岷县以民歌“岷县花儿”驰名。这种民歌，既有以“令”为代表的格律要求，但更讲究歌手在歌词上的即兴发挥，以及歌手对这种艺术发自内心的热爱。在大合唱盛世，我乐于做一个浪迹于破产法田园的“花儿”歌手，保持热爱，奔赴山海。

感谢中国政法大学终身教授陈光中先生为本书题写书名。

感谢中国政法大学李曙光教授多年栽培和惠赐序言。李老师对新知充满好奇，对生活充满热爱，对世事达观坦荡，身体力行，言传身教，愚钝如我者受益良多。在世俗的意义上，我早已毕业；但在精神层面，我永不毕业。能够在法大校园里，跟着老师一起成长，陪着老师一起慢慢变老，既是学缘，也是人缘！

这本书能够出版，得感谢法律出版社法商分社薛晗社长、田浩编辑及整个编辑团队。我们在破产法领域已有多次合作，目测这本小册子跟以往各本都一样，既会承上启下，也会继往开来。

这些文章首发于澎湃，也都会在中国政法大学破产法与企业重组研究中心官方微信号“破产法快讯”上推送。在此基础上，中国政法大学研究生陈卓付出了巨大的努力，对全书做了校订和精细编排。感谢“破产法快讯”编辑部的推送和陈卓同学的细心编辑。

最后但最重要的感谢给海艳、看看和笑笑，尤其感谢笑笑、看看为本书手绘封面插图。在时间面前，潜心向学和陪伴家人往往是个零和游戏。这里的每一篇文字，都是我干的壮事，主观上是我没能多陪她们的主要借口，客观上确实导致我减少了跟她们在一起的时间。

2023 年 9 月 13 日于京郊昌平慕风斋